고대조선, 끝나지 않은 논쟁

고대조선, 끝나지 않은 논쟁

초판 1쇄 발행 2015년 3월 10일
초판 2쇄 발행 2015년 7월 20일

저자 이도상

펴낸이 양은하
펴낸곳 들메나무 출판등록 2012년 5월 31일 제396-2012-0000101호
주소 (410-816) 경기도 고양시 일산동구 백석1동 1261-6번지 201호
전화 031) 904-8640 팩스 031) 624-3727
전자우편 deulmenamu@naver.com

값 16,000원 © 이도상, 2015
ISBN 978-89-969042-5-0 03900

* 잘못된 책은 바꿔드립니다.
* 이 책의 전부 또는 일부 내용을 재사용하려면
  사전에 저자와 들메나무의 동의를 받아야 합니다.

국립중앙도서관 출판시도서목록(CIP)

고대조선, 끝나지 않은 논쟁 / 저자: 이도상. — 고양 : 들메나무, 2015
  p. ; cm

표제 관련 정보 : 그들은 무엇을, 왜 감추려 하는가 ; 식민사학의 실체와
고대조선사 바로 알기
ISBN 978-89-969042-5-0 03900 : ₩16000

한국 고대사[韓國古代史]

911.02-KDC6
951.901-DDC23   CIP2015005452

고대조선, 끝나지 않은 논쟁

식민사학의 실체와 고대조선사 바로 알기

들메나무

> 추천사

한국 고대사의 핵심 오류를 간결하게 정리, 수정 방향까지 제시한 의미 있는 지침서

민족의 역사를 바르게 연구하거나 인식하고자 할 때에는 그 사회와 문화의 원형에 대한 연구와 인식으로부터 출발해야 한다. 그래야만 그 사회와 문화가 어떤 변천 과정을 거쳐 왔으며, 앞으로 어떤 방향으로 나아가야 할지를 알 수 있기 때문이다. 그 사회와 문화의 원형을 알아야 하는 것은 결코 과거로 복귀하기 위한 것이 아니라 미래에 대한 바른 좌표를 설정하는 데 필요한 기초를 튼튼히 하기 위함이다.

한국사에서 이 점은 매우 심각한 문제로 남아 있다. 한민족 사회와 문화의 원형을 지니고 있는 고대조선에 관한 기록뿐만 아니라 그 연구도 매우 부족하기 때문이다. 그렇다고 해서 고대조선에 관한 연구를 포기할 수는 없다. 고대조선에 관한 연구가 제대로 되어 있지 않는 한 한국사 전체가 바르게 인식될 수 없기 때문이다.

고대조선은 한국사에 처음으로 등장한 국가이다. 한민족도 이 시기에 형성되었다. 그러므로 고대조선은 실질적인 한국사의 출발점이 되며 한민족 사회와 문화의 원형도 고대조선에 그 뿌리를 두고 있다. 그럼에도 고대조선에 대한 연구가 충분하게 이루어지지 않음으로써 그동안 한국사 전체를 인식하는 데 많은 문제가 있어왔다. 즉, 2천여 년 가까이 존속했던 고대조선 역사를 제대로 복원하지 않고, 한국사의 기원을 고구려나 신라에서 찾아 한국 사회와 문화의 시발점으로 잡는 오류가 우리 역사학계에서 묵인되고 있다. 이는 한국 사회가 2천여 년간 발달한 후 다시 처음 국가사회가 출현했던 고대조선 성립 시기와 같은 낮은 수준의 사회로 되돌아가는 기이한 역사가 되고 마는 것이다.

최근 고대조선에 관한 몇 편의 연구 결과물이 나왔지만 그중 이도상 박사의 『고대조선, 끝나지 않은 논쟁』은 한국 역사학계가 안고 있는 이러한 여러 가지 문제를 정확히 인식하고 이를 극복할 수 있는 대안을 제시하고 있다. 전공 학자들뿐만 아니라 이 분야에 관심 있는 분들에게 고대조선을 바르게 이해하는 데 좋은 지침서가 될 수 있겠다.

한국 고대사에서 가장 중요한 논란은 고대조선 역사에 대한 인식상의 문제, 한국사에서 청동기 문명 진입 시기에 관한 문제, 기자·위만·한사군의 위치와 성격에 관한 문제 등 세 가지이다.

이 책은 이와 같은 한국 고대사에서 가장 중요한 세 가지 문제를 매우 간결하고 이해하기 쉽게 정리했다는 점에서 학자와 일반인들에도 쉽게 다가갈 수 있으리라 생각한다. 특히 이 책은 관심을 촉구하고 흥미를 이끌어내기 위한 단순한 이야깃거리가 아니라 오랫동안 체계적으로 연구한 매우 깊이 있는 학술 서적이라는 점에서 더욱 그렇다.

역사 연구는 다른 학문과 달리 사실 복원이 우선한다. 그 다음에 복원된 사실을 해석하는 것이므로 사실 복원이 해석보다 앞선다. 사실 복원이란 있었던 그대로를 밝혀내는 것이다. 사실 복원이 바르게 되어 있지 않으면 그 해석은 아무런 의미가 없고 오히려 혼란만 줄 뿐이다. 사실 복원은 진실에 충실해야 하고 합리적인 방법을 따라야 한다. 합리적이어야 한다는 말은 과학적이어야 한다는 뜻이다.

이 책은 이러한 관점에서 관계 기관과 학계가 경고의 메시지로 받아들여야 할 만한 문제 제기와 대책을 논하고 있다. 문헌 사료에 대한 여러 해석들을 비교하면서 비합리적인 논리의 비약을 지적하고, 이를 고고학적 연구 성과들과 연결시켜 재해석을 시도함으로써 매우 의미 있는 가설로 한국 고대사 편년 시안을 도표로 작성해 후학들에게 연구 영역을 제시하고 있다. 그뿐만 아니라 국사교과서를 심도 있게 분석해 민족의 기원과 민족문화의 원형에서부터 혼란을 겪고 있는 역사학계, 이에 대한 모호한 내용을 국사교과서에 싣고 있는 국사편찬위원회, 올바른 지도와 통제를 외면하고 있는 교육부에 대해 그 책임을 묻고 있다. 지적에 공감하면서 역사학자의 한 사람으로서 무거운 책임을 느낀다.

이 책의 결론에서 필자는 한국인의 역사의식을 혼란스럽게 하고 있는 국사교과서 내용상의 여러 가지 문제들에 대해 역사학계와 교육 관계 부서들이 침묵만 하고 있을 것이 아니라 적극적인 논의를 통해 이를 극복해야 한다고 주장하고 있다. 부디 국사교과서 개편 방향을 제시하고 있는 이도상 박사의 이 연구가 관계 기관과 학계에 전파되어 국사교과서 개편과 함께 침체되어 있는 고대조선 연구에 활기를 불어넣는 계기가 되었으면 하는 마음 간절하다.

단국대학교 명예교수 윤내현

> **머리말**

"나는 누구이고, 어디에 서 있는가?" 식민사관을 걷어내고 다시 쓰는 한국 고대사

사회는 나날이 발전하는데 국가관과 시민의식은 그 어느 때보다 약해진 듯하다. 그와 함께 미래에 대한 우려는 더욱 깊어지고 있다. 왜일까?

국가관과 시민의식은 자유민주주의 사회 구성원이 갖추어야 할 기본적인 소양이자 덕목이다. 따라서 교육의 첫 시작에서부터 바르게 다루어져야 한다. 그럼에도 우리의 교육 현장에서는 이를 소홀히 다루어왔고, 그 결과가 오늘의 우려스러운 현상으로 나타나고 있다.

지금부터 교육의 첫 장을 다시 열어야 한다. 그리고 자아를 심어주는 교육에 착안해야 한다. 그 시작이 바로 민족사 교육이다. 민족의 시원인 고대사 속에서 '나는 누구인가'를 확인하고, 근현대사 인식을 통해 '나는 지금 어디에 서 있는가'를 확인하는 민족사 교육이 바로 자아를 심어주는 교육인 것이다.

한국 민족사는 고대조선사로부터 시작된다.

그러므로 고대조선사에 대한 이해는 국가관 형성에 꼭 필요한 기본

소양이자 나라 사랑의 근원이다. 한국인으로서 자아 인식과 정체성 확립을 위해서뿐만 아니라 국민 통합 차원에서도 이에 대한 올바른 인식이 있어야 한다. 이는 다가오는 통일한국시대를 앞둔 시점에서 이를 이끌어 나갈 젊은이들에게 더욱 절실한 문제이다.

그럼에도 역사교육 현장에서 고대조선사가 마치 남의 나라 이야기처럼 회자되고 있다. 더욱이 민족의 기원, 사상과 문화의 원형 등에 대한 국사교과서의 모호한 설명과 그로 인한 한국 고대사에 대한 부정적 인식이 국민 정서에 미치는 영향은 심각하다. 광복 70주년을 맞는 지금까지도 우리 고대사를 우리 시각으로 엮어내지 못하고 남의 시각으로 해석하고 있기 때문이다. 부끄럽고 우려되는 현상이다. 이제 문제의 본질을 정확히 파악해 하나하나 바로잡아야 한다. 이것이 우리들을 당당한 한국인이게 하는 첫걸음일 것이다.

한국 고대사는 매우 중요한 해석들이 복잡하게 뒤얽혀 있다.
특히 우리의 역사 인식을 혼란스럽게 하고 있는 논란의 핵심이 고대조선의 역사를 부정하거나 그 영역을 축소하는 쪽으로 이어지고 있다. 이는 올바른 역사 인식을 위해 반드시 풀어야 할 문제이다. 그렇지 않으면 자랑스러운 반만년 역사가 2천 년에도 못 미치는 부끄러운 역사로 매도되면서 민족적 열등의식이 조장될 수 있기 때문이다. 이는 우리 역사를 기피하는 하나의 원인이 되어 자아 상실로 이어질 수 있다는 점에서 더욱 절실한 문제라 할 수 있다.

한국 고대사의 역사적 진실을 복원하기 위해선 다음과 같이 복잡하게 얽혀 있는 세 가지 문제들을 슬기롭게 풀어나가야 한다.

첫 번째 문제는 고대조선사에 대한 해석상 갈등이다.

고대조선사가 실재한 역사인가, 아니면 신화에 불과한 가공된 역사인가 하는 문제를 놓고 현재 역사학계는 크게 갈려 있다. 이는 오랜 역사를 이어온 민족이나 국가에서는 거의 찾아볼 수 없는 매우 그릇된 현상이다.

고대조선사는 우리 민족의 기원에 관한 문제이므로 청소년들의 자아 형성과 민족의 정체성 확립 차원에서 반드시 그 진실이 밝혀져야 한다. 그 이유는 고대조선부터 민족의 사상과 문화의 원형이 비롯되었기 때문이다. 그럼에도 민족의 기원에서부터 역사적 진실이 가려진 채 해석상 갈등을 빚고 있다. 이 문제가 풀리지 않으면 우리 역사는 '자랑스러운 반만년 역사'가 아닌 '부끄럽고 2천 년에도 못 미치는 왜곡된 역사'로 해석이 불가피하게 된다.

두 번째 문제는 청동기시대 진입 연대 해석에 관한 문제이다.

초기 고대국가들이 형성된 것은 청동기시대였다. 따라서 서기전 2333년에 건국된 고대조선 영역 안에 들어 있던 만주와 남북한 지역 중 어느 한 지역은 최소한 서기전 24세기경 청동기시대에 진입했어야 하며, 그것이 고고학적으로 증명돼야 한다.

1980년대 중반 이후 본격적으로 발굴된 요하문명은 서기전 24세기경 만주가 청동기시대에 진입했었음을 말해주고 있으며, 남북한 지역도 거의 같은 시기의 유적들이 나타나고 있다. 그럼에도 우리 민족의 청동기시대 진입 연대는 빨라야 서기전 10세기경이라는 국사교과서 내용은 논리적으로 맞지 않다. 더구나 만주지역을 고대조선 강역에서 배제하려는 일부 학자들의 주장은 고대사 해석을 더욱 뒤얽히게 하고 있다. 청동기시대 진입 연대는 고대조선 건국에 관한 역사적 진실을 복원하는 중요한 단서가 될 수 있으므로 과학적 근거에 의한 확실한 규명이 필요하다.

세 번째 문제는 한사군의 위치를 규명하는 문제이다.

한사군 위치는 한국 고대사 해석상 반드시 풀어야 할 핵심 과제로, 논란의 출발은 조선총독부 산하 조선사편수회가 한사군을 본래의 위치가 아닌 지금의 평양으로 옮겨온 데서 비롯한다. 고대조선 강역 변방에서 차례로 세워진 기자국과 위만국, 한사군으로 이어지는 세 정권은 중국인들이 세운 것들로서 우리 역사의 본류가 아니다. 하지만 그 위치와 성격을 어떻게 보느냐에 따라 한국 고대사에 대한 해석이 달라지기 때문에 바르게 규명되어야 한다.

기자와 위만의 활동이 고대조선 변방에서 이루어진 것이므로 그들은 결코 우리 역사의 중심에 설 수 없으며, 한사군 위치도 남북한 지역 안이 될 수 없다. 그럼에도 그들의 활동이 고대조선 중심에서 이루어졌다는 주장은 한국 역사를 북쪽은 한사군 지배하의 중국 식민지로부터, 남쪽은 임나일본부 지배하의 일본 식민지로부터 시작된 것으로 엮으려던 조선사편수회의 의도와 일치하게 되며, 중국의 동북공정 논리에 부응하는 결과로 이어진다. 이에 대한 역사학계의 침묵이 안타깝다.

필자의 민족사 연구는 이러한 문제들을 풀어나갈 방향을 찾기 위한 것이었다. 1차적으로 우리의 역사 인식은 정확한가, 아니면 무엇이 문제이며, 왜 그렇게 됐는가를 밝히는 데 초점을 맞춰 10여 년 전 『일제의 역사 침략 120년』으로 정리한 바 있다.

이 책에서는 우리 고대사에 대한 폭넓은 사료들을 정리하여 복잡하게 얽혀 있는 문제들을 하나하나 풀어보고, 이를 토대로 한국 고대사 체계에 대한 바람직한 해석 방향을 제시하고자 한다.

1부에서는 식민사학의 실체가 무엇이며 그것이 왜 문제인가를 밝혀 독자들이 자신도 모르는 사이에 깊이 빠져왔던 역사왜곡의 함정을 짚어보고, 주체적인 시각으로 우리 역사를 바르게 해석할 수 있는 방향을 제시하고자 한다.

2부에서는 한국 역사학계의 다양한 고대사 해석에 주목하면서 사서와 고고학 연구 성과들을 접목해, 이를 토대로 한국 고대사 체계를 그려본다. 이는 국사교육과 유관한 교육부서, 역사학자와 학생들의 인식 전환을 위한 문제 제기라 할 수 있다.

3부에서는 1960년대부터 2010년 사이에 출판된 국사교과서 내용 가운데 청소년의 역사 인식에 부정적 영향을 미치는 부분을 골라 해석상의 문제들을 분석했다. 한국 고대사의 역사적 오류들이 버젓이 교과서에 실리고 있는 상황에 대한 비판과 함께 국사교과서를 관장하는 부서가 새롭게 써나가야 할 방향에 대한 문제를 제기한다.

4부에서는 단군왕검사화는 민족의 기원에 관한 담론이므로 한국인이라면 누구나 보편적 상식으로 알고 있어야 한다는 차원에서 우리의 민족 사화가 폭넓게 읽혀지고 이해되기를 바라면서 학술지에 발표했던 연구 논문을 이해하기 쉽게 재편집하여 실었다.

한국 고대사는 주제와 내용면에서 복잡하고 난해한 부분이 많은 것이 사실이다. 이를 주체적으로 정리하지 않으면 사실 왜곡으로 인한 역사 훼손은 물론 한국인으로서의 역사적 정체성까지 흔들릴 수 있다는 데 그 심각성이 있다. 국사교과서 왜곡과 편향 시비가 이어지고 있는 현실을 감안할 때 우리의 잘못된 역사 인식을 하루라도 빨리 바로잡아야 한다. 식민사학 극복에 대한 수많은 논의와 지적이 있었음에도 불구하고 역사학계가 침묵함으로써 무엇을 어떻게 바꿔야 하는지 그 방향조차 잡지 못하고 있음이 안타깝다. 문제를 정확히 들여다보고 우리의 시각으로 역사를 바르게 해석해나가는 것이 무엇보다 중요한 시점이다.

다만 한국 고대사 전반의 체계적인 정립은 한·중·일 3국의 사료를 입체적으로 폭넓게 검토해야 하는 일이기 때문에 한 개인이 할 수 있는 단순한 문제가 아니다. 따라서 이는 뜻 있는 후학들의 역할에 맡기고, 필자는 고대조선사를 바로 읽고 해석할 수 있도록 문제 제기와 방향을 제시하는 선에서 마무리하고자 한다.

광복 70주년을 맞는 서기 2015년, 단기 4348년
죽전 서재에서 이 도 상

차례

추천사 … 4
머리말 … 8

1부 식민사학의 실체와 고대조선사

1장 | 식민사학, 무엇이 문제인가? … 21

1. 우리를 위협하는 안보 환경 … 22
   우리나라의 3대 안보 위협 / 일본 국수주의와 한·일 관계 / 중국의 동북공정과 한·중 관계
2. 일제의 역사 침략과 식민사학의 실체 … 26
   일제가 『조선사』 35권을 편찬한 이유 / 일본이 추진한 한국사 왜곡의 핵심
3. 우리 역사의식의 현주소 … 31

2장 | 식민사학으로 왜곡된 고대조선사 바로 알기 … 35

1. 패수 위치 논쟁과 한사군 … 36
   식민사학의 첫 단추는 고대조선사 부정 / 사료가 말하는 고대 한·중 국경선, 패수 / 역사학계의 패수 위치 논쟁
2. 만리장성이 말하는 요하문명의 성격 … 42
3. 단군은 신인가, 역사 속 인물인가? … 45

2부 한국 고대사 체계 검토

1장 | 한국 고대사 논쟁의 세 가지 핵심 쟁점 … 49

한국 고대사에서 가장 중요한 세 가지 논란

2장 | 한국 고대사 체계에 대한 다양한 견해들 … 55

1. 단군조선 – 기자조선 – 위만조선 – 한사군 체계 … 56
2. 한씨조선 – 위씨조선 – 한사군 체계 … 62
3. 예맥조선 – 위만조선 – 한사군 체계 … 67
4. 고대조선 – 열국시대 체계 … 71

3장 | 사료를 통해 보는 고대조선 … 77

1. 한국 측 사료 … 78
   사료의 한계 / 『삼국유사』 / 『제왕운기』
2. 중국 측 사료 … 85
   사료 이해의 한계 / 『사기』의 서술 체제
3. 일본의 낙랑 유적 조작과 한사군 위치 왜곡 … 87
   조작 배경 / 한사군 위치를 왜곡하기 위한 봉니 조작
4. 기자와 기자조선에 대한 여러 해석들 … 92
   기자의 망명과 건국 사실 부정 / 기자의 망명과 건국 사실 긍정
5. 기자국, 위만국, 한사군의 위치와 한국 고대사 해석 … 99
   한국 고대사 해석에 미치는 영향 / 기자국의 위치 / 위만국의 위치 /
   한사군의 위치 / 패수와 왕험성 위치

4장 | 고고학으로 밝히는 고대조선의 실체 … 129

1. 고고학적 연구 성과와 해석의 한계 … 130
2. 요하문명의 주인은 누구인가? … 133
3. 신석기시대 한민족 형성 … 136
4. 청동기시대 고대국가 형성 … 144

5장 | 다시 쓰는 한국 고대사 체계 … 153

1. 한국 고대사 인식상의 오류 … 154
   조선시대 한국 고대사 인식 / 국사교과서의 한국 고대사 서술
2. 도표로 보는 한국 고대사 체계 … 159

3부 국사교과서의 고대조선사 서술 분석

1장 | 국사교과서 분석의 기준 … 167
국사교과서의 검토 목적과 방향성 / 홍익민족주의 이념의 이해

2장 | 고대조선 건국에 대한 내용 분석 … 171
1. 고대조선 실재성에 대한 논란 … 172
2. 잘못 엮어진 교과서 내용과 역사 용어 … 175
   한민족이 최초로 세운 나라 이름은 고대조선 / 고대조선의 존속 기간과 기원에 대한 인식 / 단군왕검사화와 고대조선 / 고대조선 건국에 대한 인식

3장 | 청동기시대 진입 연대에 대한 내용 분석 … 199
1. 청동기시대 진입 연대 … 200
2. 불합리한 교과서 설명과 연대 설정 … 202
   중석기시대에 대한 설명 / 청동기시대 유물과 유적에 대한 설명 / 서기전 10~서기전 7세기경 청동기시대 진입 / 서기전 2000~서기전 1500년경 청동기시대 진입

4장 | 기자국과 위만국, 한사군에 대한 내용 분석 … 219
1. 위치와 성격에 따른 한국 고대사 해석 … 220
2. 고대사 왜곡으로 이어지는 교과서 서술 … 222
   위만의 역할과 한사군의 위치 / 기자국, 위만국, 한사군의 위치와 성격 / 연나라 사람 위만의 고대조선 통치와 멸망 / 성립할 수 없는 '위만왕조의 고조선'설

5장 | 국사교과서 개편 방향 … 249
국사교과서 고대사 부분 검토 결과

4부 한민족의 기원, 단군왕검사화

1장 | 건국 사화에 대한 이해 … 257
건국 사화는 민족 구성원 모두의 보편적 상식

2장 | 인류 문명의 변천 과정 … 261
1. 신화와 인류 문명의 관계 … 262
2. 남북한 지역의 무리사회 유적 … 264
3. 정치권력의 등장과 초기 고대국가 형성 … 267

3장 | 역사학적 관점에서 분석한 단군왕검사화 … 271
1. 단군왕검사화 형성 시기에 대한 논란 … 272
2. 국사교과서에 실린 단군왕검사화 내용 … 276
3. 도표로 보는 단군왕검사화 … 280
4. 단군왕검사화의 체제 분석 … 283
5. 고대조선의 역사적 실재성 … 294
    법의 존재 여부 / 청동기시대 진입 여부

4장 | 단군왕검사화의 역사적 의의 … 299
1. 민족 사화의 역사화 작업 … 300
2. 민족의 기원이자 사상과 문화의 원형 … 302

맺음말 … 306
참고문헌 … 312
찾아보기 … 319

일러두기

1. 이 책은 2012년 출간한 『한국 고대사, 바꿔 써야 할 세 가지 문제』의 개정판이다.

2. 우리 민족이 세운 최초의 국가 명칭은 '조선'이다. '조선'이 옛날에 있었던 나라라는 의미에서 써야 할 수식어는 시대를 구분하는 '고대(古代)'여야 맞다. 따라서 필자는 학계에서 '고조선'이 아닌 '고대조선'으로 합의가 이루어지기를 바라며 이 책에서 '고대조선'으로 호칭했다.

3. '서기전'은 before Christ (B.C.)로서 서력기원 이전의 연호를 말한다. 그런데 유독 한국인들은 이를 '기원전'으로 번역하여 쓴다. 이는 잘못된 표현이다. 서력기원은 '서기'로, 단군기원은 '단기'로 사용하는 것이 맞다. '단기'가 아닌 '서기'를 쓸 때는 '기원' 또는 '기원전'이 아니라 '서기' 또는 '서기전'으로 정확히 써야 옳다. 이 책에서는 잘못 표현된 '기원전'이라는 단어 대신 '서기전'으로 호칭했다.

· 1부 ·

식민사학의 실체와
고대조선사

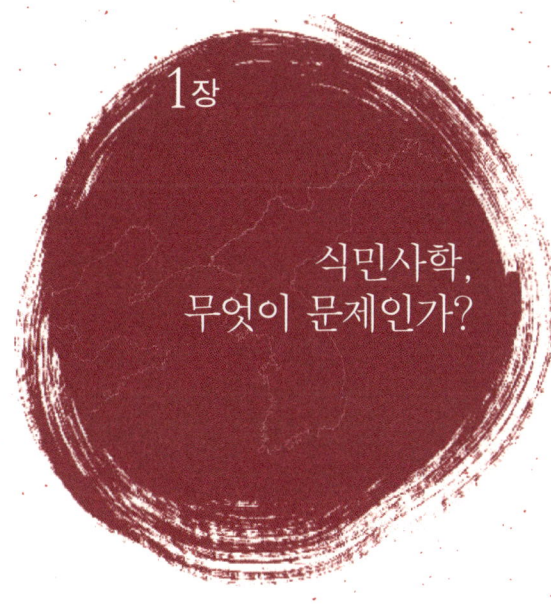

1장 식민사학, 무엇이 문제인가?

1. 우리를 위협하는 안보 환경

우리나라의 3대 안보 위협

세계에서 마지막 남은 유일한 분단국인 대한민국은 미국, 중국, 러시아, 일본 등의 이해가 맞물려 있는 한가운데에서 첨단 장비로 중무장한 남북한 군사력이 첨예하게 대치하고 있다. 특히 김일성 일가의 3대에 걸친 독재 체제하에 있는 북한 동포들이 인권의 사각지대에서 고통받고 있을 뿐만 아니라 8천만 한민족 전체가 핵무장의 고집을 꺾지 않고 있는 북한 정권의 핵위협에 긴장을 풀 수 없는 처지에 놓여 있다. 이것이 안보상의 제1차적인 직접 위협이다.

그러나 이에 못지않은 간접 위협을 인식하지 못하는 것이 더 큰 안보 위협일 수도 있다는 점에 주목해야 한다. 즉, 역사를 자의적으로 해석하고, 또 작위적으로 조작하면서 인접 국가의 역사와 영토를 넘보는 행태들이 결코 무시할 수 없는 잠정적 안보 위협인 것이다.

따라서 우리나라의 3대 안보 위협은 북한의 군사적 위협이 그 첫 번째요, 장기적으로는 일본의 국수주의적 역사 해석과 재무장, 그리고 중국의 패권주의적 역사 해석과 동북공정 등이 그 다음이라 할 수 있다.

일본 국수주의와 한·일 관계

근래 과거사 반성 없는 일부 일본인들의 국수주의적 행태를 접하면서 우리는 이를 역사적 관점에서 바로 읽어야 한다는 사실에 주목하게 된다. 도쿠가와(德川) 막부 시절 일본 국학(國學)은 국수주의적 입장에서 『일본서기』를 해석하면서 도요토미 히데요시(豊臣秀吉)의 조선 침략에 대한 향수에 빠져 재침략 의도를 숨기지 않았다. 예컨대 야마가 소코(山鹿素行)는 고대조선과 신라, 백제는 모두 옛 일본의 번신(藩臣)이었다고 주장했는가 하면, 하야시 시헤이(林子平)는 『삼국통람도설(三國通覽圖說)』에서 조선은 일본의 방패막이이므로 일본이 이를 지배해야 한다는 소위 해방론(海防論)을 폈다.

메이지(明治)유신 이후 일본의 지배층은 이의 연장선상에서 정한론(征韓論)을 폈다. 요시다 쇼인(吉田松陰)은 그의 『유수록(幽囚錄)』에서 전방위 침략을 역설했고, 기도 다카요시(木戶孝允), 이타가키 다이스케(板垣退助), 소에지마 다네오미(副島種臣) 등이 이를 받아들여 적극적으로 정한론을 제기했다. 심지어 사이고 다카모리(西鄕隆盛)는 폭살(爆殺)론[1]을, 후쿠자와 유키치(福澤諭吉)는 악우(惡友)론[2]을 내세웠는데, 비록 일본의 국가 이익이라는 차원에서 제기된 논리라 하더라도 우리의 시각에서 소름끼치는 논리들이 아닐 수 없다.

---

[1] 자신이 조선에 가서 강경하게 대처하면 조선은 그를 폭살시킬 것이며, 그렇게 될 경우 일본은 이를 빌미로 조선을 침공할 수 있는 정당한 명분을 얻게 될 것이라는 사이고 다카모리의 주장을 소위 '폭살론'이라 한다. 諸洪一, 「西鄕隆盛과 征韓論政變」 『日帝의 對韓 侵略政策史硏究』, 39쪽 ; 이도상, 『일제의 역사 침략 120년』, 60쪽.

[2] 후쿠자와 유키치는 "악우를 가까이 하는 자는 더불어 악명을 면할 수 없으므로 일본은 마음속으로부터 아시아 동방의 악우를 사절하라"는 요지의 탈아론을 제기했다. 이도상, 위 책, 126쪽.

이러한 그들의 사상은 현실화되어 운양호사건과 강화도조약, 청일전쟁, 러일전쟁과 을사늑약으로 연결되고, 결국 대한제국이 일본에 병탄되는 최악의 상황으로 치닫고 말았던 것이다. 따라서 뼈저린 피식민지 지배의 설움과 민족 분단의 아픔을 경험한 우리는 역사적 관점에서 일본 정가에 일고 있는 국수주의적 행태들을 바로 읽어야 한다.

중국의 동북공정과 한·중 관계

중국은 1996년부터 하·상·주 단대공정(夏商周斷代工程)이라는 이름으로 고대 역사를 재해석하는 프로젝트를 추진해왔다. 중국 고대문명 탐원공정(中國古代文明探源工程)과 동북공정(東北工程)은 이의 연장선상에서 추진된 것이다. 그런데 이러한 공정들이 북한의 급변 사태와 결코 무관하지 않다는 생각이다. 그 시작 연대가 1994년 김일성 사망 이후 예상되는 북한의 급변 사태에 대한 논의가 어느 정도 깊이 이루어졌을 시점이라는 점에서 그렇다.

특히 동북공정은 북한의 급변 사태에 대한 중국의 입장으로 봐야 한다. 동북공정이 단순한 역사 해석이 아니라 만주지역에 대한 영토 문제와 조선족 문제, 그리고 북한 정권 붕괴 전후의 북한지역에 대한 영향력 행사를 감안한, 장기 전략적 차원에서 기획된 공정이기 때문이다.

중국의 동북동정을 극복하기 위한 선결 과제는 우선 식민사학의 실체를 밝혀 이를 극복하는 것이다. 왜냐하면 일제의 식민사학과 중국의 동북공정 논리는 동일 선상에 놓여 있는 역사 인식이기 때문이다. 식민사학을 극복하는 문제는 한국 고대사를 복원함으로써 해결 가능하다. 즉, 한국 고대사의 복원은 식민사학의 극복이자 동북공정의 논리를 극복할 수 있다는 차원에서 한국의 역사학계뿐만 아니라 정치, 경제, 사회,

문화 전반에 중대한 메시지를 던져주고 있는 것이다.

식민사학을 극복하는 첫 번째 작업은 한사군의 위치를 본래의 자리에 가져다놓는 일이다. 현재는 그 위치가 평양이었다는 허구의 논리로 돼 있다. 이를 본래의 자리인 발해 서안의 중국 쪽에 갖다놓아야 하는 것이다. 이는 『사기(史記)』「조선열전(朝鮮列傳)」과 『한서(漢書)』「지리지(地理誌)」, 『설문해자(說文解字)』, 『수경주(水經注)』 등 1차 사료에 나와 있는 '패수는 동으로 흘러 바다로 들어간다'는 사실에 근거하면 어렵지 않게 풀 수 있는 일이다.

그럼에도 왜 이를 제대로 풀지 못하고 있는 것인가?

여기서 잠시 반성하는 자세로 우리들의 역사의식 형성 배경을 살펴보자. 조선시대에는 소위 '소중화(小中華)'라는 엉뚱한 논리에 천착하여 사대 모화주의 역사의식 속에서 자아를 상실, 결국 국권마저 상실해 피식민지로 전락했고, 일제 식민 지배 시대에는 일제가 만들어놓은 왜곡된 역사 함정에 깊이 빠져 우리 역사를 상실함으로써 이를 타율성과 정체성의 역사로 폄하했다. 그것이 광복 이후 개선되지 못하고 사대·식민주의 역사의식이 잔존하여 우리 역사가 부끄러운 역사로 매도됨으로써 우리 역사는 차라리 모르는 것이 낫겠다는 그릇된 생각으로 외면하고 서양사에 치중하면서 신사대주의적 학문 풍토가 형성되기도 했다.

이러한 과정을 거친 우리 역사학계와 교육계 현상을 보면 근현대사는 국가 정체성을 부정하는 문제로 반목하고 있고, 고대사는 한민족의 정체성에 대해 침묵하고 있는 실정이다.

지금은 다가오는 통일한국의 기반을 다지기 위해서도 자아의식과 시민정신을 확립해야 하며, 그 기초가 되는 올바른 역사 인식을 위해 사대·식민주의 사학을 극복하는 것이 절실한 시점이다.

2. 일제의 역사 침략과 식민사학의 실체

일제가 『조선사』 35권을 편찬한 이유

1910년 8월 29일 일제는 공식적으로 대한제국을 병탄했다. 그리고 초대 조선총독 데라우치 마사다케(寺內政毅, 1910. 10 ~ 1916. 10 재임)는 1910년 11월부터 이듬해 12월까지 1년 2개월에 걸쳐 구관(舊慣), 제도, 사료 조사라는 명목으로 전국을 뒤져 20만여 권의 역사 서적을 압수해 불태워버렸다. 이어서 그는 조선인의 제국 신민화(臣民化)를 목표로 『조선반도사』 편찬을 추진했다.

3대 조선총독 사이토 마코토(齊藤實, 1919. 8 ~ 1927. 12 재임)는 "조선인들에게 자신의 역사와 전통을 알지 못하게 하여 민족혼, 민족문화를 상실케 하고 조상들의 무위, 무능, 악행을 들추어내 과장하여 알려줌으로써 부조(父祖)를 경시하고 멸시하는 감정을 하나의 기풍으로 만들어라. … 실망과 허무감에 빠진 조선인들에게 일본의 사적, 문화, 인물을 소개하면 동화의 효과가 지대할 것이다. 이것이 조선인을 반(半)일본인으로 만드는 첩경이다"라며 『조선사』 편찬 방향을 분명히 제시했다.

이런 과정을 거쳐 1938년 2만 4천 쪽 분량의 『조선사』 35권이 출간되었다. 이는 조선총독부가 식민지 지배 체제를 강화하기 위해 정치적 목적으로 작성한 것으로 한국인의 열등의식과 자조(自嘲)사상을 조장하는 역사 자료집으로서, 역사적 진실이 심하게 왜곡돼 있고 식민주의 사관을 조장하며 대한민국을 세계적으로 악선전하는 악서이다.[3]

그것의 해악은 일제의 마지막 조선총독(9대) 아베 노부유키(阿部信行)가 잘 말해주고 있다. 그는 1945년 9월 12일 한국을 떠나면서 "우리는 오늘 패했지만 결코 조선이 승리한 것이 아니다. 조선민이 제정신을 차리고 옛 조선의 영광을 되찾으려면 100년이라는 세월은 족히 걸릴 것이다. 우리 일본은 조선민에게 총과 대포보다 무서운 식민교육을 심어놓았다. 이들은 결국 서로를 이간질하며 노예적 삶을 살게 될 것이다"라는 말을 남기고 떠났다.[4]

아베 노부유키의 발언은 『조선사』 편찬 결과가 가져올 해악을 말한 것으로, 이는 초대 총독 데라우치 마사다케가 『조선반도사』 편찬 목적이 조선인의 제국 신민화에 있다고 했고, 3대 총독 사이토 마코토가 조선인을 실의와 좌절에 빠지도록 써나가라는 편찬 방향을 제시한 점과 연계해 보면 35년간 추구한 그들의 역사왜곡이 지극히 악의적인 의도에 따라 지속적으로 추진된 것이었음을 알 수 있다.

대한민국 역사학계는 광복과 더불어 이러한 식민사학의 잔영들을 말끔히 걷어냈어야 했다. 그런데 실상은 그와 정반대의 길을 걸어왔다. 일제 강점기에 『조선사』를 편찬하는 데 동참했던 역사학자들이 우리 역사

---

[3] 서희건, 『잃어버린 역사를 찾아서』 1권, 고려원 ; 김성민, 「조선사편수회의 조직과 운용」, 국민대학교 석사학위 논문, 1987, 6~7쪽 ; 박현주, 「조선총독부 중추원의 사회·문화 조사 활동」『한국 문화인류학』 제12집, 1980, 77~86쪽 ; 『조선사편수회 사업 개요』 제1장 총설, 제2장 조선반도사의 편찬 ; 이도상, 『일제의 역사 침략 120년』 1부 3장 참조.

[4] 국방일보, '일본의 역사왜곡과 우경화 행보를 경계한다!'(2014. 1. 20. 18면 기사) ; 무크/친일문제연구(5)『조선총독 10인』, 가람기획, 1996, 213~220쪽.

학계를 주도하면서 실증사학이라는 명분하에 문헌고증 학풍에 치중하고 다른 사관을 이단시하여 민족의식이 자리할 틈을 내주지 않았다. 현재도 『조선사』에 기초한 그들의 주장들이 한국사의 정론이란 이름으로 그 맥이 이어지고 있다. 우리는 일제가 추진했던 이러한 의도가 광복 70주년을 맞는 현재도 이어지고 있음에 주목해야 한다.

일본이 추진한 한국사 왜곡의 핵심

일제가 한국인의 의식 속에 심고자 했던 것은 무엇이며, 아직도 우리가 떨쳐버리지 못하고 있는 우리 민족사에 대한 잘못된 인식은 무엇인가 살펴보자.

일제는 한국인이 스스로 일왕(日王)의 적자 되기를 바라는 제국 신민으로 만들기 위해선 우선 한국인이라는 자아의식을 갖지 못하게 해야 했으며, 그 기초 작업이 한국 민족사를 왜곡해 주입시키는 것이었다. 우선 한국 민족사의 출발부터 깎아내려 고대조선사를 부정하고, 민족성 면에서 타율성과 정체성을 강조해 스스로 발전 능력이 없음을 인식케 함으로써 자아의식과 저항 의지를 무력화하고자 했다. 이를 위해 그들이 주장했던 역사 논리를 종합해보면 다음과 같이 정리할 수 있다.

1. 한국은 지정학적으로 대륙 세력과 해양 세력의 가운데 끼어 있어 불가피하게 그들의 지배를 받아야 했다.
2. 한국 민족사는 기자, 위만, 한사군의 지배로부터 시작되었다.
3. 고대조선사는 역사를 끌어올리기 위해 가공된 허구의 역사이다.
4. 패수는 대동강이며, 한사군의 중심이었던 낙랑군은 평양에 있었다.
5. 『삼국사기』 초기 기록은 『일본서기』와 상이하므로 믿을 수 없다.

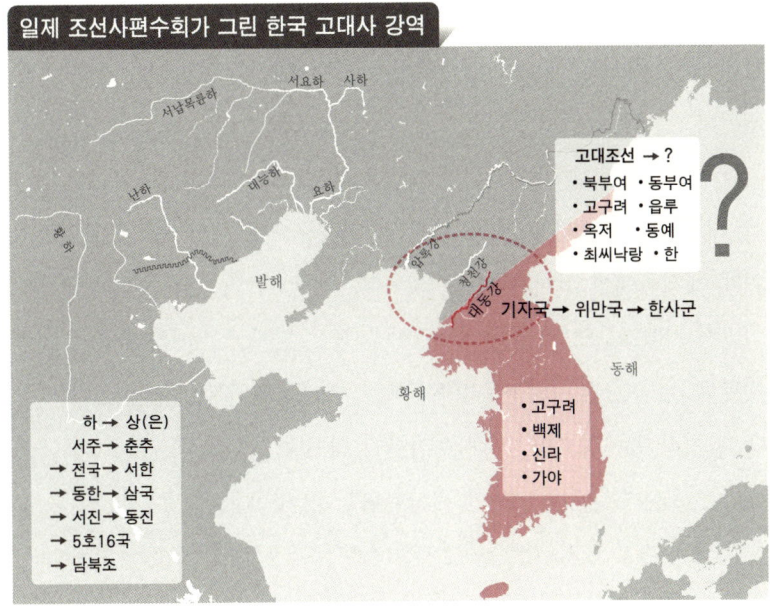

6. 한국 민족은 천성적으로 서로 싸우고 분열하는 당파성이 강한 민족이다.
7. 일본의 한국 지배는 침략이 아닌 역사의 복원이다.

이와 같은 논리 체계하에서 조선사편수회가 추진한 역사왜곡의 핵심은 한사군의 위치를 평양에다 옮겨놓는 작업이었다. 이에 대해서는 2부에서 구체적으로 논의하겠지만, 먼저 일제 식민사학의 본질을 이해하기 위해서 위의 지도에 주목할 필요가 있다.

이 지도에 의하면 '패수'는 지금의 대동강이다. 즉, 대동강이 중국의 고대국가들과 고대조선의 국경이었다는 논리이다. 그것은 우리 민족의 고대사 강역이 대동강 남쪽이었다는 이야기가 된다. 따라서 고대조선은 물론이고 고대조선의 뒤를 이어 나타났던 대동강 북쪽의 모든 고대국가들은 전부 허구의 역사요, 실재하지 않았던 가공의 역사라는 논리가 성립된다.

이 지도 속에 숨겨진 논리의 핵심은 열국시대 이전의 우리 민족 역사는 대동강 주변에서 기자국, 위만국, 한사군으로 이어지는 중국인들의 지배 체제하에서 전개되었다는 것이다. 즉, 한국 역사는 중국과 일본의 식민지 지배로부터 출발한 역사로서 북쪽은 한사군 지배하의 중국 식민지였고, 남쪽은 임나일본부(任那日本府) 지배하의 일본 식민지였기 때문에 20세기 일본의 식민 지배는 침략이 아니라 역사의 복원으로서 조선 민족은 오히려 일본의 지배에 감사하라는 논리이다.

그런데 최근 동북아역사재단에서 하버드대학교 한국학연구소에 10억 원의 국고를 지원해서 한국 고대사 관련 6권의 논문을 번역, 출판했다. 그중 마지막 6권이 『The Han Commanderies in Early Korean History (한국 고대사 속의 한사군/한국 고대사 속 한나라 영지)』인데, 이 논문은 앞에서 필자가 지적한 대로 우리 역사의 시작을 한사군부터라는, 일제가 조작한 논리를 수정 없이 전 세계에 홍보하는 결과로 이어질 수 있다는 우려를 금할 수 없다.[5]

---

5 이덕일, 『우리 안의 식민사관』, 만권당, 2014, 211~229쪽. ; 황순종, 『식민사관의 감춰진 맨 얼굴』, 만권당, 2014, 75~84쪽. ; 이주한, 『한국사가 죽어야 나라가 산다』, 역사의 아침, 2013, 189~213쪽.

3. 우리 역사의식의 현주소

1910년 대한제국은 일제의 뜻에 따라 강제로 병탄되고 말았다. 이어서 일제는 역사왜곡에 착수했다. 이때 이완용, 박영효, 권중현 등이 『조선사』 편찬에 고문으로 참여했고, 정만조, 유맹, 어윤적, 이능화 등이 1차 편찬위원으로 참여했다. 그 뒤 조직을 개편할 때 이병도, 신석호, 홍희, 구찬서, 조한직, 최남선 등이 추가로 참여해 일본인 학자들과 함께 활동했다. 그리고 1938년에 『조선사』 35권이 출간되었다.

한국인의 열등의식과 자조사상을 조장할 목적으로 편찬된 이 서적의 영향이 광복 이후 더 이상 지속될 수 없게 했어야 했는데, 조선사편수회에 참여했던 학자들이 국사관장과 주요 대학 역사학부 주임교수로 활동함에 따라 그렇게 할 수 없었던 것은 민족의 정체성 확립 차원에서 큰 불행이 아닐 수 없다.

더구나 스스로 고대사를 정리할 수 있는 능력을 미처 갖추지 못한 가운데 민족 분단, 6·25 한국전쟁, 민족사학자들의 납북과 정치·사회적 혼란이 계속돼 우리 역사를 바르게 정리할 수 없었다. 또 우리의 교육 환경은 가르치는 사람을 포함하여 교과 내용과 방법 등이 일제가 심어놓은 틀에서 벗어나지 못한 채 오히려 그 틀이 이어져왔다고 보아야 한다.

어린이들은 가정과 학교에서 자기 나라 역사를 자상하게 배우면서 자라야 한다. 그래야 성장하면서 나라 사랑을 가장 큰 자랑과 보람으로 생각하고 이를 지키고 가꾸는 일에 적극 나서게 된다. 민주 시민으로 성장한 그들이 국가 안보의 튼튼한 기둥이 되는 것이다. 그런데 우리는 역사를 알려주는 일에 무관심하다 보니 가정에서 역사에 대한 대화를 거의 찾아볼 수 없다.

현재까지 한국사는 대학 입시, 공무원 임용시험과는 무관했다. 따라서 한국사는 학생들의 관심에서 멀어져 있었고, 이는 학부모들의 무관심으로 이어져 전체 국민의 한국사에 대한 무관심으로 확대되어왔다 해도 과언이 아니다. 게다가 특정 이념을 추구하는 세력에 의해 국가의 정체성이 부정되고 있다는 사실이 두렵다. 국가의 정체성을 부정하는 근현대사 인식과 한민족의 정체성을 훼손하는 고대사 인식이 장기적으로는 국민 통합과 국가 발전을 저해하고 통일로 나아가는 길목을 차단할 수도 있음에 주목해야 한다. 강 건너 불구경하듯 하는 국민들의 역사 인식 태도도 문제려니와 지도층의 이에 대한 무관심과 국가기관의 역사왜곡이 더 큰 문제가 아닐 수 없다.

여기서 잠시 우리 사회의 상이한 두 모습을 살펴보자. 대한민국은 20세기 최악의 역경을 슬기롭게 극복하고 한강의 기적을 이룩하면서 21세기에는 아시아의 변방 국가에서 세계의 중심 국가로, 도움을 받기만 하던 나라에서 도움을 주는 나라로 도약해 지금은 세계가 주목하는 G-20 국가의 일원으로 우뚝 서 있다. 다가오는 통일한국시대가 기대되는 밝고 자랑스러운 모습이다. 그럼에도 내부적으로는 그에 걸맞는 수준의 의식이 뒤따르지 못하고 있다.

우리는 한강의 기적을 이룩하면서 '할 수 있다!', '하면 된다!'는 신념으로 땀 흘려 빨리빨리 앞만 보고 뛰어왔다. 그 과정에서 서둘러 목표에 이르기 위해 절차를 건너뛰거나 기본과 원칙을 무시하기도 했다. 기본을 벗어난 크고 작은 잘못과 부조리를 소위 관행이라는 이름으로 변명하거나 대수롭지 않게 여기며 눈감아왔다. 이처럼 기본을 지키지 않고 앞만 보고 달려오는 과정에서 누적된 편법과 부조리가 상식을 벗어난 모습으로 나타나고 있는 것이다. 심각한 문제가 아닐 수 없다.

사회는 발전하는데 국민들의 의식은 그 반대로 나아가고 있다면 어찌 되는 것인가? 준법정신과 질서의식이 결여된 가운데 남을 배려하는 문화가 사라져가고 있다. 지도자들은 도덕적 해이 속에서 모범을 보여주지 못했고, 역사교육을 소홀히 하여 젊은이들에게 자아를 심어주지도 못했다. 그로 인해 그들이 흘린 피와 땀과 눈물의 소중한 가치조차도 후세들에 의해 정당하게 평가받지 못하고 있다. 어둡고 부끄러운 모습이다.

한강의 기적을 통해 오늘의 대한민국을 이룩한 세대가 미처 착안하지 못한 것이 바로 이 부분이다. 즉, 사회 통합과 국가 안보의 기초는 올바른 역사의식에 의해 다져진다는 사실을 간과했던 것이다. 더욱 중요한 것은 고대사 인식은 민족의 뿌리를 찾는 일이며 미래로 나가기 위한 자아인식의 출발점이라는 사실에 주목하지 못하고, 역사학계가 국민의 고대사에 대한 무관심을 방치했다는 사실이다.

여기서 잠시 역사(학)란 무엇인가 생각해보자.

역사가 과거의 사실을 현재의 시각에서 해석하고 미래에 대한 교훈을 찾는 일련의 과정이라는 차원에서 보면, 역사학은 바로 자아를 찾는 학문이라 할 수 있다. 즉, 고대사 속에서 나(우리)는 누구인가를 확인하고,

근·현대사 인식을 통해 지금 어디에 서 있으며 어디로 나아갈 것인가를 고민하는 학문이 역사학인 것이다. 따라서 역사는 객관적 사료에 기초해야 하며 이를 정확히 해석하고 올바로 인식해야 한다. 특히 우리 역사를 바로 보고 올바른 해석을 할 수 있어야 한다.

우리의 고대사 왜곡을 더는 이대로 방치해선 안된다. 근·현대사 왜곡 논란에 앞서 우선 고대사 왜곡 현상을 바로잡아나가야 한다. 근·현대사에 대한 정확한 인식은 올바른 고대사에 기초하기 때문이다. 그리고 민족의 형성 배경과 국가 기초 이념의 정당성에 대한 이해가 확고한 국가관과 민족의식으로 이어지고 애국심으로 승화될 수 있도록 서둘러 역사교육을 강화해나가야 한다. 이는 통일한국의 터를 닦는 정지 작업이라는 차원에서 매우 절실한 문제이다.

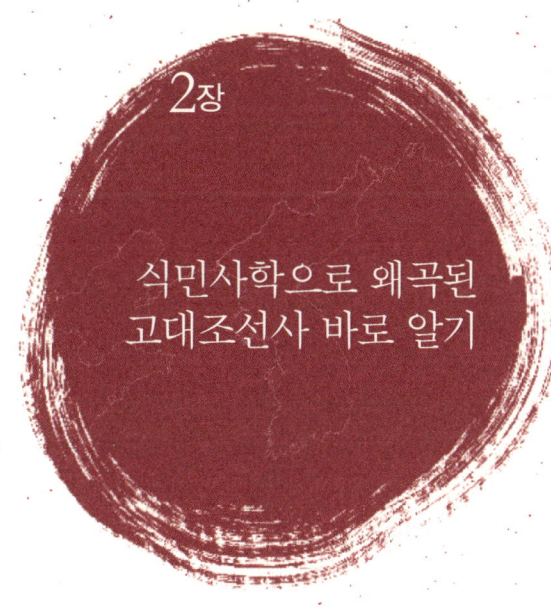

2장

식민사학으로 왜곡된
고대조선사 바로 알기

1. 패수 위치 논쟁과 한사군

식민사학의 첫 단추는 고대조선사 부정

식민사학을 극복하기 위해서 그 실체에 조금 더 가까이 다가가보자.

식민사학의 첫 단추는 고대조선사를 부정하여 날조된 허구의 역사로 폄하하는 것이었다. 이를 위해 한국 고대사의 강역을 축소시켜야 했다. 얼마나 축소시키면 고대조선과 그 이후에 나타난 고대국가들이 모두 허구의 역사로 전락될 수 있을 것인가가 그 초점이었다.

여기서 일제 사학자들은 '패수'는 여러 강을 지칭하는 보통명사로서 그 가운데 어느 강을 고대 한·중 국경이었던 패수로 보느냐에 따라 한국 고대사 강역의 크기가 달라진다는 점에 착안했다. 처음에 요하를 패수라 했다가 점차 압록강, 다음엔 청천강, 최종적으로 대동강까지 동으로 패수를 옮겨온 것이다. 즉, 대동강을 패수로 볼 경우 대동강 북쪽의 한국 고대사 강역이 사라짐으로써 한국 고대사는 가공된 허구의 역사로 엮을 수 있다고 본 것이다.

그렇게 결정하는 과정에서 1차적인 사료에 기초하지 않고 먼저 대동강을 고대 한·중 국경선으로 정한 다음 그것이 곧 역사적 사실인 것처럼 합리화 논리를 폄으로써 역사적 진실에서 벗어나고 말았다. 더욱이 조선사편수회에 종사했던 한국 역사학자들이 광복 이후 패수는 대동강이라고 국사교과서에 실어버린 후 이 사실이 제대로 논의되지 않은 채 오늘에 이르고 있다.

사료가 말하는 고대 한·중 국경선, 패수

패수에 대한 기록이 들어 있는 사료는 『사기』「조선열전」과 『한서』「지리지」, 『설문해자』, 『수경주』 등이 있다. 『사기』 115 「조선열전」은 "復修遼東故塞 至浿水爲界屬燕 〔요동 옛 요새를 다시 고쳐 패수까지 경계로 하여 (서한의) 연에 속하게 했다〕" / "燕王盧綰 反入匈奴 滿亡命聚黨千餘人 魋結蠻夷服而 東走出塞渡浿水 居秦故空地上下鄣 〔연왕 노관이 (서한에) 반란을 일으키고 흉노로 들어가자 위만이 망명하여 일당 1천여 명과 더불어 상투를 틀고 만이 옷을 입고 동으로 달아나 요새를 빠져나와 패수를 건너 진의 옛 공지 상하장에 거하였다〕"이라 하여 패수가 서한의 동쪽이자 연(서한의 제후국)의 동쪽임을 말해준다.

『한서』「지리지」는 "殷道衰箕子去之朝鮮 教其民以禮義田蠶織作 〔은이 도덕적으로 쇠퇴하자 기자가 (은의 동쪽에 위치한) 조선으로 가서 그 백성들에게 예의와 밭 갈고 누에 키우고 베 짜고 일하는 것을 가르쳤다〕"이라 하여 패수는 고대조선의 서쪽이자 기자국의 서쪽이었음을 말해준다.

『설문해자』와 『수경주』는 "浿水出樂浪鏤方縣 東入于海 〔패수는 낙랑군 누방현을 나와 동쪽으로 흘러 바다로 들어간다〕"라 밝히고 있다.

이들을 종합해보면 패수는 서한과 연의 멀지 않은 동쪽이자 고대조선의 맨 서쪽 변방에 있었던 기자국의 서쪽이며, 그 흐름은 서에서 동으로 흘러 바다로 들어간다고 했다. 여기서 서한과 연, 그리고 고대조선과 기자국 사이에 있는 바다는 황해와 발해다. 그리고 동으로 흘러 바다로 들어가는 강들은 모두 지금의 중국에 있어야 맞다. 왜냐하면 남북한 지역에는 동으로 흘러 황해나 발해로 들어가는 강이 없기 때문이다.

역사학계의 패수 위치 논쟁

현재 패수의 위치에 대한 우리 역사학계의 해석은 두 가지로 나뉜다. 하나는 패수가 지금의 중국에 있었다는 주장이다. 즉, 『사기』 권 115 「조선열전」에서 말하는 패수는 지금의 난하(灤河)를 지칭한다는 것이다. 신채호, 리지린, 윤내현, 김종서, 이덕일 등이 주장하는 이 논리에 따르면, 기자국(箕子國), 위만국(衛滿國), 한사군(漢四郡)은 고대조선 서쪽 변방에 존속했을 뿐이며, 우리 역사는 고대조선에서 시작해 열국시대로 곧바로 이어지는 것으로 본다.

다른 하나는 우리나라 안에 있는 대동강(또는 청천강)이 패수였다는

주장이다. 이병도, 김정배, 노태돈, 송호정 등 고대조선 역사의 실재성을 부정하는 학자들에 의하면, 위만이 청천강 유역 유이민(遊移民)과 토착민을 기반으로 세력을 확장하여 진(秦)·한(漢)대 중국과 경계지역을 삼았는데, 여기서 동으로 흐른다는 말 가운데 '동(東)'은 '서(西)'의 오(誤)로 보아 패수는 대동강(또는 청천강)이었을 것이라는 해석이다. 그래서 고대조선 역사는 실재한 역사가 아니며, 우리 역사는 마치 위만으로부터 시작되는 것처럼 설명되고 있다.

위 두 견해처럼 패수를 어디로 보느냐에 따라 한국 고대사의 강역은 크게 차이가 난다. 이는 38~39페이지의 두 지도를 비교해보면 쉽게 알 수 있다.

왼쪽(38페이지)의 지도는 진(秦) 장성이 시작되는 낙랑군 수성현을 흐

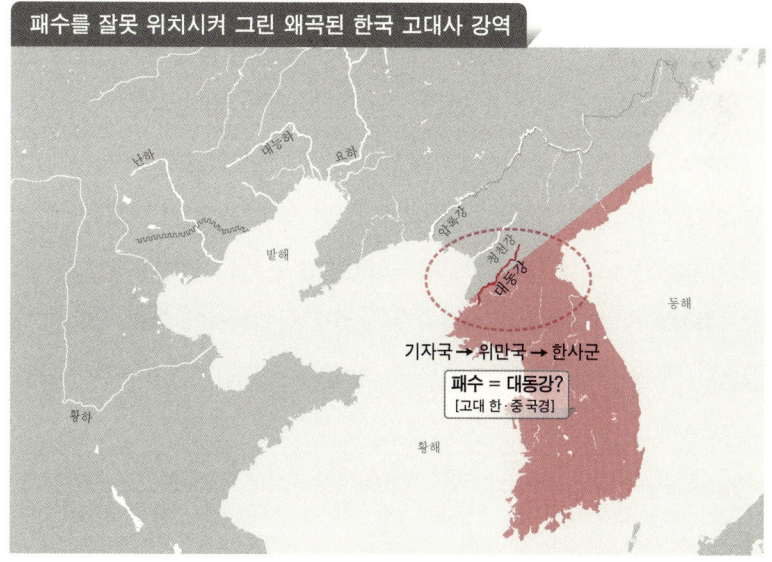

르는 난하가 『사기』 권 115 「조선열전」에서 말하는 패수라는 견해이다. 이에 의하면 원 안에 그려진 패수는 고대조선의 맨 서쪽 외곽에 위치하며 고대 중국과 접경을 이룬다. 이는 그 동쪽에 위치한 고대조선 역사가 실재했던 역사였음을 무리 없이 그려넣을 수 있으며, 그 뒤를 이어 나타난 우리 고대국가들의 영역 표기가 가능하다. 이것이 한국 고대사의 강역을 설명하는 본래 모습이다.

그러나 일제의 조선사편수회는 오른쪽(39페이지) 지도와 같이 패수를 본래의 위치가 아닌 평양 인근으로 끌어들였다. 즉, 평양 인근의 대동강이나 청천강 중 하나가 패수일 것이라 단정하고, 기자국-위만국-한사군으로 이어지는 정권들에 의한 역사적 사건들이 평양 주변의 원 안에서 이루어졌다고 해석했다. 그럴 경우 그 북쪽은 고대조선의 국경 밖이 되므로 우리 역사에 편입될 수 없다. 즉, 고대조선을 위시해 그 뒤를 이은 부여, 고구려, 옥저, 읍루, 동예 등 우리 민족이 세웠다고 하는 대동강 북쪽의 모든 고대국가들은 설 곳을 잃게 되므로 허구의 역사가 되고 만다. 그리고 고대조선의 역사적 실재성이 부정되면서 우리 역사는 위만으로부터 시작된다.

그런데 위만은 중국인이기 때문에 실제로 우리 민족이 국가라는 개념을 갖게 된 것은 고구려가 낙랑군을 몰아낸 4세기경에 이르러서이며 그 이전은 중국의 식민지 지배하에 있었다는 논리가 성립한다.[6] 이는 조선사편수회가 임나일본부를 역사적 사실로 합리화하기 위해 꿰맞춘 작품으로, 우리 역사는 북쪽은 한사군 지배하의 중국 식민지로부터, 남쪽

---

[6] 대동강 일대에는 최씨낙랑국이 있었으며, 한사군 중 하나인 낙랑군은 난하 유역에 있었다는 연구들이 많이 나와 있다. 윤내현, 「최씨낙랑국의 건국과 흥망」 『한국 열국사 연구』, 지식산업사, 1998, 112~149쪽.

은 임나일본부 지배하의 일본 식민지로부터 시작됐다는 논리로 연결된다. 즉, 일본의 한국 지배가 역사의 복원인 것처럼 꾸며서 한국인의 자아상실을 유도함으로써 일제 식민 지배에 대한 저항을 체념, 포기케 할 목적으로 조작한 역사왜곡인 것이다. 이는 현재도 중국의 동북공정 논리와 맥을 같이하고 있다. 그럼에도 역사학계가 이러한 비합리적인 논리로 해석되고 있는 한국 고대사 왜곡에 침묵하고 있음이 안타깝다.

패수가 동쪽으로 흘러 바다로 들어간다는 하나의 사실만 보더라도 그 위치가 어디쯤인가 짐작할 수 있으며, 그를 통해 '패수'의 위치 하나만 정확히 해석해도 한국 고대사 해석상의 어려움들이 쉽게 풀릴 수 있다. 그럼에도 이를 외면한 채 광복 70주년이 되는 지금까지도 식민사학의 잔영을 지우지 못하고 있는 현실과 역사학계의 침묵은 무엇을 의미하는가? 식민사학 극복에 대한 수많은 논의와 지적에도 불구하고 무엇이 바뀌어야 하는가에 대한 문제에 접근하지 못하여 여기까지 왔음에 주목하면서 우리 시각으로 바르게 해석해나가야 하겠다.

2. 만리장성이 말하는 요하문명의 성격

중국은 1996년부터 기존의 중국 고대문명에 대한 해석과는 전혀 다른 차원에서 재해석을 추진해왔다. 문제는 그러한 작업이 역사학계의 순수한 학문적 입장이 아닌 정부 차원의 조직적인 공정으로 추진되어왔다는 것이다.

13억에 달하는 중국의 인구는 56개 민족으로 구성되어 있다. 그 가운데 한족이 94%이고 나머지 55개 소수 민족은 전부 합해도 6%에 불과하다. 그럼에도 이들 소수 민족은 중국 영토의 50%가 넘는 땅을 차지하고 있다. 더욱이 소수 민족의 독립지향적 움직임이 수시로 중국 정부를 긴장시켜왔다. 그런 가운데 앞에서 지적한 바와 같이 1994년 김일성 사망 이후 북한의 급변 사태와 만주지역의 조선족 문제가 현실 문제로 부상한 것으로 보인다.

현재 중국 영토 안에 있는 모든 민족의 역사는 중국 역사라는 소위

---

7 고구려연구회, 『동북공정과 한국학계의 대응 논리』, 여유당, 2008, 52~55쪽. 서주(西周) 이전의 하·상·주나라의 연대(斷代)를 확정 짓는 프로젝트다. 종래 중화인민공화국 역사의 시작은 사마천의 『사기』 「12제후 연표」의 시작 연대인 서주(西周) 후기 공화(共和) 원년(서기전 841년)이었다. 그래서 하·상·주 단대공정을 통해 구체적인 연대를 확정 짓는 것이 목적이었다(1996~2000).

'통일적 다민족국가론'과 1996년부터 추진해온 '하·상·주 단대공정(夏商周斷代工程)[7] – 중국 고대문명 탐원공정(中國古代文明探源工程)[8] – 동북공정(東北工程)[9] 등이 이와 무관하지 않다는 생각이다. 그런데 이러한 공정을 추진하는 배경 논리가 1980년대 이후 본격적으로 발굴되고 있는 요하문명에 기초하고 있다.[10] 이는 논리의 비약이자 모순이다. 왜냐하면 요하문명은 만리장성 북쪽에서 일어난 문명이기 때문이다. 따라서 만리장성에 대한 인식을 바꾸면 그에 대한 해석이 달라진다.

만리장성은 고대 중국인들이 북방 민족을 막기 위해 쌓은 성으로 북방문명과 중국문명을 가르는 분명한 하나의 경계선이다. 그러므로 중국의 정치적 입장에 따른 역사 해석과는 달리 만리장성 북쪽에서 일어난 북방문명은 기존 중국문명과는 전혀 다른 문명인 것이다. 중국 역사의 기원과도 무관하다.

이는 고대조선과의 관계에서 나타난 패수(난하)의 성격과도 유사하다. 오히려 만주지역은 고대조선을 수립한 민족의 선대들이 활동했던 지역으로, 그들이 일으킨 요하문명은 한국 고대사와 관계가 깊다. 그렇기 때

---

8 고구려연구회 앞 책, 56~57쪽. 하·상·주 단대공정이 끝나는 해인 2000년 8월 '고대문명 연구센터'를 설립하면서 시작되었다. 기본 목표는 용산시대(서기전 3000~서기전 2000)의 고고문화와 문명의 발전 과정, 그리고 고대 역사 전설 가운데 오제(小昊·顓頊·帝嚳·堯·舜)시대의 역사와 문화를 탐색하는 것으로 '용산시대'와 '오제시대'를 동일시하여 염황(炎帝와 黃帝)의 역사를 지금부터 약 5000년 전후로 인식하여 '5000년 중화문명사'란 습관적 표현을 확실시하려는 것이다(2000~2005).

9 고구려연구회 앞 책, 58~59쪽. 동북 변경의 역사와 현황에 대한 연구 프로젝트(東北邊境歷史與現狀系列研究工程)를 줄여 부르는 이름으로, 동북아의 중심에 자리 잡고 있으면서 전략적으로 대단히 중요한 동북 변경의 역사와 현황에 관한 연구를 학술적 궤도에 올려놓고 기초연구와 응용연구를 유기적으로 결합해 심화시켜 국제적 도발에 제대로 대응하기 위한 공정이다(2002~2007).

10 우실하, 「요하문명의 지리·기후 조건과 신석기·청동기시대 유적 분포」 『제1차 고조선문명의 학제적 연구』, 제58회 고조선단군학회 학술발표집, 2014, 91~117쪽.

문에 우리 학계의 폭넓은 연구가 이루어져야 하는 것이다.[11]

요하문명에 대해서는 2부 4장에서 다시 논의하기로 한다.

---

[11] 만리장성은 연(燕), 조(趙), 진(秦) 등 전국시대 북방 민족과 경계를 마주하고 있던 나라들이 북방 민족의 침략을 방어할 목적으로 쌓았던 기존의 성들을 진시황 때에 연결한 것을 말한다. 중국을 통일한 진시황은 서기전 221년부터 서기전 214년까지 내부 성들은 허물고 북쪽 외곽 성들을 연결했다. 만리장성의 총 길이는 2,400km로 알려졌으나, 현재는 6,352km가 유네스코 세계문화유산으로 등록되어 있다.

3. 단군은 신인가, 역사 속 인물인가?

 이 질문에 다양한 대답이 나올 수 있을 것이다. 어떤 이는 민족 신앙 차원에서 신이라고 주장하는가 하면, 어떤 이는 우상숭배라 비난하며 역사적 인물쯤으로 이해하려 할 것이다. 그래서 단군상을 세우는 단체와 그것을 파괴하는 집단 간의 부끄러운 싸움도 있었다.[12] 그러나 이러한 견해는 모두 옳지 않다. 왜냐하면 단군은 신도 아닐뿐더러 역사적 인물도 아니기 때문이다. 그렇다면 단군은 무엇이란 말인가?
 단군은 직책이다. 그리고 초대 단군은 단군왕검(檀君王儉)이다. 이처럼 간단한 문제를 놓고도 단군상 훼손 시비를 벌이고 있는 민족적 비애를 어떻게 설명해야 하는가? 이것이 우리 역사교육의 현주소임에 주목하면서 이 기회에 단군왕검사화에 대한 생각을 정리해보자.
 우리는 반만년의 유구한 역사를 가지고 있는 문화민족이라 자부하면서도 막상 민족의 기원에 대한 합의된 역사 논리도 세우지 못한 채 논란을 계속하고 있다. 이는 역사가 오래된 민족들 사이에서는 그 유례를 찾아보기 힘든 부끄러운 현상이다. 특히 우리는 민족의 건국 사화에 대한

---

[12] 이도상, 「'단군상 분쟁' 부끄러운 일」, 동아일보, 1999년 10월 26일자 발언대.

본질적 속성을 간과한 채 이를 고고학과 인류학 등 인접 학문과 접목시키지 못하고 문헌상의 근거에만 집착해 해석상의 오류를 벗어나지 못하고 있다.

단군왕검이 서기전 2333년 처음 고대조선을 세움으로써 우리 민족은 드디어 국가사회 단계에 진입하게 된다. 이때부터 역사시대에 접어들면서 민족의 기원과 민족문화의 원형을 가꾸어온 것이다. 이러한 역사적 과정을 설명하고 있는 것이 단군왕검사화이다. 따라서 단군왕검사화는 단순한 신화가 아니라 우리 민족의 기원에 대한 담론으로 건국 이전의 역사적 체험, 민족의 사상과 문화의 원형을 담고 있는 개국 사화이다. 즉, 고대조선 건국 과정을 사화로 상징체계화한 역사적 사실인 것이다.[13]

단군왕검사화는 한국인의 보편적 상식으로 집안에서는 할아버지, 할머니, 아버지, 어머니로부터, 밖에 나가서는 선생님과 이웃 어른들로부터 자주 듣고 아는 생활 속의 자연스러운 이야기여야 한다. 그럼에도 이에 관한 담론이 기피되고 있는 현상은 납득할 수 없다. 특히 이를 말해주어야 할 입장에 있는 어른들의 이해 부족과 그에 대한 부정적인 정서가 안타깝다. 필자는 4부에서 이에 대해 구체적으로 논의하고자 한다.

---

[13] 우리 민족은 단군왕검사화를 가지고 있다. 그것은 고려 이전부터 있었던 것을 일연이 정리한 것으로 볼 수 있다. 왜냐하면 일연이 "古記云(고기에 이르기를)"이라고 말한 점으로 보아 일연의 창작이 아님이 분명하기 때문이다. 다만 그 『고기』가 신라의 고문헌들인 『해동고기(海東古記)』, 『삼한고기(三韓古記)』, 『신라고기(新羅古記)』 등 고유한 서적들을 가리키는 것인지 단순히 옛 기록이라는 일반적인 용어인지는 분명하지 않지만, 이 기사는 『구삼국사(舊三國史)』 본기(本紀)에도 있었음을 『제왕운기(帝王韻紀)』에서 지적하고 있다. 그런데 일본인 학자들은 단군왕검사화에 불교적인 용어와 도교적인 요소가 보인다는 이유로 몽고가 침입할 당시에 민족정신을 고취하기 위해 만들어진 것이라고 했다. 즉, 1890년대 중반부터 일본의 역사학계가 한국 고대사를 부정하려는 의도로 단군을 부인하기 시작했고, 조선총독부가 설치된 이후에는 본격적으로 고대조선의 건국 역사를 '단군신화'로 규정하며 고대조선의 존재를 부정했다. 그리고 『조선사』 편찬 사업 과정에서 이를 체계적으로 반영했다. 그 영향이 아직까지도 가시지 않고 있는 것이다.

· 2부 ·

한국 고대사 체계 검토

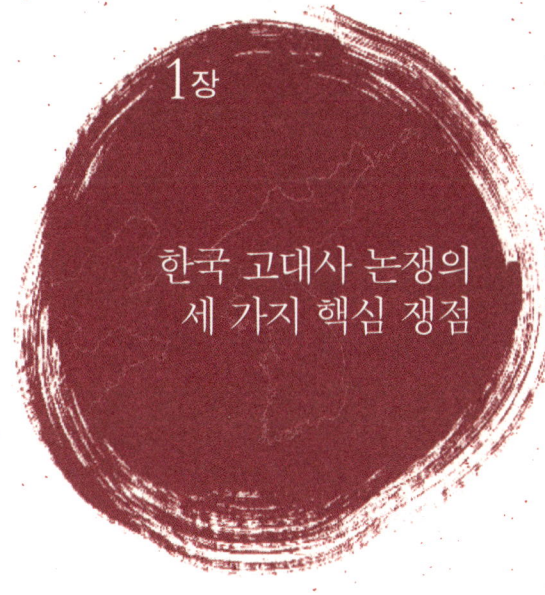

1장

한국 고대사 논쟁의
세 가지 핵심 쟁점

한국 고대사에서 가장 중요한 세 가지 논란

　민족의 사상과 문화의 원형은 국제 경쟁력의 모태가 된다. 그리고 이를 논하기 위해서는 민족 역사의 기원이 밝혀져야 한다. 그런데 현행 국사교과서에서조차 민족 역사의 기원이 모호하게 기술돼 있고 학자마다 각기 다른 주장을 펴고 있다.

　한국 고대사에서 논의되고 있는 주요 쟁점은 크게 세 가지로 대별해 볼 수 있다. 첫째는 고대조선 역사에 대한 인식, 둘째는 청동기시대 진입 연대에 대한 해석, 셋째는 기자국과 위만국, 그리고 한사군의 위치와 성격에 대한 해석이다. 만일 이 세 가지 쟁점이 해결된다면 한국 고대사 체계상의 갈등은 거의 해소되는 것으로 볼 수 있겠다. 특히 홍익민족주의로 나아가기 위해서는 먼저 이 문제를 극복함으로써 민족적 자아가 확립되어야 하는 것이다.[1]

　그럼에도 현행 국사교과서에서는 고대조선 역사에 대해 구체적으로 다루지 않고 있으며 역사적 실재성에 대해서도 모호하게 정리하고 있다.[2] 최근 국사교과서는 고대조선이 서기전 2333년에 건국됐다고 기술하고 있지만, 내용면에서 그 이상 구체적인 설명을 하지 않고 있어 그 전과 달라진 것은 찾아볼 수 없다. 또 학자들마다 제각각의 견해를 가지고 이를 정리하고 있는 바 이를 대별하면 고대조선 역사의 실재성에 대해 부

---

[1] 홍익민족주의(弘益民族主義)의 개념은 '3부 1장 국사교과서 분석의 기준' 참조. 배타적 민족주의를 대신할 수 있는 새로운 개념의 논의가 필요한 시점에서 필자는 민족 통합과 통일, 그리고 인류 평화에 기여할 수 있는 이념은 홍익민족주의여야 한다는 생각이다. 홍익민족주의는 민족적 자아와 정체성을 유지하면서 여러 민족과 더불어 인류의 자유와 평화를 함께 추구하는 합리적 민족주의를 의미한다. 이는 널리 인간을 이롭게 하는 홍익인간 이념보다 한 차원 더 나아가 다른 민족들의 생존과 번영까지를 널리 배려하는 이념이라 할 수 있다.

[2] 이도상, 「고대조선 관련 국사교과서 내용 분석」 『단군학 연구』 제20호, 단군학회, 2009 참조.

정하는 쪽과 긍정하는 쪽으로 구분된다.

부정하는 쪽은 고대조선은 고대국가 이전의 원시사회였으며 위만(衛滿)시대에 와서 확실한 고대국가 체제가 확립됐다는 해석이다. 고대조선 역사를 긍정하는 쪽은 민족의 기원을 고대조선으로부터 보려는 견해와 그 이전 환웅(桓雄)천왕 이전으로까지 소급해 확대해석하려는 견해로 갈린다.[3]

청동기시대 진입 연대는 고대국가 형성과 밀접한 관계가 있다. 왜냐하면 고대국가의 시작은 청동기시대로부터라는 것이 일반적인 학설이기 때문이다. 따라서 한국사의 청동기시대 진입 연대가 서기전 24세기경까지 올라가야 서기전 2333년 고대조선 건국을 역사적 사실로 인정할 수 있는 것이다. 즉, 우리 민족이 언제 청동기시대에 진입했느냐 하는 것은 고대조선 역사가 실재한 역사냐, 아니면 가공의 역사냐를 판가름하는 관건이라 할 수 있다.

한국사에서 청동기시대에 대한 해석은 두 가지 측면에서 논의되고 있다. 하나는 남북한 지역 안에서 청동기시대가 언제 시작됐느냐 하는 문제로, 남북한 지역 청동기시대 진입 연대가 서기전 10세기 전후라는 견해와 그보다 훨씬 올라간다는 견해가 맞서 있다. 다른 하나는 청동기시

---

[3] 일부 고대사 연구가들은 '우리 역사는 환국(桓國) → 배달국(倍達國) → 고조선(古朝鮮)으로 이어지는 1만 년 역사'라 주장하며, 심한 경우 고구려, 백제, 신라의 실제 위치가 중국 대륙 안에 있었다'는 주장을 펴기도 한다. 우리 역사를 자랑스러운 역사로 정리하려는 뜻은 좋으나 학문적 범주를 벗어나는 해석에는 동의할 수 없다. 한편 고대조선 이전에 일정한 초기 국가가 형성됐다는 전제하에 이 시기를 '환웅시대'로 시대 구분해야 한다는 논의가 제기되었다. 이는 고대조선 이전 시기의 역사와 문화를 추적하는 일련의 작업 가운데 하나라는 입장이다. 임재해, 「환웅시대 태양시조 사상의 홍익인간과 재세이화 전통」 『고조선 단군학』 제29호, 2013.

대 진입 연대가 서기전 24세기까지 올라가는 만주지역을 포함해 고대조선 강역에 포함됐을 것으로 거론되고 있는 모든 지역의 청동기시대 진입 연대부터 한국사에서 청동기시대로 봐야 한다는 입장이다. 그러나 고대조선의 강역 자체를 남북한 지역 안으로 한정하여 보는 입장은 만주지역 청동기시대는 한국사와 무관한 것으로 생각한다.

한국사에서 기자(箕子)의 후손과 위만의 관계, 위만국과 한사군의 관계는 연속선상에서 파악해야 하는 문제일 뿐만 아니라 그 위치가 어디였느냐에 따라 한국 역사의 출발에 대한 해석이 달라진다. 따라서 그 진위가 분명하게 밝혀져야 함에도 학자들의 해석이 제각각이어서 한국 고대사 인식상에 심각한 혼란을 빚고 있다. 즉, 이러한 역사적 사건들은 지금의 중국 난하(灤河), 대능하(大凌河), 요하(遼河) 유역 일대에서 전개됐다는 견해와 평양을 중심으로 하는 대동강 유역에서 전개됐다는 견해가 팽팽히 맞서 있다.

위와 같은 여러 견해 차이들이 문제가 되는 것은 그에 기초한 해석들이 한국 고대사 해석에 결정적인 영향을 미치기 때문이다. 예컨대 고대조선이 실재한 역사가 아니라면 우리 민족은 중국으로부터 망명해온 연(燕)나라 사람 위만의 지배를 받음으로써 고대국가 형성 이전부터 중국인의 지배하에 들어갔었다는 해석이 나온다. 또 위만국의 위치가 평양지역이었다면 한사군의 위치도 평양지역이 되면서 한국사는 중국의 식민지 지배로부터 시작되어 4세기가 되어서야 겨우 우리 민족이 세운 고대국가들이 나타난다는 해석이 불가피하게 된다.

이러한 논의의 본질을 파악하기 위해 2장에서 기존의 고대조선 역사에 대한 서로 다른 견해들을 상호 비교한 후, 3장에서는 고대조선에 관련된 한국과 중국 측의 문헌들에 대한 다양한 해석들을 검토한다. 4장에서는 고고학적 발굴 성과들을 2~3장의 논의 결과에 접목시켜 고대조선 역사의 실재성을 살펴본 후, 5장에서 그 결과들을 묶어서 '한국 고대사 체계도'를 정리해보고자 한다.

  이는 도표로 그려본 단군왕검사화 속에 함축된 인류 문명의 변천과 고대조선의 역사까지 망라한 고고학적 연대들을 시각적으로 확인할 수 있고, 문헌 사학만으로 뒷받침하지 못하는 한계를 고고학과 연계, 보완하여 과학적으로 뒷받침함으로써 고대조선 역사에 대한 이해의 폭을 넓힐 수 있다는 차원에서 의미가 있다 하겠다.

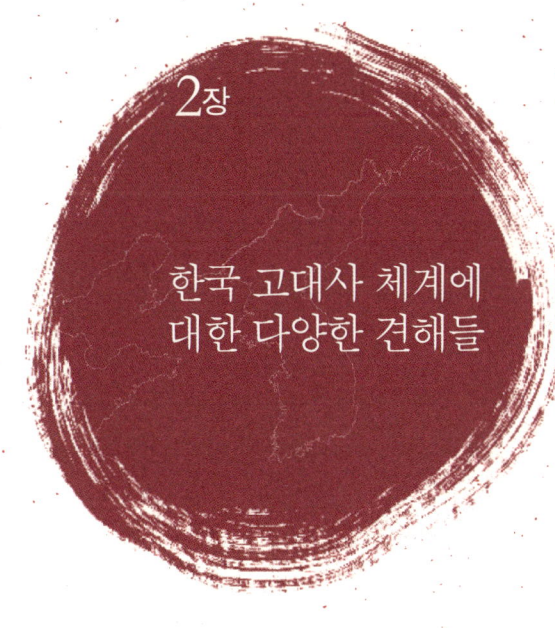

2장

한국 고대사 체계에
대한 다양한 견해들

1. 단군조선 - 기자조선 - 위만조선 - 한사군 체계

현재 역사학계에서 일반적으로 인식되고 있는 한국 고대사 체계 가운데 일부는 이승휴(李承休)의 『제왕운기(帝王韻紀)』에 그 뿌리를 두고 있다. 따라서 필자는 오늘날 상당수 한국 역사학자들이 보편적으로 인식하고 있는 이 체계가 한국 고대사를 어떻게 설명하고 있으며, 문제점은 무엇인지 살펴보고자 한다. 편의상 이 견해를 '단군조선 - 기자조선 - 위만조선 - 한사군 체계'라 부르기로 한다.

『제왕운기』 권하(卷下) 「동국군왕개국연대(東國君王開國年代)」 병서(幷書) '전조선기(前朝鮮紀)'에는 다음과 같은 내용이 실려 있다.

初誰開國啓風雲　처음에 누가 나라를 열었던고
釋帝之孫名檀君　석제의 손자로 이름은 단군일세
並與帝高興戊辰　요(고) 임금과 같은 무진년에 나라를 세워
經虞歷夏居中宸　순 임금 시대를 지나 하나라까지 왕위에 계셨도다
於殷虎丁八乙未　은나라 무정(21대) 8년 을미년에
入阿斯達山爲神　아사달에 들어가서 신선이 되었으니

亨國一千二十八	향국이 1천 하고 스물여덟 해인데
無奈變化傳桓因	그 조화 상제이신 환인이 전한 일 아니냐
却後一百六十四	그 뒤 164년 만에
仁人聊復開君臣	어진 사람 나타나서 군신제도 마련하다[4]

위 내용은 단군(왕검)이 처음 나라를 열어 전조선(古代朝鮮)을 세웠고, 그 나라는 1028년간 지속된 것으로 설명하고 있다. 또「동국군왕개국연대」병서 '후조선기(後朝鮮紀)'에는 다음과 같은 내용이 실려 있다.

後朝鮮祖是箕子	후조선의 시조는 기자인데
周虎元年己卯春	주 무왕 즉위 원년(서기전 1122) 기묘년 봄
逋來至此自立國	망명하여 이곳에 와 스스로 나라를 세웠다
周虎遙封降命綸	무왕이 봉왕하여 조서를 보냈네
禮難不謝乃入覲	답례차 찾아가 배알했더니
洪範九疇問彝倫	홍범구주 인륜을 물어오는구나
四十一代孫名準	41대 손자는 이름이 준으로
被人侵奪聊去民	남에게 나라 잃고 백성마저 떠났도다
九百二十八年理	928년이란 오랜 세월 나라를 다스리니
遺風餘烈傳熙淳	기자의 남긴 풍교 찬연히 전하였다
準乃移居金馬郡	나라 잃은 준왕은 금마군에 옮겨 앉아
立都又復能君人	도읍 이뤄 또 다시 임금이 되었도다[5]

---

4 이승휴,『제왕운기(帝王韻紀)』권下「동국군왕개국연대(東國君王開國年代)」병서(幷書) '前朝鮮紀' ; 김경수 역주,『제왕운기』, 도서출판 역락, 1999 참조 ; 고구려연구재단,『고대조선·단군·부여』자료집 3-상, 2005, 657~659쪽.

위 내용을 보면 고대조선이 멸망한 후 164년이 지나 서주(西周) 무왕(武王) 원년 기묘년에 기자가 서주로부터 고대조선이 있었던 지역으로 망명해와서 스스로 나라를 세우니 그것을 후조선(後朝鮮)이라고 설명하고 있다. 고대조선이 멸망한 그 지역에 기자조선(箕子朝鮮)이 들어섰다는 논리이다. 또 기자의 41세 후손인 준왕(準王)은 위만에게 나라를 빼앗겨 기자조선은 928년 만에 멸망했다고 설명하고 있다.

다음은 『제왕운기』 권하 「동국군왕개국연대」 병서 '위만조선기(衛滿朝鮮紀)'에 실려 있는 내용이다.

漢將衛滿生自燕　한의 장수 위만은 연나라에 태어나니
高帝十二丙午年　한 고제 12년 병오년이네
來攻逐準乃奪國　침공하여 준을 쫓고 그 나라 앗았는데
至孫右渠盈厥愆　손자 우거에 이르러 허물이 가득했네
漢虎元封三癸酉　한 무제 원봉 3년 계유년에
命將出師來討焉　군사를 풀어 보내 토벌을 하였구나
三世幷爲八十八　위만조선 향국은 3대에 88년
背漢逐準殃宜然　한을 배반하고 준을 쫓은 죗값일세[6]

위 내용은 서한(西漢)의 연나라에서 태어난 위만이 서한 고조 12년에 준왕 정권을 빼앗아 위만조선(衛滿朝鮮)을 세웠으며, 나라를 세운지 88년이 되던 3대 손자 우거(右渠) 때 서한 무제의 침략을 받아 멸망했다는

---

5 이승휴, 『제왕운기』 권下 「동국군왕개국연대」 幷書 '後朝鮮紀'.
6 이승휴, 『제왕운기』 권下 「동국군왕개국연대」 幷書 '衛滿朝鮮紀'.

설명이다.

다음은 『제왕운기』 권하 「동국군왕개국연대」 병서 '한사군급열국기 (漢四郡及列國紀)'에 실려 있는 내용이다.

因分此地爲四郡	이리하여 땅을 갈라 4군을 설치하여
各置郡長綏民編	각 군에 장을 두고 백성을 돌보았다
眞蕃臨屯在南北	진번과 임둔은 남북에 자리하고
樂浪玄菟東西偏	낙랑과 현도는 동서에 치우쳤다
胥匡以生理自絶	생존 경쟁 겨루다가 의리 절로 끊어지고
風俗漸漓民未安	풍속은 박해져서 백성은 불안했다
隨時合散浮沈際	수시로 합산하고 부침할 즈음에
自然分界成三韓	자연히 나뉘어 삼한이 이루어졌다
三韓各有幾州縣	삼한에는 제각각 여러 주현이 있었는데
蚩蚩散在湖山間	어지럽게 강과 산곡 여기저기 흩어져 있었네
各自稱國相侵凌	저마다 나라 세워 서로를 침략하니
數餘七十何足徵	70여 나라 이름 증명할 것 있으랴
於中何者是大國	그중에서 어느 것이 가장 큰 나라던고
先以夫餘沸流稱	맨 먼저 부여와 비류국을 일컫고
次有尸羅與高禮	다음으로 신라와 고구려가 있으며
南北沃沮穢貊膺	남북의 옥저와 예맥이 다음이네
此諸君長問誰後	이들의 임금은 누구의 후손인고
世系亦自檀君承	대대로 이은 계통 단군에서 전승됐네[7]

위 내용은 위만조선이 멸망한 그곳에 낙랑군(樂浪郡), 진번군(眞蕃郡),

임둔군(臨屯郡), 현도군(玄菟郡) 등 한사군이 설치되었다는 설명이다. 계속하여 한사군의 뒤를 이어 부여(夫餘), 비류(沸流), 시라(尸羅, 신라), 고구려(高禮), 남북 옥저(南北沃沮), 예(濊), 맥(貊) 등의 열국이 성립되었다고 설명하고 있다.

이상의 설명들을 토대로 『제왕운기』에 기초한 한국 고대사 체계를 도표로 그려보면 다음과 같다. 이를 편의상 '견해 하나'라 하자.

견해 하나 : 단군조선(전조선) → 기자조선(후조선) → 위만조선 → 한사군 체계

단군조선(전조선)	기자국(후조선)	위만국	한사군	열국시대
우리 민족사	← ⋯중국인 지배 시대⋯ →			우리 민족사

위 견해의 특징은 첫째, 우리 민족의 역사는 고대조선(단군조선)으로부터 시작되고 있다. 이는 뒤에 설명하겠지만 『삼국유사』와 같다. 둘째, 고대조선의 뒤를 이어 기자조선이, 기자조선의 뒤를 이어 위만조선이 계승했고, 위만조선을 계승한 것이 한사군으로 되어 있다. 즉, 고대조선에 이어 기자조선, 위만조선, 한사군이 한국 고대사의 중심에 있다.

단군조선(전조선) → 기자조선(후조선) → 위만조선 → 한사군 → 열국시대로 이어지는 이승휴의 한국 고대사 체계는 역사적 진실로 보기에는 객관성이 떨어지는 서술이라 하겠다. 왜냐하면 기자와 위만은 중국인들로서 우리 역사를 주도한 인물들이 아니기 때문이다. 그럼에도 이러한 서술 체계가 이루어진 것은 소동파(蘇東坡, 蘇軾)를 위시한 송나라 시문학에 대한 동경과 모방 심리가 극에 달했던 이승휴를 비롯한 당시 고려 유

---

7 이승휴, 『제왕운기』 권下 「동국군왕개국연대」 幷書 '漢四郡及列國紀'.

학자들의 사대주의적 사유가 역사 서술에 반영된 결과로 보인다.[8]

이는 『삼국유사』와 전혀 다른 한국 고대사 체계로서, 이렇듯 기자조선, 위만조선, 한사군이 한국 고대사의 중심에 위치한다면 그것은 이미 중국인 지배 시대로서 온전한 형태의 한국사로는 볼 수 없다.[9]

오히려 이 논리는 중국이 최근 추진하고 있는 동북공정에 부응하는 결과로 이어지고 있다. 흑룡강성 사회과학원 연구원 장벽파(張碧波, 장비보)는 「기자와 기자조선 연구」라는 글에서 "기자조선은 중국의 은(殷)·상(商) 후예들이 한반도에 건립한 지방 정권으로 주(周)의 신하였다가 나중에 진(秦)의 신하가 된 해외 속국이었다. … 기자조선이 있었기에 위만조선이 있었고, 고구려사와 발해사도 있었다"는 주장을 펴고 있다. 우리의 역사가 중국의 속국인 기자조선으로부터 출발한다는 논리다.[10]

이후 고려와 근대조선에서 기자는 존숭의 대상으로 위만과 함께 우리 역사의 중심에 자리함으로써 자주적인 역사 해석에 걸림돌로 작용해 왔다고 볼 수 있다. 문제는 이러한 『제왕운기』의 한국 고대사 체계가 『세종실록』 「지리지」와 『고려사』 「지리지」로 이어져왔고, 오늘날 한국 역사 학계서도 받아들여지고 있다는 것이다.[11]

---

[8] 김경수 역주, 「제왕운기에 대하여」 『제왕운기』, 도서출판 역락, 1999, 4~5쪽.
[9] 윤내현, 「고문헌에 보이는 한국 고대사의 두 가지 체계」 『고대조선 연구』 1호, 고대조선학회, 지식산업사, 2008.
[10] 조선일보, 2006년 9월 6일(수요일) A16면 기사 '中, 전설까지 끌어들여 한국사 삼키기' 참조.
[11] 국사교과서에서 기자조선은 인정하지 않고 있다.

2. 한씨조선-위씨조선-한사군 체계

앞에서 살펴본 『제왕운기』에 기초한 한국 고대사 체계에 비해 훨씬 우리 민족의 기원을 낮춰보는 견해가 있다. 편의상 이 견해를 '한씨조선-위씨조선-한사군 체계'라 부르기로 한다.

이 견해는 일제의 관변 역사학자들이 한국의 고대사 체계를 북쪽은 한사군 지배하의 중국 식민지 지배로부터, 남쪽은 임나일본부 지배하의 일본 식민지 지배로부터 시작된 것으로 조작하기 위해 고대조선을 부정하면서 체계화했던 식민사학과 맥을 같이하는 논리로 볼 수 있다. '기자동래설'을 부정한다는 점에서도 그렇다. 국사교과서도 이 논리의 연장선에서 기자동래설을 부정하고 있다.

우선 독자들의 이해를 돕기 위해 다음과 같이 '견해 둘'로 표시하여 도표로 설명해나가도록 하겠다.

▍견해 둘 : 한씨조선-위씨조선-한사군 체계
원시 부족사회 – 한씨조선 – 위씨조선 – 한사군 – 열국시대[12]

원시 부족사회	한씨조선	위씨조선	한사군	열국시대
국가 체제 진입 이전 사회		중국인 지배 시대		우리 민족사

위 견해의 특징은 공식적으로 고대조선 역사의 실재성을 인정하지 않는다는 것이다. 논리를 전개해나가는 과정에서 '고조선'이라는 용어는 사용하고 있으나, 내용을 자세히 들여다보면 우리 역사의 시작은 '위만'에서 시작되는 것 같은 인식을 갖도록 하고 있다. 그리고 이러한 논리가 우리 국사교과서에 쓰여진 한국 고대사 체계에도 큰 영향을 미치고 있음을 발견할 수 있다. 다음의 주장들이 이를 잘 설명해준다.

'古朝鮮' 史上에 있어 다소라도 흥망의 사실을 고찰할 수 있는 왕조는 이른바 '위만조선', 즉 위씨조선이라 하겠다. … 위씨조선의 흥기와 그 이전에 관해서는 너무도 소략한 필치로 기록하였기 때문에 종종 의혹과 불만을 품게 하는 것이 있다. 그러나 이에 대하여는 유효한 합리적인 해석과 유력한 기사로써 보충 설명할 수 있음을 유쾌히 여기는 바이다.[13] 위씨에 선행한 조선은 재래에 흔히 기자조선 혹은 기씨조선이라고 일러 왔었다. 이것은 말할 것도 없이 전설적인 箕子東來說, 箕子封王說에 기인한 바이어니와 이러한 전설은 오늘에 와서는 도저히 이해키 곤란한, 따라서 신용할 수 없는 문제의 하나로 되어 있다.[14]

위 글을 보면 위만국 이전의 역사에 대한 불신이 깔려 있고, 기자의 동래(東來) 사실을 완강히 부정한다. 이어서 기자국의 정체성에 대하여 다음과 같이 설명하고 있다.

---

12 이병도, 「위씨조선 흥망고(衛氏朝鮮興亡考)」『논문집(論文集)』, 서울대학교, 4289(1956).
13 이병도, 위 논문, 1쪽.
14 이병도, 위 논문, 2~3쪽.

기자조선은 기자와는 상관없는 우리의 토착 사회인 아사달 사회, 즉 단군조선에서 발달된 것이라 믿는다. … 조선은 종래 단군조선이라 일컬어오던 아사달 사회의 신 지배 씨족이 구 지배 씨족에 대신하여 새로운 체제를 이룬 것에 불과한 것으로, 이 신 지배 씨족은 기(箕)씨가 아니라 후일 중국식 창씨에 의한 한(韓)씨라는 결론을 얻게 되었다.[15]

위 논리에 의하면 기자조선이라는 나라는 없었고 단군조선(檀君朝鮮)이라 일컬어오던 아사달 사회가 발전해나가는 과정에서 새로운 지배층이 나타나 성씨를 중국식으로 바꾼 것이 한씨였기 때문에 그들에 의해 지배되었던 나라 이름도 한씨조선이라 해야 한다는 것이다. 위 논리를 주장하는 근거들은 뒤에서 소개할 기회가 있기 때문에 여기서는 중복을 피하고자 한다. 다만 위만에 대한 호감과 긍정적인 평가가 한국 고대사 체계에 미치는 부정적인 영향이 매우 크기 때문에 그에 대한 다음과 같은 주장을 소개하고 넘어가겠다.

거기에 인용된 근거는 『사기』 권115 「조선열전」의 기록 "朝鮮王滿者燕人也 … 燕王盧綰反入匈奴 滿亡命聚黨千餘人 魋結蠻夷服而東走出塞渡浿水 居秦故空地上下鄣 稍役屬眞番朝鮮 蠻夷及故燕齊亡命者王之 都王險[16] 〔조선왕 위만은 연인이다 … 연왕 노관이 모반하여 흉노로 들어가자 위만도 1천여 무리를 모아 상투 머리에 오랑캐의 옷을 입고 동쪽으로 도망하여 국경의 초소를 빠져나와 패수를 건너 진국(秦國)의 공지인 상장(上鄣)과 하장(下鄣)지역에 거주하면서 겨우 변방의 수비를 맡아 진번(眞番)과 조선(朝鮮)에 속해 있었으

---

15 이병도, 위 논문, 3~4쪽 ; 이마니시 류(今西龍), 「箕子朝鮮考」 『朝鮮古史の硏究』, 近澤書店, 1937, 131~173쪽 참조.
16 『사기』 권115 「조선열전」.

나 만이(蠻夷)와 옛 연(燕)·제(齊)의 망명자들이 그를 왕으로 삼으니 왕험(王險)에 도읍하였다]"이다.

> 연(燕) 영내 주민 구성 요소는 한인 계통뿐 아니라 동호 계통, 조선인 계통 사람도 많이 포함돼 있었다. … 위만 당시의 요동지방에는 조선인 계통의 연인들이 상당한 숫자를 차지하였을 것이다. … 魋結〔魅結(리결)·魋結(퇴결)·椎結(추결)은 같은 뜻 : 필자 주〕 蠻夷服은 확실히 조선식의 結髮(상투)과 의복을 지칭한 것임을 더 말할 것도 없다. … 위만이 그러한 복식을 하고 온 것은 무슨 까닭인가. 여기서 나는 그가 순수한 한인(漢人) 계통의 연인(燕人)이 아님을 주장하고 싶다. 혹은 그가 순수한 한인으로서 조선인의 환영을 받기 위하여 조선의 습속(복식)을 모방하고 온 것이 아니었을까 하는 의심도 나지만 그보다도 나는 그가 본시 조선인 계통의 자손으로서 연왕의 망명과 한(漢)군의 정토(征討)로 인한 연 영내의 동요를 계기로, 즉 그 틈을 타서 본연의 자태를 나타내고, 집단적으로 무리를 이끌고 모국에 들어온 것이라고 하는 것이 더 자연스럽고 합리적일 것 같다.[17]

위와 같이 위만을 두둔하는 내용은 준(準)이 그를 신임하여 국경을 지키는 중책을 부여한 사실과 위만이 국호를 조선으로 사용한 예를 들어 계속된다. 그리고 국사교과서에도 위만이 조선인일지 모른다는 유사한 내용이 실려 있다.[18] 그러나 위의 주장이나 교과서에 실린 내용처럼

---

[17] 이병도, 위 논문, 15~16쪽 ; 이병도, 「위씨조선 흥망고」『한국 고대사 연구』, 박영사, 1981, 213쪽.

[18] 고등학교 국사(상), 교육부(국사편찬위원회), 1996, 20쪽.

위만이 하고 온 상투와 복식은 조선인만의 것으로 볼 수 없을 뿐 아니라, 진시황릉에서 발굴된 도용(陶俑)들도 일부는 상투머리를 하고 있다는 점을 들어 상투와 복식을 기준으로 위만이 조선인이었다고 보기 어렵다는 지적이 제기되고 있다.[19] 특히 위에서 근거로 든 『사기』 권115 「조선열전」에서 '조선왕 위만은 연인(燕人)'이라고 분명히 밝히고 있음에도 그를 우리 역사의 중심에 자리매김하는 것은 민족 역사의 기원에 대한 부정 또는 단절을 의미한다는 차원에서 깊은 논의가 필요하다.

---

[19] 윤내현, 「위만조선의 재인식」, 『사학지』 19집, 1986, 34쪽.

3. 예맥조선 - 위만조선 - 한사군 체계

앞에서 설명한 '한씨조선-위씨조선-한사군 체계'와 유사하나 '한씨조선' 자리에 '예맥조선(濊貊朝鮮)'을 대치시킨 점에서 그와 다른 견해가 있다. 이를 편의상 '예맥조선-위만조선-한사군 체계'라 부르겠다. 이는 기자의 실체는 인정하되, 다만 그(기자)가 '동쪽으로 온 사실(東來)'을 인정하지 않는다는 전제하에 그 사회적 성격을 다음과 같이 설명한다.

고조선에서 국가의 기원을 찾고자 하는 것은 한민족의 형성이 이 시기에는 이미 정착되었다는 사실에서 출발한다. 그러나 초기에서부터 이를 추구할 수는 없다. 따라서 단군조선을 지나 예맥조선도 말기에 와서야 문헌적 사료가 등장한다. 더욱이 준왕을 중심으로 하는 시기의 역사는 문헌으로, 그리고 고고학적으로 종합적인 연구가 가능하므로 이 시기의 사회는 정치 단계로 보아 초기 국가에 해당한다고 보고자 한다. 이것은 사회 계층이 분화된 기초 위에서 확립된 국가이다. 늦어도 서기전 4~3세기에는 이 단계에 와 있었다.[20]

---

[20] 김정배, 「위만조선의 국가적 성격」 『사총(史叢)』 21·22합집, 고려대학교 사학회, 1977, 73쪽.

단군조선을 지나 예맥조선 말기 사회가 정치 단계로 보아 초기 국가에 해당된다는 입장으로, 이 논리에 의하면 고대조선은 초기 국가 이전의 사회 단계(Chiefdom : 부락연맹체사회)에 해당된다.[21] 또 준을 예맥조선의 후예로 보고 『위지(魏志)』「동이전(東夷傳)」'한전(韓傳)'의 배송지주(裵松之註)에 인용되어 있는 "『위략(魏略)』: 燕乃遣將秦開 攻其西方 取地二千餘里 至滿潘汗爲界 朝鮮遂弱〔연은 진개라는 장군으로 하여금 조선의 서방을 침공하여 2천여 리를 탈취하고 만한과 번한을 경계로 하였으며 조선은 점차 쇠약해졌다〕/ 滿誘亡黨衆稍多 乃詐遣人告準言漢兵十道至求入宿衛 遂還攻準 準與戰不敵也〔위만은 망명하는 인원을 이끌어 점차 세력이 커지자 사람을 보내 거짓으로 한나라 군이 침입한다고 고한 후 자기가 숙위할 것을 자처한 뒤 준을 몰아내었다. 위만의 군대와 준의 군대는 대적할 수 없을 만큼 준의 군대가 상대적으로 약하였다〕"와 『삼국지』「동이전」'한전(韓傳)'의 "準旣僭號稱王 爲燕亡人衛滿所攻奪 將其左右宮人 走入海居韓地 自號韓王 其後絶滅〔준왕은 몰래 왕을 칭하였으나 위만에게 쫓겨 겨우 좌우 궁인만 거느린 채 바다를 거쳐 익산으로 와 있다가 곧 절멸하였다〕" 등의 기사에 기초하여 준과 위만의 관계를 중심으로 사회적 성격과 예맥조선의 위치를 다음과 같이 추정하고 있다.

> 위만이 1천여 명의 무리들을 이끌고 입국하여 …. 그가 조선에 와서 번병 노릇을 하겠다고 자처 …. 망명하여온 집단이 숙위를 자처할 수 있었

---

21 김정배, 위 논문, 62쪽 ; Service, E. R. 1962. Primitive Social Organization : An Evolutionary Perspective, 2nd ed., 1971. New York : Random House. 서비스는 국가와 문명의 발전 단계를 군(Bands), 부족(Tribes), 추장사회(Chiefdoms), 국가(Primitive State, State)로 구분.

던 것은 준의 군사 조직이 강하지 못하였다는 것을 단적으로 말하여주는 것이다. … 준왕 당시의 정권 조직과 군사 조직은 미약하였다는 결론 …. 철강을 생산하는 단계의 문화 수준에 있었으면서도 준은 패망하였던 것이다. 준왕까지 오는 동안의 예맥조선은 청동기문화를 지나 철기문화 등이 크게 진전되어 있었다. … 그러나 우리는 예맥조선의 영역과 인구에 관하여 정확한 지식은 갖고 있지 않으며 …. 다만 고고학적 성과에 의하여 연의 화폐인 명도전이 청천강까지만 분포하고 있다는 사실에 따라 그 남쪽에서 대동강을 중심한 일원이 당시 사회의 중심권이었을 것으로 추정할 뿐이다.[22]

위만이 이끌고 온 무리는 강력한 군사 집단이었고, 정권 조직과 군사 조직이 미약했던 준 정권은 이미 철강을 생산하는 문화 수준에 이르러 있었으면서도 패망했다는 점을 강조하고 있다. 한국 고대사 체계를 상당히 구체적으로 설명하는 것 같지만 이는 한국 고대사 체계에서 벗어나는 논의라 할 수 있다. 예맥조선의 위치와 그 치소(治所)도 대동강을 중심으로 한 그 일원으로 추정하고 있는데, 이는 뒤에서 다시 논의하겠지만 합리적인 해석으로 보기 어렵다.

예맥조선은 사회 계급이 발생했다는 점 이외에 국가가 성립하는 여러 면을 1차적으로 지니기 시작했다는 점에서 초기 국가로 보아야 하며, 위만조선은 정복 전쟁을 통해서 형성된 국가라고 평가하고, 그러므로 고대 조선에서 국가의 기원을 구한다면 예맥조선의 말기에 보이는 초기 국가와 위만조선의 정복 국가로 구분하여 찾을 수 있을 것이라는 견해를 보

---

[22] 김정배, 위 논문, 63~64쪽.

이고 있다.

편의상 이 논리를 '견해 셋'으로 하여 도표로 그려보면 다음과 같다.

▌견해 셋 : 예맥조선-위만조선-한사군 체계

초기 국가 이전 단계 – 예맥조선(초기 국가) – 위만조선(정복 국가) – 한사군

초기 국가 이전 단계	예맥조선(초기 국가)	위만조선	한사군	열국시대
예맥조선 말기에 와서 초기 국가 단계 진입		중국인 지배 시대		우리 민족사

위 견해는 고대조선 역사의 실재성을 부정하여 우리 민족의 초기 국가 기원을 2천여 년 정도 끌어내리고 있으며 위만조선과 한사군을 한국 고대사 체계의 중심에 위치시킴으로써 민족 역사의 단절과 함께 중국의 식민지 지배로부터 출발한 역사로 인식케 할 수 있다는 점에서 '한씨조선-위씨조선-한사군 체계'와 대동소이하다.

4. 고대조선 – 열국시대 체계

한국 고대사 체계를 설명하는 여러 논리 가운데 『삼국유사』에 근거한 논리가 있다. 이를 편의상 '고대조선 – 열국시대 체계'라 부르기로 한다.

이 견해는 『삼국유사』 권1 「기이(紀異)」 1 '고조선(古朝鮮)'의 "魏書云 乃往二千載有壇君王儉 立都阿斯達 開國號朝鮮 與高同時 古記云 … 以 唐高卽位五十年庚寅 都平壤城始稱朝鮮 又移都於白岳山阿斯達 又名 弓忽山 又今彌達 御國一千五百年 周虎王卽位己卯 封箕子於朝鮮 壇君 乃移於藏唐京 後還隱於阿斯達 爲山神 壽一千九百八歲 [『위서』에 이르되 2천 년 전에 단군왕검이라는 이가 있어 아사달에 도읍을 세우고 개국하여 조선이 라 하니, 당요와 같은 때라. 『고기』에 이르기를 … 당고(唐高, 堯)가 즉위한 지 50년 인 경인(庚寅)에 평양성에 도읍하고 비로소 조선이라 일컫고, 또 도읍을 백악산 아 사달로 옮겼는데 그곳을 궁홀산 또는 금미달이라고도 하니 치국하기 1500년이었다. (서)주의 호왕(虎王)이 기묘에 즉위하여 기자를 조선에 봉하니 단군은 장당경으로 옮겼다가 후에 아사달에 돌아가 숨어서 산신이 되니 수(壽)가 1908세였다 한다]"에 기초하여 다음과 같은 한국 고대사 체계에 대한 논리를 펴고 있다.

만약 기자가 봉해졌던 조선이 고조선이었다면 기자가 그곳에 봉해짐과 동시에 고조선은 멸망되었어야 한다. 그러나 기자가 조선에 봉해지자 고조선은 멸망하지 않고 도읍을 장당경으로 옮겼다. 이 기록이 옳다면 기자가 봉해진 조선은 고조선의 전 지역일 수 없다. … 한국의 역사학계는 기자국의 존재를 부정하고 위만조선을 고조선과 대체된 정치 세력으로 인식하고 있다. 또 기자국의 마지막 왕이었던 준을 고조선의 마지막 왕이었던 것으로 한국사에 기술하고 있다. 이는 사료의 분석과 비판이 잘못된 것이다.[23]

『사기』의 서술 체제는 중국의 최고 통치자였던 천자를 정점으로 한 천하사상, 즉 중국적 세계 질서의 사상적 체제를 바탕으로 하여 구성돼 있다. 따라서 중국적 세계 질서에 포함되지 않거나 그와 관계가 없다고 인식되었던 내용은 『사기』에 싣지 않고 있다. 그렇기 때문에 『사기』에 실린 중국의 주변 민족에 관한 기록을 보면 그 지역이 중국의 세계 질서 속에 포함되었던 시기부터 서술되어 있다. 『사기』「조선열전」에는 위만조선에 대한 기술이 있을 뿐 기자에 대한 언급은 전혀 없다(권115). 그러면서도 사마천은 『사기』「송미자세가(宋微子世家)」에서 기자가 조선에 봉해졌었다고 기록하고 있다(권38). 즉, 중국의 세계 질서 속에 포함되지 않았던 고조선에 대해서 언급하지 않은 것은 당연하지만 기자의 경우는 다르다. 사마천은 기자를 상 왕실의 후예로 인식하고 있었다. … 만약 기자가 고조선 전 지역의 통치자가 되었고 후에 그 지역에 위만조선이 위치해 있었다면 고조선 지역은 기자시대부터 중국의 세계 질서

---

23 윤내현, 「위만조선의 재인식」『사학지』 19집, 1986, 6쪽 ; 윤내현, 「고대 문헌에 보이는 한국 고대사의 두 가지 체계」, 『고조선 연구』 제1호, 지식산업사, 2008 참조.

속에 포함되어야 하고 『사기』 「조선열전」은 기자시대부터 서술되어야 했다. … 이것은 기자가 고조선 전 지역의 통치자가 된 사실이 없으며 기자가 봉해진 조선과 위만조선의 강역은 고조선 지역과는 일치된 지역이 아닐 것임을 알게 해준다.[24]

위 글의 기본 논지는 기자가 고대조선 지역에 망명해와서 나라를 세운 것과 그 후손인 준왕 때 위만에 침탈당하여 위만국이 세워졌던 것은 사실이나, 기자가 고대조선을 대체한 세력이 아니라 고대조선 변방지역에서 나라를 세우고 또 후에 위만에게 나라를 빼앗긴 일련의 역사적 사건들이 있었다는 것이다. 그렇기 때문에 고대조선은 당요(唐堯)와 같은 시기에 건국되어 1908년간 지속되었으며 기자국과 위만국, 그리고 한나라가 위만국을 멸망시키고 그 지역에 세운 한사군 등은 시간적으로는 고대조선 존속 기간 중에, 공간적으로는 고대조선의 강역 안에서 이어진 정치 세력들로 봐야 한다는 해석이다.

이를 편의상 '견해 넷'으로 하여 도표로 그려보면 다음과 같다.

▎견해 넷 : 고대조선-열국시대 체계

고대조선	기자국	위만국	한사군	열국시대
우리 민족사				

위 견해를 보면 한국 고대사 체계는 고대조선에서 곧바로 열국시대로 이어진다. 그리고 고대조선에서 열국으로 이어지는 시간적·공간적 틀 안

---

24 윤내현, 「위만조선의 재인식」 『사학지』 19집, 1986, 8~9쪽.

에서 기자국→위만국→한사군으로 이어지는 일련의 역사적 사건들이 있었음을 알 수 있다. 이는 비교적 역사적 사실에 근접한 설명이라 할 수 있다.

한 가지 아쉬운 것은 한국 고대사 속에서 열국의 시점을 보는 견해가 다양할 수 있는데 이에 대한 견해가 도표에 나타나지 않는다는 점이다. 특히 고대조선의 존속 연대를 어떻게 볼 것인가 하는 문제와 더불어 부여의 창건과 한국 고대사에서 차지하는 위상 등이 입체적으로 그려졌으면 하는 점을 보완하여 아래의 '한국 고대사 체계〔고대조선(전기, 후기) - 열국시대 체계〕'를 작성해보았다. 그 내용은 뒤에 나오는 '5장 다시 쓰는 한국 고대사 체계'에서 구체적으로 설명하겠다.

┃ 한국 고대사 체계 : 고대조선(전기, 후기) - 열국시대 체계

-2333		-1122		-425					668
고대조선(전기)		고대조선(후기)		조선			열국시대		
			기자국		위만국		한사군		
		-1122			-194		-108	303	
하	상		주	춘추	전국	진	전한	후한	삼국	위진남북조
-1766	-1122		-770	-403	-221		25	220	265	589

한국 고대사 체계에 대한 견해 비교

견해 하나: 고대조선(전조선) → 기자조선(후조선) → 위만조선 → 한사군 체계

고대조선(단군조선)	기자조선	위만조선	한사군	열국시대
← 우리 민족사 →	← 우리 민족사 단절(중국 지배) 시대 →			← 우리 민족사 →

견해 둘: 한씨조선-위씨조선-한사군 체계
[원시 부족사회-한씨조선-위씨조선-한사군-열국시대]

원시 부족사회	한씨조선	위씨조선	한사군	열국시대
		← 중국 지배 시대 →		← 우리 민족사 →

견해 셋: 예맥조선-위만조선-한사군 체계
[초기 국가 이전-예맥조선(초기 국가)-위만조선(정복 국가)-한사군]

초기 국가 이전 단계	예맥조선(초기 국가)	위만조선	한사군	열국시대
		← 중국 지배 시대 →		← 우리 민족사 →

견해 넷: 고대조선-열국시대 체계

고대조선	기자국	위만조선	한사군	열국시대
← ································· 우리 민족사 ································· →				

필자의 한국 고대사 체계: 고대조선(전기, 후기) - 열국시대 체계

-2333		-1122		-425				668
고대조선(전기)		고대조선(후기)		조선				열국시대
				위만	한사군			
		기자국						
		-1122		-194	-108	303		
하	상	주	춘추	전국	진	전한	후한	삼국	위진남북조
-1766	-1122	-770	-403	-221		25	220	265	589

3장

사료를 통해 보는 고대조선

1. 한국 측 사료

사료의 한계

한국 고대사 체계를 확인하는 데 가장 큰 어려움은 한국 사료의 부족과 기존 사료에 대한 서로 다른 해석들일 것이다. 고구려, 백제, 신라 때에 여러 사서들이 있었다는 기록에도 불구하고 현존하는 한국 사적(史籍) 가운데 가장 빠르다는 『삼국사기(三國史記)』(1145년)가 12세기 중반에 나왔고, 『삼국유사』와 『제왕운기』는 그보다 한 세기 반이 지난 후에 나왔기 때문에 서기전 2300년대 이전부터 고대국가 체제가 시작됐다는 우리 민족 역사를 우리 문헌으로 확인하는 것은 쉬운 일이 아니다.[25]

더구나 『삼국사기』에는 고대조선의 역사에 대한 언급이 전혀 없으므로 고대조선의 역사를 담고 있는 『삼국유사』와 『제왕운기』가 최고(最古)의 사적이라 할 수 있다. 그런데 이들 사료가 담고 있는 내용이 차이가

---

[25] 이병도, 『국역 삼국사기』, 을유문화사, 1977, '삼국사기 해설', "고구려 태학박사 이문진이 국초부터 있었던 『유기(留記)』 100권의 사서를 산수(刪修)하여 만든 신집(新集) 5권, 백제 고흥(高興)이 지은 『백제서기(百濟書記)』(『일본서기』 중에 인용된 『백제본기』・『백제기』・『백제신찬』 등도 백제인의 손으로 작성된 사서일 것임), 신라 대아찬 거칠부(居柒夫) 등이 편수한 『국사(國史)』 등이 있었으나 병란에 이미 인멸된 지 오래되어 김부식 당시에는 그때까지 전해져온 제2 내지 제3차적 사료인 고기류와 중국 사서에 실린 기사를 채취하여 『삼국사기』를 편찬한 데 불과하였던 것이다."

있을 뿐 아니라 해석상의 차이가 있어 한국 고대사 체계는 민족의 기원에 대한 문제조차도 학계의 합의가 이루어지지 않고 있는 실정이다.

『삼국유사』

『삼국유사』가 말하는 고대조선 내용은 다음과 같이 정리할 수 있다.

첫째, 고대조선 개국 배경 古記云 昔有桓國 庶子桓雄 數意天下 貪求人世 … 雄乃假化而婚之孕生子 號曰壇君王儉 以唐高(堯)卽位五十年庚寅 都平壤城始稱朝鮮 〔『고기』에 이르기를 옛날 환국의 여러 아들 중에 환웅이 있어 자주 천하에 뜻을 두고 인간 세상을 구하고자 하였다. … 이에 환웅은 잠시 사람으로 변신해 그녀와 혼인하여 아들을 낳으니 단군왕검이라 불렀다. 당고(요)가 즉위한 지 50년 되는 경인년 평양성에 도읍하여 비로소 조선이라 일컬었다.〕[26]

둘째, 고대조선 개국과 그 시기 魏書云 乃往二千載有壇君王儉 立都阿斯達 開國號朝鮮 與高(堯)同時 〔『위서』에 이르기를 지금부터 2천 년 전 단군왕검이 아사달에 도읍을 정해 나라를 세우고 이름을 조선이라 하였다. 고(요)와 같은 시기였다.〕[27]

셋째, 수도 이전과 통치 역년 又移都於白岳山阿斯達 … 御國一千五百年 周虎(武)王卽位己卯 封箕子於朝鮮 壇君乃移於藏唐京 後還隱於阿祀達爲山神 壽一千九百八歲 〔또 도읍을 백악산 아사달에 옮기었는데

---

[26] 일연, 『삼국유사』 「기이(紀異)」 제1 '古朝鮮'
[27] 일연, 『삼국유사』 「기이(紀異)」 제1 '古朝鮮'

… 1500년 동안 나라를 다스렸다. 주나라 무왕이 즉위한 기묘년에 기자를 조선에 봉하니 단군은 곧 장당경으로 옮겼다가 뒤에 돌아와 아사달에 숨어서 산신이 되었으니 수가 1908세였다.]²⁸

이에 따르면 고대조선은 환웅(桓雄)족과 곰(熊)족의 결합으로 태어난 단군왕검에 의해서 당고(요)와 같은 시기에 조선이라는 이름으로 개국하여 1908년간 지속된 나라였다. 개국 당시 평양성(아사달)에 도읍한 뒤 1차 수도를 백악산 아사달(弓忽山 또는 今弥達)로 옮겼고, 2차 장당경으로 옮겼다가 마지막에 아사달로 돌아왔다고 말하고 있다.

『삼국유사』는 비록 13세기에 쓰여졌지만 『위서(魏書)』와 『고기(古記)』의 기록에 근거했음도 분명히 밝히고 있다. 『삼국유사』 가운데 기자에 관한 내용은 기자가 고대조선을 멸망시키거나 대체된 세력이 아니라 고대조선 지역 안에서 일어난 하나의 큰 정치적 사건(周虎(武)王卽位己卯 封箕子於朝鮮 壇君乃移於藏唐京)이라는 측면에서 기록에 포함시킨 것으로 보인다. 따라서 『삼국유사』의 내용은 순수하게 우리 민족의 기원과 역사의 전개를 기록한 것으로 볼 수 있다.

여기서 필자는 '後還隱於阿斯達爲山神'과 '壽一千九百八歲'에 주목한다. 먼저 '壽一千九百八歲'는 서기전 2333년 건국된 고대조선이 서기전 425년까지 존속했다는 의미로 보고자 한다. 즉, 고대조선은 단군왕검이 서기전 2333년에 개국하여 역대 단군들에 의해 1908년 동안 유지됐다는 말이 되겠다. 그럼에도 그보다 훨씬 뒤인 한사군이 설치된 이후까지도 조선이 존재했다는 단편적인 기록이 보인다.

---

28 일연, 『삼국유사』 「기이(紀異)」 제1 '古朝鮮'

예(濊)는 남쪽은 진한(辰韓), 북쪽은 고구려(高句麗), 옥저(沃沮)와 접하고 동쪽은 큰 바다에 의하여 막히었는데 지금의 조선(朝鮮) 동쪽이 모두 그 땅이다.[29]

이는 진수(陳壽, 233~297)가 『삼국지』를 편찬할 당시에 예(濊)의 서쪽에 조선이 있었음을 말해준다. 그렇다면 '고대조선 후기는 어디까지로 보아야 하는가'라는 문제가 제기된다. 여기서 아사달에 돌아와 숨어 산신이 되었다고 하는 '後還隱於阿斯達爲山神'에 주목해보면, 이는 그 이후 고대조선은 제천 행사를 포함한 주도권을 상실하고 하나의 군소 국가로 전락했다는 뜻으로, 그 시점을 서기전 425년으로 볼 수 있겠다. 즉, 서기전 425년부터 열국시대가 시작되는 것이다.

『제왕운기』

『제왕운기』는 『삼국유사』와 다소 다른 내용을 싣고 있다. 『제왕운기』가 말하는 고대조선에 관한 내용을 정리하면 다음과 같다.

첫째, 고대조선 개국 배경 本紀曰上帝桓因有庶子曰雄云云 謂曰下至三危太白 弘益人間歟 故雄受天符印三箇 率鬼三千而降太白山頂神檀樹下 是謂檀雄天王也云云 令孫女飮藥成人身 與檀樹神婚而生男名檀君 據朝鮮之域爲王 [본기]에 이르기를 상제 환인의 서자가 있어 웅이라고 하는데, 일러 가로되 삼위태백에 내려와 홍익인간 하고자 하였다. 고로 웅이 천부인 세

---

29 『삼국지』 권30 「위서(魏書)」 '오환선비동이전(烏丸鮮卑東夷傳)' 濊傳. "濊南與辰韓 北與高句麗沃沮接 東窮大海 今朝鮮之東皆其地也."

개를 받아 귀신 3천을 거느리고 태백산 정상 신단수 아래 내려오니 이를 단웅천왕이라 한다. 손녀에게 약을 먹으라 하여 사람의 몸이 되게 하여 단수신과 혼인하여 아들을 낳아 이름을 단군이라 하니 조선 땅에 근거하여 왕이 되었다.][30]

둘째, 고대조선 개국과 그 시기 및 통치 역년 初誰開國啓風雲 釋帝之孫名檀君 並與帝高興戊辰 … 享國一千二十八 〔처음 나라를 연 이는 석제의 손자 단군으로 요(고) 임금과 같은 무진년 … 향국이 1천 하고 스물여덟 해라.〕[31]

셋째, 기자조선의 성격 後朝鮮祖是箕子 周虎元年己卯春 逋來至此自立國 … 九百二十八年理 遺風餘烈傳熙淳 〔후조선의 시조는 기자인데 주 무왕, 즉위 원년(서기전 1122) 기묘년 봄 망명하여 이곳에 와 나라를 세웠다. … 928년이란 오랜 세월 나라를 다스리니 기자의 남긴 풍교 찬연히 전하였다.〕[32]

넷째, 위만조선의 성격 漢將衛滿生自燕 高帝十二丙午年 來攻逐準乃奪國 … 三世幷爲八十八 背漢逐準殊宜然 〔한의 장수 위만은 연나라에 태어나니 한 고제 12년 병오년이네. 침공하여 준을 쫓고 그 나라 앗았는데 … 위만조선 향국은 3대에 88년, 한을 배반하고 준을 쫓은 죗값일세.〕[33]

다섯째, 한사군의 성격 因分此地爲四郡 各置郡長綏民編 眞番臨屯

---

30 이승휴, 『제왕운기』 권下 「동국군왕개국연대」 幷書 '前朝鮮紀' 註 1.
31 이승휴, 『제왕운기』 권下 「동국군왕개국연대」 幷書 '前朝鮮紀' ; 김경수 역주, 『제왕운기』, 도서출판 역락, 1999 참조 ; 고구려연구재단, 『고대조선·단군·부여』 자료집 3-상, 2005, 657~659쪽.
32 이승휴, 『제왕운기』 권下 「동국군왕개국연대」 幷書 '後朝鮮紀'.
33 이승휴, 『제왕운기』 권下 「동국군왕개국연대」 幷書 '衛滿朝鮮紀'.

在南北 樂浪玄菟東西偏 … 先以夫餘沸流稱 次有尸羅與高禮 南北沃沮 穢貊膺 此諸君長問誰後 世系亦自檀君承 〔이리하여 땅을 갈라 4군을 설치하여 각 군에 장을 두고 백성을 돌보았다. 진번과 임둔은 남북에 자리하고, 낙랑과 현도는 동서에 치우쳤다. … 맨 먼저 부여와 비류국을 일컫고, 다음으로 신라와 고구려가 있으며, 남북의 옥저와 예맥이 다음이네. 이들의 임금은 누구의 후손인고. 대대로 이은 계통 단군에서 전승됐네.〕[34]

『제왕운기』에서 고대조선의 개국 배경을 보면 환인의 서자는 단웅(檀雄)이며, 단군왕검은 환웅과 웅녀 사이에서 태어난 것이 아니라 단웅의 손녀와 단수신(檀樹神)이 혼인하여 그 사이에서 태어났다는 점 등이 다를 뿐 『삼국유사』와 거의 유사하게 설명되고 있다.

그런데 고대조선의 존속 역년이 1028년으로 『삼국유사』의 기록인 1908년과는 큰 차이를 보이고 있다. 이는 기자가 고대조선의 역사를 대신했다는 전제하에 고대조선의 역사가 그만큼 잘려나간 것으로 볼 수 있다. 특히 기자는 후조선의 시조로서 고대조선이 멸망한 지 164년 뒤에 나라를 세웠다고 했으니, 이는 우리 역사가 단절되고 그 중심 무대에 중국의 망명 세력이 들어선 셈이다. 그리고 기자가 세운 나라에 이어 위만이 세운 나라가, 그 다음에는 또 한사군이 같은 지역에서 계승된다.

여기서 기자국의 성격을 밝히는 것이 한국 고대사 체계를 바로세우는 데 대단히 중요함을 알게 된다. 왜냐하면 기자가 우리 역사의 중심 무대에 들어섰다는 것은 우리 역사가 단절된 가운데, 기자 이후 기자국을 이은 위만국, 위만국을 멸망시키고 그 자리에 들어선 한사군 등이 우리 역

---

[34] 이승휴, 『제왕운기』 권下 「동국군왕개국연대」 幷書 '漢四郡及列國紀'.

사의 중심에 위치한다는 논리로 연결되기 때문이다. 기자국의 성격을 밝히기 위해서는 기자가 망명할 당시와 그가 세운 나라가 위만국에 의해 멸망할 당시 위치가 확인되어야 하는데, 한국 문헌으로는 이를 밝힐 수 없으므로 중국 사료를 이용할 수밖에 없다.[35]

---

[35] 윤내현, 『사료로 보는 우리 고대사』, 지식산업사, 2007, 15~21쪽 ; 김종서, 『기자·위만국 연구』, 한국학연구원, 2004, 58쪽.

2. 중국 측 사료

사료 이해의 한계

한국 사적이 부족하여 중국 사적을 이용할 수밖에 없다면 중국 사적에 대한 이해가 선행되어야 한다. 그러지 않고 중국 사적에 의존해 우리 역사를 해석하려고 할 경우 스스로 우리 역사를 왜곡하는 함정에 빠질 수 있기 때문이다. 그런데 중국 사적을 이해하기 위해서는 고전에 대한 매우 전문적인 지식이 뒷받침돼야 할 뿐만 아니라 깊은 역사적 배경 지식이 있어야 한다.

그럼에도 고려, 조선조를 거쳐오면서 우리 역사에 대한 깊은 지식을 쌓지 못한 채 사대 모화주의 입장에서 중국 사적을 해석한 결과들이 오늘날 민족 역사의 기원에서부터 논쟁과 혼란을 부추기고 있는 듯하다. 더욱이 일제 식민지 지배 시대를 거치면서 의도적으로 이루어진 악의적 역사왜곡이 식민사학으로 체계화돼 이를 한층 심화시켜왔다.

이러한 문제들을 극복해나가기 위해서는 기존 해석들에 대한 정밀한 분석과 평가가 필요하지만, 여기서는 선학들의 기존 해석을 단순 비교하는 수준에서 정리해보고자 한다.

『사기』의 서술 체제

중국 사서들의 서술 경향에 대한 이해를 돕기 위해 『사기』의 서술 체제를 살펴보자.

『사기』「사공자서(史公自序)」에는 二十八宿環北辰 三十輻共一轂運行無窮 輔拂股肱之臣配焉 忠信行道以奉主上 作三十世家 扶養淑儻不令己失時立功名於天下 作七十列傳 [28개의 성좌는 북두칠성을 돌고 30개의 바퀴살은 한 개의 바퀴통을 향하고 있어 그 운행이 무궁하다. (천자를) 보필했던 고굉의 신하들을 배열하여 충신으로 도를 행함으로써 주상을 받들었던 내용을 모아 30 「세가」를 지었다. 의를 돕고 재기가 높이 뛰어나, 시기를 놓치지 않고 공명을 천하에 세운 사람을 모아 70 「열전」을 지었다]이라는 내용이 있다.[36]

이에 의하면 『사기』의 서술 체제는 중국의 최고 통치자였던 천자(天子)를 정점으로 한 천하사상, 즉 중국적 세계 질서의 사상적 체계를 바탕으로 하여 구성되어 있다. 따라서 중국적 세계 질서에 포함되지 않았거나 그와 관계가 없다고 인식되는 내용은 『사기』에 싣지 않고 있는 것이다. 그렇기 때문에 『사기』에 실린 중국의 주변 민족에 관한 기록을 보면 그 지역이 중국의 세계 질서 안에 포함된 시기를 알 수 있다.[37] 이는 중국의 사서가 우리 역사와 관련된 내용을 싣고 있을 때 그것이 중국 역사와 어떤 관계 속에서 실리게 된 것이며, 우리 입장에서는 어떻게 보아야 하는 것인지 바르게 해석할 수 있다면 오히려 객관성을 확보해준다고 할 수 있다.

---

36 『사기』 권130 「사공자서(史公自序)」.
37 윤내현, 「위만조선의 재인식」 『사학지』 19집, 1986, 7쪽.

3. 일본의 낙랑 유적 조작과 한사군 위치 왜곡

조작 배경

역사왜곡이 행해지는 여러 가지 이유를 살펴보면, 그 첫 번째는 사료의 부족과 잘못된 정보에 의한 해석상의 오류로 역사적 진실에서 이탈하는 경우, 두 번째는 이념이나 이해관계 때문에 사료와 정보를 악용한 자의적 해석, 세 번째는 자의적인 해석을 합리화하기 위해 사료와 정보를 적극적으로 조작하는 경우일 것이다. 이 가운데 두 번째와 세 번째 경우는 반역사적 범죄 행위에 해당한다고 할 수 있다.

그런데 18세기 말에서 19세기 초 서세동점을 지켜보면서 근대화를 추진한 일본은 제국주의 침략 행위를 본떠 대륙으로 진출하려 했고, 한국을 그 발판으로 삼고자 침략을 위한 정지 작업으로 역사 유적들을 체계적으로 조작했다.

이는 역사왜곡의 두 번째와 세 번째 경우에 해당하며, 그 결과가 아직도 우리 국사교과서에 영향을 미치는 현상은 첫 번째 경우에 해당된다 하겠다.

당시 일본의 역사 유적 조작 작업은 기록과 유물이 희소한 고대사에 집중해서 한사군의 위치 왜곡과 임나일본부설로 정리되었다. 이는 '조선은 상고시대부터 자립하지 못하고 중국과 일본의 지배하에 있던 민족이기 때문에 누군가의 보호가 필요한데, 이 시대에는 그 보호자가 일본이라는 것'을 합리화하는 것이 목적이었다. 이때 동원된 유물들은 대동강 남쪽 구두진(狗頭津) 토성, 평양지역에서 출토된 봉니(封泥) 70여 점, 용강에서 발견했다는 점제현신사비(粘蟬縣神祠碑), 각종 동종(銅鐘), 칠기(漆器), 화폐(貨幣, 貨泉), 장무이전(張撫夷塼)을 위시한 벽돌(塼), 놋창(細形銅矛)과 막새기와 등이었다.

일본은 이것들이 평양과 황해도지역에서 출토되었다는 사실만을 가지고 그 지역이 한사군의 낙랑군과 대방군지역이었다고 주장함으로써 조선은 이미 그때부터 중국의 지배하에 있었음이 입증된다는 논리를 폈다. 그러나 유물의 상당 부분이 조작됐거나 자의적 해석에 이용되었다는 사실이 이미 밝혀졌음에도 아직도 한국 고대사 해석에 매듭으로 뒤얽혀 풀리지 않고 있음에 주목해야 한다. 이에 대한 이덕일의 예리한 분석과 지적이 정곡을 찌른다.[38]

현재 한국 주류 사학계에서는 대동강 유역에서 출토되는 중국계 유물을 뭉뚱그려 '낙랑문화'로 명명했다. 이러한 명명 자체가 이 지역의 중국계 유물에 대한 다양한 접근과 해석을 봉쇄하는 것이다. 이병도는 『신수국사대관』에서 … 평안도에서 출토된 중국계 유물은 낙랑군의 유물, 황해도에서 출토된 중국계 유물은 대방군의 유물이라고 전제해놓고 다음 논리를 전개하는 것이다. 이는 학문적 접근 방식과는 거리가 멀다.[39] …

---

[38] 이덕일, 「유물과 유적으로 살펴본 한사군」, 『한국사 그들이 숨긴 비밀』, 역사의 아침, 2009, 130~168쪽.
[39] 이덕일, 위 책, 132쪽.

실제로 평안남도와 황해도지역에서는 한사군을 설치했다는 전한(前漢) 때 유물은 거의 없고, 후한(後漢) 이후의 유물이 대거 출토된다.[40]

한사군 위치를 왜곡하기 위한 봉니 조작

평양이 한의 낙랑군지역이었다는 그들의 주장과 관련하여 봉니를 중심으로 이루어지고 있는 논리적 모순에 대한 이해가 필요하겠기에 여기서 잠시 봉니에 관해 간단히 소개한다. 봉니는 보통 나무를 깎아 글을 적은 후 덮개를 대고 노끈으로 묶은 다음, 촛농이나 진흙을 붓고 채 굳기 전에 그 위에 인장을 눌러 봉한 것으로 오늘날의 우편물(편지)과 같은 개념이다. 평양지역에서 봉니 70여 점이 집중적으로 발견되었고, 특히 '낙랑태수장(樂浪太守章)'이란 인장이 찍힌 봉니로 볼 때 평양지역이 바로 한(漢)의 낙랑군이었다는 주장이다.

그러나 봉니의 본 고장이라 할 수 있는 중국 본토의 옛 군현지역에서도 이렇게 많은 양이 나타난 곳이 없다. 그것은 글을 받은 군현(郡縣)의 수령이 봉니를 열면서 바로 부서져버리기 때문이다. 따라서 개봉하지 않은 채 고스란히 남아 있는 봉니는 문서로서 역할을 못한 것이 된다. 더구나 2천여 년 동안 땅속에 묻혀 있었음에도 그 형태가 완전하고 영인(印影)이 갓 찍은 것처럼 선명하며, 문헌에도 없는 현의 이름이 찍힌 봉니가 다수 나왔다. 뿐만 아니라 봉니는 주조한 곳과 그것이 묻힌 곳의 토질에 따라 색깔이 다른 법인데, 출토된 모든 봉니가 거의 동일하고 봉니에 찍힌 글씨체가 한 사람의 솜씨로 보인다는 것은 이것들이 진품이 아님을 말해준다.[41]

---

40 이덕일, 위 책, 136쪽.

특히 모든 속현(屬縣)이 군의 태수부(太守府)로 문서를 올리고 태수가 상부(자사), 인접 군, 그리고 속현에 문서를 내릴 때 봉니를 사용하는 것이므로 태수의 인장이 찍힌 봉니가 태수의 치소(治所)에서는 나올 리가 없다. 또한 소위 그들이 말하는 낙랑군지역에서 '낙랑태수장'이란 봉니가 나타난 반면 낙랑태수가 상부인 유주자사(幽州刺史)나 다른 군(郡)으로부터 받은 봉니는 한 점도 없고 오직 속현의 봉니만 나온 것은 평양이 낙랑군일 수 없다는 반증이기도 하다.[42]

이처럼 개략적으로만 살펴봐도 그들의 봉니 수집 과정과 주장은 여러 면에서 논리적 모순을 안고 있는데, 이는 이곳에서 수집된 봉니들이 고의로 조작됐거나 이 지역 사람들이 돈벌이 목적으로 만들어 비싼 값으로 판 것임을 말해주고 있다. 그리고 이것들이 의도적으로 조작됐다는 사실은 근래 한·일 역사학계에 널리 알려져 있다.

그럼에도 이와 같은 무서운 역사 조작 행위가 당대에 끝나지 않고 국가 이익과 학자적 명성을 위해 일본 구석기시대 유적의 조작으로까지 이어져 왔음이 밝혀지면서 일본 역사학계와 고고학계에 대한 신뢰가 크게 실추되고 있다.[43] 즉, 조작한 유적을 사전에 묻어놓고 구석기 유적을 발굴하는

---

41 조선총독부의 봉니 수집 활동을 정리해보면 1922년 10월 30일 조선총독부 박물관은 '樂浪太守章'이란 봉니를 150원의 고가(현재 150만 원)로 매입했고, 1923년에 평양법원 검사장 세키구치가 토성리 부근에서 촌부로부터 '조선우위'라는 봉니를 얻었으며, 1926년 평양경찰서 경부보 우시무라와 상공회사 기사 모리오가 등이 완전한 봉니와 파편 및 여러 개의 단편을 입수했다. 또 1931년 12월에 조선총독부 박물관은 '樂浪太守章'이라는 봉니를 100원(현재 100만 원)에 사들이고, 1934년 2월에 조선총독부 박물관은 '樂浪大尹章'이라는 봉니를 100원(현재 100만 원)에 사들였다. 이는 그들이 봉니를 수집할 당시 그것이 매우 비싸게 팔리는 것을 알게 되자 이 지방 사람들이 전력을 다해 채집에 열을 올렸다는 의혹으로 이어지고 있다.

42 전한(前漢)을 멸망시킨 왕망(王莽)은 전한 때 사용한 지명을 거의 다 바꾸면서 樂浪은 樂鮮으로 바꾸고 太守는 大尹으로 바꾸었는데, '樂浪大尹'이란 봉니가 나왔다는 것은 논리적으로 맞지 않다.

과정에서 그 연대를 끌어올리거나 발견된 화석의 인골 형성 시기를 터무니없이 끌어올려 역사를 왜곡해왔던 사실이 밝혀지면서 역사학계뿐만 아니라 사회적으로 커다란 충격으로 받아들여지고 있는 것이다.[44]

---

[43] 동아일보, 2001년 9월 30일(일)자 '日 구석기 유적지 20곳 이상 날조.' 2000년 11월 구석기시대 유물을 날조한 것으로 드러나 망신을 당한 일본 도호쿠(東北)구석기문화연구소의 후지무라 신이치(藤村新一) 전 부이사장이 날조한 유적지가 20곳이 넘는 것으로 확인됐다. 후지무라 씨는 지금까지 홋카이도(北海道) 소신후도자카(總進不動坂)와 미야키(宮城) 현의 가미타카모리(上高森) 유적 등 두 곳 외에는 조작을 한 적이 없다고 주장해왔으나, 최근 날조 문제를 조사하고 있는 일본고고학회 특별위원회에서 20여 개의 유적지를 날조했다는 사실을 인정했다고 마이니치신문이 29일 보도했다. … 일본 학계는 1946년 2만 5000년 전의 구석기를 발견한 뒤 구석기의 시대 구분을 후기(1만~3만 년 전)와 전기(3만 년 전 이상)로 분류했다. 이후 일본에 과연 전기 구석기가 있었을 것인가가 20여 년간 학계의 논쟁거리였다. 이 논쟁에 종지부를 찍은 것이 후지무라 씨가 자자라기와 바바단 A유적지에서 발견한 구석기였다. 각각 4만 2000년 전과 17만 년 전의 지층에서 발견됐기 때문. 학계는 이를 근거로 현재는 구석기시대를 후기(1만~3만 년 전), 중기(3만~13만 년 전), 전기(13만 년 전 이상)로 분류하고 있다. 일본 고고학계에서는 이 두 곳도 날조된 흔적이 있다고 보고 있다. 두 곳의 날조 사실이 확인되면 20여 년간 쌓아온 일본 전기 구석기시대 연구는 근본부터 흔들리게 될 것이라고 마이니치는 덧붙였다. 심규선 특파원.

[44] 동아일보, 2001년 7월 12일(목)자, 「日 '구석기 오류' 속속 드러나 – 30만 년 전 '도치기 人骨' 15세기 인골로 결론/오이타 구석기 화석 인골도 '중세 이후' 판명 –」. 오차노미즈(お茶の水)대학 생활과학부 마쓰우라 히데하루(松浦秀治) 조교수 연구팀은 그동안 30만 년 전 구석기시대의 것으로 추정됐던 도치기(木) 구즈우(葛生) 인골의 연대를 측정한 결과 15세기 이후의 것일 가능성이 높다고 10일 결론을 내렸다. 이 인골은 1950년 화석 연구자인 나오라 노부오(直良信夫)가 발견해 '구즈우 원인(原因)'이라고 명명됐다. 일부 고교 일본사 교과서에는 이 지역을 구석기시대 인골 출토지로 표기해왔다. 그러나 그 후 인골로 보이는 화석 8점 가운데 4점은 호랑이 등 동물의 것으로 판명됐고 다른 4점도 골격의 특징에서 원인일 가능성이 낮다는 지적에 따라 논란이 계속돼왔다. … 구즈우 지역에서는 구석기 추정 인골이 발굴된 후 7억 5,000만 엔이 투입돼 고대생활체험촌이 건립됐으며 '구즈우 원인 축제' 등 각종 이벤트가 열려왔다. 이번 측정 결과에 대해 고고학 전문가들은 "연대 분석 기술이 발달하지 않았던 시대에 인골을 발굴한 연구자들이 자신의 실적을 자랑하기 위해 단편적인 정보로 성급하게 결론을 내렸던 것으로 보인다"며 전반적인 재검증을 주장하고 나섰다. … 일본에서 지난해 11월 후지무라 신이치(藤村新一) 도호쿠(東北)구석기문화연구소 부이사장이 미야기(宮城) 현 구석기 유물을 몰래 발굴지에 파묻은 뒤 발굴한 것처럼 날조한 사실이 드러나 고고학에 대한 신뢰가 뿌리째 흔들리기 시작했다. 도쿄 이영이 특파원.

4. 기자와 기자조선에 대한 여러 해석들

기자의 망명과 건국 사실 부정

기자에 대한 한국 역사학계의 견해는 매우 다양하다. 기자가 조선으로 망명했다는 사실 자체를 부정하는 견해로부터 기자의 망명은 인정하나 기자가 세운 나라는 인정할 수 없다는 견해, 기자의 망명 사실과 나라를 세운 사실을 모두 인정하는 견해, 기자가 나라를 세워 고대조선을 계승했다는 견해와 기자가 세운 나라는 고대조선의 변방에 세워진 하나의 거수(渠帥, 諸侯)국에 불과했다는 다양한 견해들이 상충하고 있다.

이러한 견해들은 모두 중국 사적에 근거하고 있다. 따라서 어떤 사적을 어떻게 해석하고 있는지 비교해봄으로써 역사적 진실이 밝혀지리라 믿는다.

국사교과서에서는 기자의 동래와 기자가 세운 나라를 부정하는 입장이다. 이는 한국 역사학계의 통설이기도 하다. 기자동래설을 부정하기 시작한 것은 조선사편수회 편수관 이마니시 류(今西龍)라 할 수 있다. 그는 두예(杜預)의 기자에 대한 주석 "梁國蒙縣有箕子塚(양나라 몽현에 기자의 무덤이 있다)"[45]을 근거로 기자동래설을 부정했다. 그에 의하면 기자동래설은 위만국의 전대 왕조인 조선의 마지막 왕인 준왕의 후손들(韓氏)

이 자신들의 조상을 빛내 보이기 위해 기자가 자신들의 조상이라고 계보를 꾸며낸 것인데, 그러한 이야기가 다시 중국으로 전해져서 중국의 사서에 그 기록이 남게 된 것이라 했다.[46]

이마니시 류에 이어 가장 확실하게 기자의 건국을 부정하는 대표적인 논리로 이병도(李丙燾)의 견해를 소개하면 다음과 같다.

기자가 동으로 와서 왕 노릇을 하였다는 것은 후에 조작된 것이다. … 史記 宋世家 杜預註에는 梁國 蒙縣(河南省 商丘縣 東北)에 箕子塚이 있다는 것이 보이거니와 이에 의하여 기자동래설은 더욱 무력함을 면치 못하고 또 우리 평양에 있는 기자묘의 허위성은 변증할 필요조차 없는 것이다.[47]

그리고 기자가 세운 나라(기자국)의 자리에는 한씨조선이라는 이름의 새로운 나라가 소개된다. 그 논거는 후한 왕부(王符)의 『잠부론(潛夫論)』 권9 「기씨성(箕氏姓)」에 나오는 "昔周宣王時 亦有韓侯 其國地近燕 故詩云 晋彼韓城 燕師所完 其後韓西(東?)亦姓韓 爲衛滿所伐遷居海中 〔옛날 서주의 선왕 때에 또한 한후(韓侯)가 있었으니 그 나라는 연(燕)에 가까웠다. 그러므로 『시경(詩經)』에서 말하기를 "커다란 저 성(城)은 연의 군사가 완성시킨 것"이라고 했다. 그 후 한의 서쪽에서도 또한 성(姓)을 한이라고 했는데 위만에게 공벌당한 바 되어 해중으로 옮겨가 살았다]"에 기초한다.

---

45 『사기』 권38 「송미자세가(宋微子世家)」의 주석서 『사기색은(史記索隱)』.
46 이마니시 류(今西龍), 「箕子朝鮮考」 『朝鮮古史의 硏究』, 近澤書店, 1937, 131~173쪽 ; 김종서, 『고대조선으로 날조되어온 기자·위만국 연구』, 한국학연구원, 2004, 168쪽.
47 이병도, 「위씨조선 흥망고」 『논문집』, 서울대학교, 1956, 2~3쪽.

이에 대한 이병도의 해석은 다음과 같다.

여기서 한서(韓西)는 혹 성명으로 보는 이도 있지만 그보다도 한서의 서(西)를 동(東)의 오(誤)로 보아 한후국(韓侯國)의 동쪽이란 말로 해석하는 것이 문맥상 더 자연스럽지 아니한가 생각한다. 즉, 한후국의 동쪽(朝鮮)에서도 한씨(韓氏)라고 칭성(稱姓)하더니 (후에) 위만에게 소벌(所伐)되어 해중으로 천거하였다는 것이다. … 위의 『잠부론』에 의하면 소위 기자조선의 말왕(末王)으로 위만에게 쫓겨 남천(南遷)한 준(準)왕의 성이 한씨였음을 알 수 있다. 이 왕실이 어느 때부터 한씨라고 창씨(創氏)하였는지는 자세치 아니하나 하여튼 준왕 이전에 이미 그렇게 창씨하였던 것은 위의 문면에서 간파할 수 있다.[48]

그는 자신의 주장을 합리화하기 위해 사서 상의 서(西)를 동(東)의 오류로 보기도 한다. 또 위 논리의 연장선상에서 기자가 세웠다는 나라에 대해 다음과 같이 설명한다.

기자조선은 기자와는 상관없는 우리의 토착 사회인 아사달 사회, 즉 단군조선에서 발달된 것이라 믿는다. … 이 신 지배 씨족은 기씨(箕氏)가 아니라 한씨(韓氏)라는 결론을 얻게 되었다. … 아사달 사회가 내부적 발전과 밖으로 중국 문화의 자극과 영향에 의하여 신 지배 씨족이 대두 … 또 어느 때인가 그 성도 중국식으로 창씨하여 … 아사달을 한역(漢譯)하여 조선이라 한 것도 이 시대의 사실이 아니었던가 생각한다. 그래

---

[48] 이병도, 위 논문, 4쪽.

서 나는 종래의 '기자조선(箕子朝鮮)' 혹은 '기씨조선(箕氏朝鮮)'을 '한씨조선(韓氏朝鮮)'으로 개칭하는 것이 옳다고 주장한다.[49]

근거보다는 '생각한다' 또는 '주장한다'로 반복되는 위 논리를 정리하면, 기자국은 전설에 불과한 것이며 기자가 동래하여 왕 노릇을 했다는 것은 후에 조작된 것이다. 또 기자국은 기(箕)씨에 의해 지배된 사회였는데 그것은 원래 기씨가 아니라 단군조선이라 불렸던 아사달 사회의 신 지배 씨족인 한(韓)씨로서, 이는 성씨를 중국식으로 창씨(創氏)하여 붙여진 성씨라는 것이다. 조선이라는 이름도 이때 아사달을 한역(漢譯)하여 생긴 이름이다. 결국 기자국이라 불렸던 한씨조선은 씨족적 공동체가 잔존하는 국가 체제 이전의 사회였다는 논리이다.

이러한 주장은 기자국의 긍정과 부정에 그치는 단순한 문제가 아니다. 위에서 언급된 나라의 성격과 그 위치는 위만국과 한사군으로 연결되어 한국 고대사 체계를 근본적으로 흔들어놓기 때문에 분명한 역사적 진실이 밝혀져야 한다.

기자의 망명과 건국 사실 긍정

기자국을 긍정하는 견해는 크게 두 가지로 나뉜다. 하나는 기자가 고대조선을 계승하여 우리 민족의 고대사 중심에서 활동했다는 견해로, 이는 기자국에 이은 위만국과 그를 멸망시키고 들어선 한사군을 우리 역사의 중심에 가져다놓는 논리로 연결된다. 다른 하나는 기자의 동래와 건국을 인정하되 그 위치나 성격으로 보아 우리 민족 고대사의 중심

---

[49] 이병도, 위 논문, 3~4쪽.

에 놓을 수 없는, 고대조선 서부 변방에서 일어난 하나의 역사적 사건으로 보는 입장이다.

윤내현은 전자를 '『제왕운기』 체계'로, 후자를 '『삼국유사』 체계'로 구분하고 있는데, 전자는 이미 '2장 한국 고대사 체계에 대한 다양한 견해들'에서 소개한 바 있다.[50] 다만 후자는 위에서 소개한 부정적인 견해들과 비교가 되는 중국 사적에 대한 해석으로 한국 고대사 체계에 대한 새로운 방향 제시이자 극복 논리라는 차원에서 살펴볼 필요가 있다. 다음은 기자국을 부정하는 논리에 대한 반박 논리이다.

한국의 역사학계는 기자조선의 존재를 부정하고 위만조선을 고조선과 대체된 정치 세력으로 인식함으로써 기자조선의 마지막 왕이었던 준을 고조선의 마지막 왕이었던 것으로 한국사에 기술하고 있는 현실이다. … 기자에 관한 기록이 중국의 여러 문헌에 나타나고 있는데 그 기록들에 대한 충분한 분석이나 비판 없이 기자나 기자조선의 존재를 부정한다는 것은 무모한 일이다. 더욱이 기자조선의 존재는 부정하면서 사료에 그 후손으로 기록된 준왕만을 고조선의 계보로 옮겨온 것은 역사를 지나치게 아전인수식으로 견강부회하고 있다는 비난을 면할 수 없을 것이다. … 기자조선의 존재를 인정하지 않는다면 고조선과 위만조선 사이의 시간적 공백을 어떻게 메워야 할 것인지가 문제로 등장하게 되었다. 그 결과 그 기간을 한씨조선[51], 또는 예맥조선[52]으로 불러야 한다는

---

50 윤내현, 「고문헌에 보이는 한국 고대사의 두 가지 체계」 『고조선 연구』 1호, 지식산업사, 2008 참조.
51 이병도, 「삼한 문제의 신고찰」 『단군학보』 3권, 1935, 98~99쪽.
52 김정배, 『한국 민족문화의 기원』, 고려대학교 출판부, 1973, 211~213쪽.

견해가 제출되기에 이르렀다.[53]

위 논리에 의하면 중국 문헌에 나타나는 기자의 부정은 무모한 일이며, 기자를 부정하면서 그의 후손인 준왕을 고대조선의 계보에 편입시키는 것은 큰 잘못임을 지적하고 있다. 그리고 일연과 이승휴의 고대사 인식 체계에 대해서 다음과 같이 소개한다.

『제왕운기』의 필자 이승휴는 한국 고대사의 체계를 고조선–기자조선–위만조선–한사군의 순서로 같은 지역에서 교체되었던 것으로 인식하였던 듯하다. 그러나 『삼국유사』는 이와는 다른 한국 고대사 인식 체계를 보여주고 있다. 우선 『삼국유사』의 체계를 보면 「고조선」편 다음에 「위만조선」편을 두었을 뿐 기자 또는 기자조선에 관한 항목은 독립해서 설정되어 있지 않다. 이것은 일연이 고조선의 뒤를 이어 고조선 지역에 존재했던 정치 세력은 위만조선이었고 기자 또는 기자조선으로 인식하지 않았을 가능성을 시사해주고 있다. … 만약 기자가 봉해졌던 조선이 고조선이었다면 기자가 그곳에 봉해짐과 동시에 고조선은 멸망했어야 한다. … 기자가 조선에 봉해지자 고조선은 도읍을 장당경으로 옮겼다고 기록하였다. 따라서 이 기록이 옳다면 기자가 봉해졌던 조선은 고조선 지역일 수 없다. 이와 동일한 의문이 중국 문헌에서도 발견된다. 『사기』「조선열전」을 보면 위만조선에 대해서만 기술하였을 뿐 기자에 대해서는 전혀 언급하지 않았다. … 사마천은 『사기』「조선열전」에서는 기자에 대해서 한마디도 언급하지 않았고 『사기』「송미자세가」에서만

---

53 윤내현, 「위만조선의 재인식」『사학지』, 19집, 1986, 5쪽.

기자에 대해서 언급하였다.[54]

위 문장에서 한국 고대사 체계는 크게 보아 '『제왕운기』 체계'와 '『삼국유사』 체계'가 있음을 적시하고, 만약 기자가 고대조선 지역의 통치자가 되었고 후에 그 지역에 위만국이 위치해 있었다면 고대조선 지역은 기자시대로부터 중국의 세계 질서 속에 포함되어야 하며, 이는 『사기』 「조선열전」에 서술됐어야 했다는 지적이다. 그럼에도 사마천이 『사기』 「조선열전」에서는 기자에 대해서 한마디도 언급하지 않고 『사기』 「송미자세가」에서만 언급한 것은 기자가 고대조선의 전 지역을 통치한 사실이 없음을 의미한다고 강조함으로써 '『제왕운기』 체계'의 모순을 지적하고 있다.

---

54 윤내현, 위 논문, 5~8쪽.

5. 기자국, 위만국, 한사군의 위치와 한국 고대사 해석

한국 고대사 해석에 미치는 영향

기자국의 존재가 역사적 사실일 경우 기자국은 위만에 의해 멸망했고, 위만국은 한 무제에 의해 멸망했다. 그리고 그 자리에 한사군이 설치되었다. 따라서 기자국과 위만국, 그리고 한사군은 시기적으로는 선후 관계에 놓여 있고, 공간적으로는 거의 같은 지역에서 명멸한 국가 또는 행정 조직들인 것이다.

기자국을 인정하거나 한씨조선설 또는 예맥조선설을 따르는 누구도 이들이 시기적으로 선후 관계에 있었다는 점과 공간적으로 거의 같은 지역에 위치했다는 점에 대해서는 이견이 없다. 또 그것이 한국 고대사 체계에 영향을 미치는 정도도 미약하다. 그러나 그 실재 위치가 어디였느냐에 대해서는 견해가 다양할 뿐만 아니라 그것이 한국 고대사 해석에 절대적인 영향을 미친다.

기자국과 위만국, 한사군 간의 교체가 같은 지역에서 이루어졌다는 것은 이들 가운데 하나의 위치가 확인되면 나머지 두 곳의 위치도 알 수 있다는 말이 된다. 따라서 세 곳에 관한 문헌 기록을 차례로 살펴 비교해봄으로써 그 위치를 확인하고자 한다.

기자국의 위치

기자국의 역사적 사실 여부와 그 위치를 밝히는 작업은 한국 고대사 체계를 바로세우는 데 주춧돌을 놓는 작업이라 할 수 있다. 왜냐하면 기자국의 위치가 어디였느냐에 따라 기자국의 성격뿐 아니라 위만국과 한사군의 위치와 성격이 규명될 수 있기 때문이다. 즉, 이 세 정치 세력들이 한국사의 중심에 자리하면 한국 고대사는 중국의 지배하에서 출발한 역사로 해석되면서 그 이전 역사가 잘려나간다. 반면에 위 세 정권이 고대조선 강역 안에서 전개되었던 하나의 역사적 사건들이지만 고대조선의 정권과는 승계 관계가 없었음이 밝혀지면 민족사의 기원이 반만년으로 제자리를 잡을 수 있게 된다.

따라서 이에 대한 학자들의 대표적인 논의를 구체적으로 살펴보고자 한다. 다음의 두 글은 『사기』 권115 「조선열전」 제55에 나오는 연속된 문장으로 두 문장 공히 패수가 언급되고 있다. 패수는 기자가 망명할 때 건넜고 또 위만이 이를 건너서 망명했으며, 그들이 세운 나라들(기자국과 위만국)과 중국 간의 국경이었던 것으로 확인되기 때문에 반드시 그 위치가 규명돼야 한다.

A 『사기』 권115 「조선열전」

自始全燕時 嘗略屬眞番朝鮮爲置吏 築障塞 秦滅燕屬遼東外 漢興爲其遠難守 復修遼東故塞 至浿水爲界屬燕 〔연나라 전성 때부터 일찍이 진번과 조선을 공략하여 복속시키고 관리를 두기 위하여 장새를 쌓았다. 진나라가 연나라를 멸망시키고 (그것을) 요동 외요에 속하게 하였다. (서)한이 흥기하였는데 그것이 멀어서 지키기 어려우므로 요동의 옛 새(塞)를 다시 수리하여 패수(浿水)까지를 경계로 삼고 (서한의) 연에 속하게 하였다.〕

위 글은 위만이 나라를 세우기 이전 중국의 동쪽 외곽 현상에 대한 설명으로 고대조선과 중국의 국경 상황을 파악할 수 있는 문장이다. 즉, 패수는 서한의 동쪽 외곽임과 동시에 서한에 소속된 연나라의 외곽으로서 이를 중국과 조선의 경계(국경)로 했음을 말하고 있다. 전국시대의 연나라는 전성기에는 패수 밖에 있던 진번과 조선을 공략해 복속시키고 그 지역에 국경 초소인 장새를 축조했다. 그러다가 진나라의 중국 통일 후에는 장새를 행정적으로 요동의 외요(外徼, 국경의 최전방 초소)에 속하게 했으나, 서한이 건립된 후 장새와 요동의 국경 초소가 너무 멀어 지키기 어렵자 요동에 있던 옛 초소를 다시 수리해 사용하고 패수까지를 국경으로 삼았던 것이다.

B 『사기』 권115 「조선열전」

燕王盧綰反入匈奴 滿亡命聚黨千餘人 魋結蠻夷服而東走出塞渡浿水 居秦故空地上下鄣 稍役屬眞番朝鮮 蠻夷及故燕齊亡命者王之都王險[55] 〔연왕 노관이 (서한에) 모반하여 흉노로 들어가자 만(衛滿)도 망명하였는데, 1천여 명의 무리를 모아 상투머리(魋結)에 오랑캐의 옷을 입고(蠻夷服) 동쪽으로 도망하여 국경의 초소를 빠져나와 패수를 건너 진나라 공지인 상장과 하장지역에 거주하면서 겨우 변방의 수비를 맡아 진번과 조선에 속해 있었으나, 만이(蠻夷, 그 지역 토착민)와 옛 연·제의 망명자들이 그를 왕으로 삼으니 왕험(성)에 도읍하였다.〕

위만의 건국에 관한 설명으로 위만이 망명할 때 패수를 건넜다고 말하고 있다. 위만의 건국 이전이므로 이때 패수는 고대조선 서쪽 변방임

---

55 『사기』 권115 「조선열전」.

과 동시에 기자국의 서쪽 변방을 말한다. 따라서 이 문장은 패수가 고대 조선과 중국의 국경이면서 동시에 기자국과 중국의 국경이었음을 말해준다.[56] 또 후일 위만이 기자국을 탈취하여 위만국을 세웠을 때 패수는 서한과 위만국의 국경이 된다. 따라서 여기서 말하는 패수가 지금의 어디를 말하는 것인지 밝혀야 한다. 그것은 한국 고대사 체계를 바르게 정립하는 데 절대적인 판단 기준이 되기 때문이다.

고대조선과 중국의 경계였던 패수에 대해서는 실로 다양한 견해들이 나와 있다. 지금의 대동강(大同江)설, 청천강(淸川江)설, 압록강(鴨綠江)설, 요하(遼河)설, 사하(沙河)설, 한우란(軒芋灤)설, 고려하(高慮河)설, 대능하(大凌河)설, 난하(灤河)설 등이 그것들이다.[57]

다음과 같은 윤내현의 해석은 이처럼 패수에 대한 다양한 견해가 나오는 배경을 이해하는 데 참고가 된다.

이와 같이 패수가 여러 강의 명칭으로 등장한 것은 그것이 원래 고유명사가 아니었기 때문일 것이다. 퉁구스 계통의 종족 언어를 보면 강을 만주어로는 삘라(畢拉), 쏠론(索倫)어로는 삘라(必拉), 오로촌(鄂倫春)어로는 삐얄라(必雅拉)라고 하는데 고대 한국어로는 펴라·피라·벌라 등이었다. 여기서 강에 대한 유사한 언어의 어원이 같을 것임을 알게 되는데

---

56 이는 기자국이 고대조선의 거수국(渠帥國, 제후국)으로 존재했다는 논리를 따를 경우에 해당된다.

57 윤내현, 앞 논문(20쪽)에서 재인용. 대동강설(『수경주』 권14 「패수」), 압록강설(정약용, 「조선고」『강역고』; 쓰다 소우키치(津田左右吉), 「浿水考」『津田左右吉全集』 卷11), 요하설(西川權, 『日韓上古史の裏面』), 사하설(大原利武, 「浿水考」『漢代五郡二水考』), 한우란설(신채호, 『조선상고사』), 고려하설(정인보, 『조선사 연구』), 대능하설(최동, 『조선상고민족사』), 청천강설(이병도, 「패수고」『청구학총』 13호), 난하설(장도빈, 『국사』; 문정창, 『고대조선사 연구』; 윤내현, 『고조선 연구』).

패수로 논의되고 있는 여러 강들의 흐름

패수(浿水)라는 명칭을 가진 강들이 분포되어 있는 지역으로 보아 고대에 고조선족이 살던 지역의 강들에 대한 보통명사인 펴라·피라·벌라가 향찰(鄕札)식으로 기록됨으로써 여러 강이 패수라는 명칭을 얻게 되었을 것으로 생각된다. 따라서 패수가 원래 고유명사가 아니었기 때문에 패수라는 명칭의 강이 문헌에 등장하는 경우 그 패수가 지금의 어느 강을 지칭하는지를 먼저 확인하여야 할 필요가 있다.[58]

위 문장은 조선사편수회에서 패수를 본래의 위치가 아닌 임의의 지역으로 옮김으로써 한국 고대사 왜곡의 첫 단추를 끼웠다는 점에서 매우

---

58 윤내현, 앞 논문(20쪽)에서 재인용(『黑龍江志考』 卷7 方言條, 蒙文飜譯官 楊書章 編譯 「言語比較表」).

주목되는 부분이다.

일제는 고대 한·중 국경에 해당하는 패수가 고유명사가 아니라 보통명사로서 패수로 불리는 강이 여럿이었으며, 특히 한국 고대사 강역이 패수의 위치가 중국 쪽으로 다가갈수록 넓어지고 한국 쪽으로 다가올수록 좁아진다는 데 착안한 것 같다. 즉, 한국 고대사를 부정하기 위해서는 한국 고대국가들의 강역을 없애버리는 것이 첩경이라 보고, 패수를 최초에는 요하라고 했다가 점차 압록강, 청천강으로 옮겨가다가 마지막에는 대동강이 패수라고 결정짓는다.

이러한 결정은 사실과 사료에 기초한 것이 아니라 필요에 따라 먼저 한·중 국경선을 대동강으로 설정하고, 이를 합리화시키기 위한 논리를 펴다 보니 역사적인 진실에서 크게 벗어나고 만다.

이에 주목하면서 패수와 기자국의 위치에 대한 견해들을 살펴보자. 먼저 한반도의 북부지방이었다는 견해를 보면 다음과 같다.

지석총은 결국 우리 민족이 요동지방을 통과하여 반도로 들어온 경로를 말하는 것으로 해석되거니와 한씨조선 시대에는 그 중심이 반도 서북부에 있었던 것이다. 그래서 이 시대에는 아직도 지방에 씨족적 공동 체제가 잔존하여 아사달 사회로부터의 지석총이 계속된 것이라 볼 수 있다. 그러면 그 주변의 동 체질의 사회는 어떠하였던가 하면 역시 지석총 사회를 면치 못하였으니 남에는 진번(眞番, 자비령 이남 한강 이북의 땅), 동에는 임둔(臨屯, 함남의 대부분), 동북에는 예맥(濊貊, 협의의 예맥이니 고구려의 전신)이란 제부족연맹(種族) 사회가 있어, … 또 조선 북쪽에는 부여국이 있었고, 진번 남쪽에는 무수한 부족국가군(部族國家群)이 산재하여 그중 유력한 거수(渠帥, 臣智)를 최고 맹주로 삼고 있었는데 중국인

은 이 무수한 부족국가군을 진국(辰國)이라고 총칭하였다.[59]

위 문장은 종래 기자국이라 불리던 한씨조선의 중심은 한반도 서북부(현재의 북한) 지역이었으며, 그 남쪽에 진번, 임둔과 무수한 부족국가군인 진국이 있었다는 해석이다. 이 논리에는 고대조선이 국가사회에 진입하지 못했고, 기자가 동래한 사실이 없으며, 패수는 지금의 청천강이라는 전제가 깔려 있다. 이와 거의 유사한 견해들을 소개하면 다음과 같은 다양한 견해들이 있다.

특히 준왕 때에는 진나라 말의 난을 피하여 연(燕)·제(齊)·조민(趙民)들이 속속 몰려들자 준왕은 이들을 서쪽지방에 거주케 하였다. 따라서 청천강 유역에까지 이르는 지역에는 중국계의 피난민이 있었다는 증거가 된다. 그것은 불법적인 것이 아니며 준왕의 정식 허락하에 거주케 된 것이다. 그런데 위만의 입국도 바로 그 지역에 오게 된 것이다.[60]

특히 문헌상에 나타나는 최초의 고대국가라 할 수 있는 위만조선시대를 포함하여 한국 고고학상 청동기시대 후기에 나타나는 조공과 무역에 관한 고고학적인 유물을 검토하여, … 위만의 출자에 관계없이 위만조선이 B.C. 109~108년에 걸쳐 한의 원정군과 대항할 수 있을 만큼 강하게 성장한 것은 아직 국가 단계에 이르지 못한 족장 세력의 조공-무역 관계를 잘 이용했던 결과로 보여진다. … 명도전은 전국시대 말부터 진대

---

[59] 이병도, 위 논문, 5~6쪽.
[60] 김정배, 「위만조선의 국가적 성격」, 『사총(史叢)』 21·22합집, 고려대학교 사학회, 1977, 66쪽.

에 걸쳐 북중국에서 사용된 것으로 요동지방과 한반도의 청천강·대동강·압록강의 상류 지방과 오지의 산간 지방, 즉 한반도 서북부에 걸쳐 발견되고 있다. 즉, 이것은 연의 만주 식민과 빈번한 한반도 왕래를 뚜렷이 보여주고 있다.[61]

단군신화는 고조선의 지배자들이 자신들의 지배를 정당하고 신성한 것으로 만들기 위해 고대 신화의 요소를 빌려 만들어낸 지배 이데올로기임이 입증되었다. 따라서 단군조선은 단지 신화일 뿐 역사적 사실로서 그 증거를 찾는다는 것은 사실상 불가능하다.[62]

진·한대 중국과 경계지역으로 나오는 패수는 청천강 … 따라서 위만은 청천강 유역을 기반으로 하면서 압록강 유역 일대에 있던 유이민과 토착민을 포섭하여 세력을 키워갔음을 알 수 있다.[63]

여기서 주목되는 것은 이러한 견해들이 앞의 주장에서 보는 것처럼 국가로서의 고대조선 부정, 패수는 청천강 아니면 대동강, 우리 역사의 시작은 위만부터라는 전제에서 출발하고 있다는 점이다. 특히 위만이 세운 나라가 우리 민족이 갖게 된 최초의 고대국가처럼 말하는 것은 매우 잘못된 역사 인식이라 하겠다. 여기서 필자는 위 주장들과 크게 대조되는 '패수=난하'설을 소개함으로써 여러 설을 비교하는 번거로움을 피하

---

61 최몽룡, 「고대국가 성장과 무역 – 위만조선의 예 –」 『한국 고대의 국가와 사회』, 일조각, 1985, 65~72쪽.
62 송호정, 『한국 고대사 속의 고조선사』, 푸른역사, 2003, 64쪽.
63 송호정, 위 책, 389쪽.

고자 한다.

패수=난하설은 기자국의 위치가 고대조선 변방에 있었으며, 기자국 정권을 탈취한 위만국, 위만국을 멸망시키고 한이 설치한 한사군 등이 모두 고대조선 강역 변방에서 일어난 역사적 사건들이었지만 고대조선 정권과는 정치적 승계 관계가 없는 별개의 사건들이었으며, 고대조선 역사는 위만국이나 한사군에 승계되지 않고 곧바로 열국시대로 이어진다는 결론에 이른다. 다음과 같은 윤내현의 견해가 이를 잘 설명한다.

> 서한시대 낙랑군 25개 현 가운데 조선현(朝鮮縣)이 있었다. 이 조선현에 대해서 응소(應劭)는 "무왕이 기자를 조선에 봉하였다"고 주석하였다.[64] 즉, 서한시대의 낙랑군에 속해 있었던 조선현이 기자가 봉해졌던 조선이라는 것이다. 주지하는 바와 같이 낙랑군은 서한의 무제가 위만국을 멸망시키고(서기전 108년) 그 지역에 설치하였던 낙랑·임둔·진번의 3군 가운데 하나였다[65]. … 『위서』「지형지」에 의하면 조선현의 위치는 서한시대부터 진(晉)시대까지 변화가 없었다.[66]
>
> 『진서』「지리지」를 보면 진시대의 낙랑군은 한(漢)시대에 설치한 것으로 되어 있고 그 안에 조선(朝鮮)·둔유(屯有)·혼미(渾彌)·수성(遂城)·누방(鏤方)·사망(駟望) 등 6개의 현이 있었는데 조선현은 기자가 봉해졌던 곳이고 수성현은 진(秦) 장성이 시작되는 곳이라고 하였다.[67]

---

64 『한서(漢書)』 권28 「지리지」 下 '樂浪郡' 條에 실린 조선현에 대한 주석.
65 한사군 가운데 낙랑·임둔·진번은 위만국지역에 설치되었고, 현도군은 위만국과 접해 있던 고대조선의 서쪽 변경지역에 설치되었다(윤내현, 「한사군의 낙랑군과 평양의 낙랑」 『한국학보』 41집, 일지사, 1985 겨울호, 4~6쪽).
66 『위서(魏書)』 권105 「지형지(地形志)」 上 平州 '北平郡' 條의 조선현에 대한 주석.
67 『진서(晉書)』 권14 「지리지」 上 平州 '樂浪郡' 條.

진 장성의 동단은 지금의 중국 하북성 동북부에 있는 난하(灤河)의 동부 연안인 창려현(昌黎縣) 갈석(碣石) 지역이다. … 같은 군에 속해 있었던 수성현과 조선현을 포괄한 진시대의 낙랑군은 서한시대에 설치되었고 조선현도 그 위치가 서한시대부터 진시대에 이르기까지 변화가 없었으므로 서한의 무제가 설치했던 한사군의 낙랑군(樂浪郡)은 이 지역과 같은 곳이다.[68]

위 글은 앞에서 소개한 『사기』 권115 「조선열전」의 A(요동의 옛 새를 다시 수리하여 패수까지를 경계로 삼고)와 B(국경의 초소를 빠져나와 패수를 건너)에서 말하는 패수와 관계된 조선에 대한 설명이다. 이에 의하면 옛날 주(周)의 무왕이 기자를 조선후로 봉했던 그곳이 훗날 낙랑군이 설치되면서 낙랑군 25개 현 가운데 하나인 조선현이 되었다는 것이다. 또 조선현과 함께 낙랑군에 속한 수성현에서 시작되는 진나라 장성의 동단은 난하 동부 연안인 창려현 갈석 지역임을 말하고 있다.

정리하면 진의 장성이 시작되는 수성현을 흐르는 난하는 『사기』 「조선열전」에서 말하고 있는 패수라는 의미이다. 다음은 이에 대한 보다 구체적인 논증이다.

『한서(漢書)』 「엄주오구주부서엄종왕가전(嚴朱吾丘主父徐嚴終王賈傳)」 '가손전(賈捐傳)'에는 서한 무제의 업적을 말하면서 "동쪽으로 갈석을 지나 현도와 낙랑으로 군을 삼았다"고 했는데 당시의 갈석은 지금의 하북성 동북부에 있는 난하 하류 동부 연안의 창려현 갈석과 동일하였

---

[68] 윤내현, 앞 논문, 8~10쪽.

다.[69] 따라서 『위서』의 이 기록은 앞의 『진서』 「지리지」의 조선현과 수성현의 위치에 관한 기록과 그 내용이 일치되는 것으로 매우 정확한 표현이다. 한사군이 한반도 북부에 있었다면 하북성 동북부에 있는 갈석을 기준으로 해서 그 위치를 표현했을 리가 없는 것이다.[70]

이어서 『수서(隋書)』 「지리지(地理志)」 '북평군(北平郡)' 조를 통해 432년(북위 연화 원년)에 옮겨 설치된 조선현의 위치를 분명하게 해주는 기록을 다음과 같이 확인한다.

옛날에 북평군을 설치하여 신창·조선 두 현을 통령하였는데 후제(後齊, 北齊)시대에 이르러 조선현을 폐하고 신창현(新昌縣)에 편입시켰으며 또 요서군(遼西郡)을 폐하게 됨에 따라 해양현(海陽縣)을 비여현(肥如縣)에 편입시켜 통령하게 되었다. 또 개황(開皇) 6년(586) 비여현을 폐지하여 신창에 편입시켰고 개황 18년(598)에는 노룡현(盧龍縣)으로 개명하였다. … 장성이 있고 관관(關官)이 있고 임유관(臨渝官)이 있고 복주산(覆舟山)이 있고 갈석(碣石)이 있고 현수(玄水)·노수(盧水)·온수(溫水)·윤수(閏水)·용선수(龍鮮水)·거량수(巨梁水)가 있고 바다가 있다고 기록되어 있다.[71]

---

69 윤내현, 앞 논문, 10쪽(高洪章·董寶瑞, 「碣石考」 『歷史地理』 3輯, 上海人民出版社, 1982, 225~228쪽 ; 중국의 옛 문헌에 나오는 갈석산(碣石山)은 바다에 침몰되었을 것이라는 소위 '갈석윤해설(碣石淪海說)'이 제출된 바 있으나 근래의 연구 결과에 따라 지금의 중국 하북성 동북부 난하(灤河)의 동부 연안에 있는 창려(昌黎)의 갈석산이 바로 문헌에 나오는 갈석임이 확인되었다).

70 윤내현, 앞 논문, 10쪽.

71 『수서(隋書)』 권30 「지리지」 중 '北平郡' 條.

이 기록에 나오는 비여현은 서한시대 이래 요서군에 속해 있었는데 고죽성(孤竹城)이 있던 영지현(令支縣)과 접해 있었다.[72] 따라서 비여현과 영지현이 고죽국이 있었던 지역에 위치했다는 것은 의문의 여지가 없다. 그런데 고죽국의 중심지가 지금의 난하 하류 동부 연안이었다는 것이 학계에 주지되어 있는 사실이므로 비여현도 난하 하류 연안에 있었다는 해석이다. 그리고 다음과 같은 난하에 대한 설명이 이어진다.

---

72 『한서(漢書)』 권28 「지리지」 下 '遼西郡' 참조.

난하는 유수라고도 불리어졌는데『수경주(水經注)』'유수(濡水)' 조를 보면 현수·노수·용선수 등은 난하의 지류였음이 확인된다. 그리고 장성과 갈석은 난하의 하류 동부 연안에 있었다. 이상과 같은 사실을 종합해 볼 때 북위 연화 원년(432)의 조선현 이치(移置)는 난하 하류 동부 연안의 근접된 지역에서 행해졌음을 알 수 있다.[73]

이상의 기록을 중심으로 기자국에 대한 윤내현의 결론을 정리하면, 기자는 상(商) 왕실의 후예로서 지금의 하남성(河南省) 상구현(商邱縣) 지역에 봉해졌는데, 주(周)족에 의하여 상 왕국이 멸망되고 서주(西周) 왕국이 건립되자 그의 봉지를 잃게 되었다. 그래서 중국의 동북부 지역으로 이동하여 서주시대부터 전국시대까지는 지금의 중국 하북성 동북부 난하 하류의 서부 연안에 위치해 있다가 진국이 중국을 통일하자 기자국은 중국의 통일 세력에 밀려 난하 하류의 동부 연안으로 위치를 옮겼다는 것이다.

위만국의 위치

앞에서 강조한 바와 같이 기자국, 위만국, 한사군 간의 교체가 같은 지역에서 이루어졌다는 것은 이들 가운데 하나의 위치가 확인되면 나머지 두 곳의 위치도 확인할 수 있음을 의미한다. 따라서 한 왕조의 끝이나 다음 왕조의 시작을 확인하는 작업은 그들의 출발 위치를 확인할 수 있다는 차원에서 그 의미가 있다.

여기서는 그들의 출발 위치를 확인하기 위해서 각 왕조 또는 행정 조

---

[73] 윤내현, 앞 논문, 11쪽.

직의 최초 기록들을 살펴보고자 한다. 한사군은 한 무제가 위만국을 멸망시키고 그 지역을 네 개의 군으로 나누어 설치했기 때문에 공간적인 변화가 없다. 우선 위만국의 위치부터 살펴보자. 다음은 위만국이 난하 하류 유역에 있었음을 말해주는 기록이다.

『사기』 권115 「조선열전」에 주석으로 실린 『사기집해(史記集解)』
張晏曰 … 朝鮮有濕水洌水汕水 三水合爲洌水 疑樂浪朝鮮取名於此也〔장안은 말하기를 조선에는 습수·열수·산수가 있는데 이 세 강이 합하여 열수가 된다. 아마도 낙랑의 조선은 여기에서 그 명칭을 얻었을 것이다.〕

위의 기록에서 조선지역에 습수·열수·산수의 세 지류가 있는 열수(洌水)라는 강이 있었다고 했는데, 지금의 난하에는 습수(濕水)·열수(洌水)·산수(汕水)의 세 지류가 있었음이 확인된다.[74] 지금의 난하는 유수라고도 불렸는데 『수경주』 '유수' 조에 의하면 유수에는 무열수(武列水)·습여수(濕餘水)·용선수(龍鮮水)가 있었던 것으로 기록되어 있다.[75]

윤내현에 의하면 중국의 문헌에서 강 이름을 약칭으로 사용한 것은 흔히 있는 일로써 장안이 말한 습수는 습여수의 약칭, 열수(洌水, 列水)는 무열수의 약칭, 산수는 용선수의 약칭이었을 것이라 한다. 또한 『사기』 「조선열전」에 주석으로 실린 『사기색은(史記索隱)』에서 조선의 명칭을 언급하면서 鮮音仙 以有汕水 故名也〔선(鮮)의 음은 선(仙)인데 산수(汕

---

[74] 문정창은 "이 열수(洌水)는 지금의 난하(灤河)인 것이다"라고 했다(문정창, 『한국 고대사』, 인간사, 1988, 98쪽).
[75] 『수경주』 권14 '濡水' 條.

水)가 있었음으로 취하였다]⁷⁶라 하여 汕과 鮮이 통용되었음을 말하고 있다.⁷⁷ 위의 기록과 해석에 따르면 위만국은 지금의 난하 동부 유역에 위치한 것이 된다.

그런데 기자가 만주·한반도로 와서 조선의 군주가 되었다고 해석되고 있는 최초의 기록이 바로 반고(班固, 32~92)가 쓴 『한서』「지리지」이다. 기자동래설은 이를 근거로 해 생성되었다고 할 수 있다.

A 『한서』「지리지」
玄菟樂浪武帝時置 皆朝鮮濊貉句麗蠻夷 殷道衰 箕子去之朝鮮教其民以禮義 田蠶織作 樂浪朝鮮民犯禁八條 〔현도군과 낙랑군은 무제 때에 설치하였는데 모든 조선, 예, 맥, 고구려 등 만이들을 포함하였다. 은나라의 도가 쇠하자 기자는 은나라를 버리고 조선으로 갔다. 그리고 조선의 백성들에게 예의를 가르치고 농사를 짓고 누에를 치고 옷감을 짜고 물건을 만드는 것을 가르치고 낙랑조선의 백성들에게 범해서는 안 되는 법 8개 조를 두었다.〕

여기서 주목할 것은 기자가 은나라의 도가 쇠해지자 은나라를 버리고 조선으로 갔다고 한 내용이다. 그가 가서 조선을 세운 것이 아니라 조선으로 갔다고 했으니, 기자가 동으로 갈 때 이미 조선이라는 나라가 있었다는 이야기이다.

---

76 『사기』 권115 「조선열전」에 주석으로 실린 『사기색은』.
77 윤내현, 앞 논문, 24쪽.

B-1 『사기』「조선열전」

燕王盧綰反入匈奴 滿亡命聚黨千餘人 魋結蠻夷服而東走出塞 渡浿水 居秦故空地上下鄣 稍役屬眞番朝鮮 蠻夷及故燕齊亡命者王之 都王險[78] 〔연왕 노관이 배반하여 흉노로 들어가자 위만도 망명하였는데, 1천여 명의 무리를 모아 상투머리에 만이의 옷을 입고 동쪽으로 도망하여 국경의 초소를 빠져나와 패수를 건너 진국의 공지인 상장과 하장지역에 거주하면서 겨우 변방의 수비를 맡아 진번과 조선에 속해 있었으나, 만이와 옛 연(燕)·제(齊)의 망명자들이 그를 왕으로 삼으니 왕험(성)에 도읍하였다.〕

B-2 『삼국지』권30「위서」'오환선비동이전(烏丸鮮卑東夷傳)' 한전(韓傳)에 주석으로 실린 『위략(魏略)』

及綰反入匈奴 燕衛滿亡命 爲胡服 東渡浿水 詣準降 說準求居西界 收中國亡命爲朝鮮藩屛 準信寵之拜爲博士 賜以圭封之百里 令守西邊 滿誘亡黨衆稍多 乃詐遣人告準 言漢兵十道至 求入宿衛遂還攻準 準與滿戰不敵也〔노관이 (서한에) 모반하였다가 흉노로 들어감에 이르러 연인인 위만도 망명을 하였는데, 호복을 입고 동쪽으로 패수를 건너 준에게 가서 항복하였다. 준을 설득하여 서쪽 경계지역에 거주할 곳을 구하면서 중국의 망명자들을 모아 조선의 번병이 되겠다고 하였다. 준은 그를 믿고 총애하여 박사를 삼고 규를 하사하였으며 100리의 땅을 봉지로 주고 서쪽 변경을 수비하도록 명령하였다. 만은 망명인들을 모아 그 무리가 점차 많아지자 사람을 보내어 준에게 거짓으로 고하기를, 한의 군사가 열 개의 도로로 쳐들어오니 들어가 (도읍을) 숙위하기를 원한다고 말하고 마침내 (사자가) 돌아오자 준을 공격하였다. 준은 만과 싸웠으나

---

78 『사기』권115「조선열전」.

적수가 되지 못하였다.]

위에 인용된 내용은 서한의 후국이던 연나라로부터 동쪽의 기자국으로 망명한 위만이 기자국의 준왕으로부터 정권을 탈취한 과정을 전해주고 있다. 근대조선에서는 이러한 기사들을 근거로 기자국을 고대조선의 뒤를 이은 정치 세력으로 인식한 견해가 주류를 이루었다. 그러나 현재 한국 역사학계는 기자국의 존재를 부정하고 있다. 그러다 보니 위만국이 고대조선과 대체된 세력으로 인식되고 있는 것이다. 또 국사교과서에는 기자국의 마지막 왕이었던 준이 마치 고대조선의 마지막 왕이었던 것처럼 기술되어 있다. 사료 해석의 잘못이 역사왜곡으로 이어져 혼란을 초래하고 있는 현상들이다.

여러 중국 문헌에 나오는 기자를 맹목적으로 부정하는 것도 잘못이거니와 그의 후손에 관한 기록을 떼어다가 고대조선의 계보에 편입시켜 역사를 해석하는 것도 매우 잘못된 역사왜곡이라 할 수 있다. 또 기자국을 부정함으로써 생기는 시간상의 공백을 메우기 위해 궁여지책으로 만들어낸 한씨조선설이나 예맥조선설도 역시 같은 맥락에서 볼 수 있는 현상들로 생각된다.[79]

한사군의 위치

다음은 위만국의 붕괴 원인과 과정, 한 무제가 위만국을 멸망시키고 그 자리에 한사군을 설치하는 내용을 담고 있다. 이는 한사군이 패수의

---

[79] 이병도, 「삼한 문제의 신고찰」 『단군학보』 3권, 1935, 98~99쪽 ; 김정배, 『한국 민족문화의 기원』, 고려대학교 출판부, 1973, 211~213쪽.

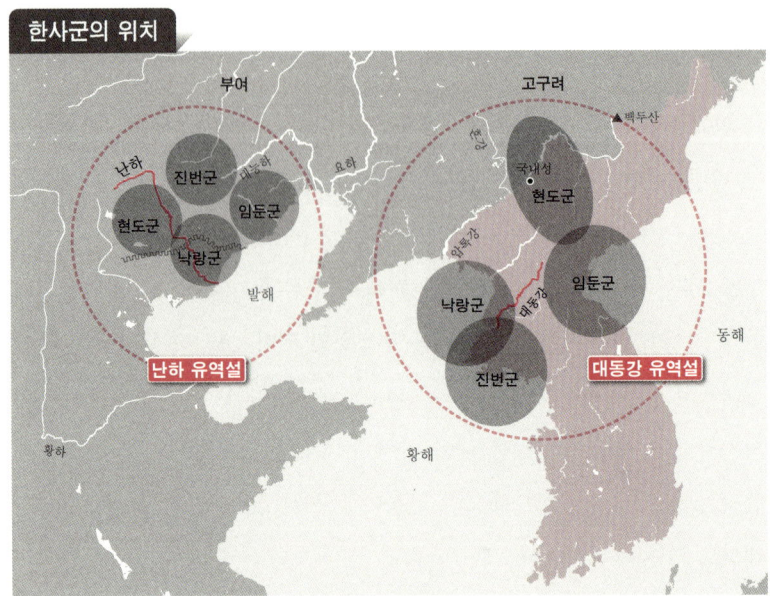

한사군의 위치

난하를 중심으로 한 난하 유역설과 대동강을 중심으로 한 대동강 유역설이 있다.

동쪽에 위치했음을 말해주고 있다.

C-1 『사기』 권115 「조선열전」

傳子至孫右渠 所誘漢亡人滋多 又未嘗入見 眞番旁衆國(또는 辰國[80])欲上書 見天子 又擁閼不通 元封二年 漢使涉何譙諭右渠 終不肯奉詔〔(위만으로부터) 아들을 거쳐 손자 우거에 이르러는 유혹에 현혹되어 도망한 한인들이 점차 늘어났고 또 (우거왕은) 서한에 들어가 알현한 바도 없는데다가 진번 주변의 여러 나라가 (또는 진국이) 글을 올려 천자를 알현하고자 하나 또한 가로막아 통

---

80 『사기』의 판본에 따라 '眞番旁衆國'이 '眞番旁辰國'으로 되어 있다(百衲本). 그리고 『한서』 「조선전」에는 眞番·辰國이라 되어 있고, 『자치통감』 「한기(漢紀)」에는 辰國으로만 기록되어 있다.

하지 못하게 하였다. 원봉 2년에 한은 섭하(涉何)를 보내어 우거왕의 잘못을 꾸짖어 나무랐으나 끝내 받아들이기를 거부하였다.〕

C-2 『사기』 권115 「조선열전」

何去至界上臨浿水 使御刺殺送何者朝鮮裨王長 卽渡馳入塞 〔섭하는 물러나 국경선 패수에 이르러 마차를 모는 관리를 시켜 환송차 나온 조선인 비왕 장을 찔러 살해하고 즉시 패수를 건너서 말을 달려 국경 안으로 들어갔다.〕

C-3 『삼국지』 권30 「위서」 '오환선비동이전' 한전에 주석으로 실린 『위략』

初右渠未破時 朝鮮相歷谿卿以諫右渠不用 東至辰國 時民隨出居者二千餘戶 〔처음 우거가 파괴되지 않았을 때 조선상 역계경이 간하였으나 우거가 채용하지 않으므로 동쪽의 진국으로 갔는데 그때 따라나선 사람이 2천여 호나 되었다.〕

C-4 『삼국지』 권30 「위서」 '오환선비동이전' 예전(濊傳)

漢武帝伐滅朝鮮 分其地爲四郡 自始之後 胡·漢稍別無大君長 〔한의 무제가 위만국을 공격하여 멸망시키고 그 땅을 나누어 4군으로 삼았다. 그 이후로는 호와 한 사이에 점차 차별이 생겼고 대군장은 없어졌다.〕

C-1은 섭하(涉何)를 보내 외교적 해결을 시도했으나 우거(右渠)의 거부로 실패한 내용, C-2는 섭하가 국경선상에 이르러 패수에서 조선의 비왕 장(長)을 죽이고 급히 강을 건너 국경 안으로 들어간 내용, C-3은 위만국의 민심이 우거를 떠난 내용, C-4는 한 무제가 위만국을 멸한 자리에 한사군을 설치한 내용이다.

여기서 주목되는 것은 한과 조선(위만국)의 국경이 패수였다는 것과 한사군은 위만국이 멸망한 곳에 설치되었으므로 패수의 바로 동쪽에 위치했다는 것이다. 학자들 가운데 패수를 지금의 대동강으로 비정하는 경우가 있는데, 이는 평양이라는 지명과 무관하지 않는 것 같다. 그러나 다음의 예에서 보는 바와 같이 여기서 말하는 평양은 대동강과는 무관하다.

D-1 『구당서(舊唐書)』 권199 상(上) 「동이 열전」 제149 상 '고려'

高麗者出自夫餘之別種也 其國都於平壤城 卽漢樂浪郡之故地 在京師東五千一百里 東渡海至於新羅 西北渡遼水至于營州 南渡海至于百濟 北至靺鞨 東西三千一百里 南北二千里[81] 〔고구려는 부여에서 나온 별종이다. 그 수도는 평양성인데 한나라 낙랑군의 옛 땅으로 경사로부터 동으로 5,100리에 있다. 동으로 바다를 건너 신라에 이르며 서북쪽으로 요수를 건너 영주에 이른다. 남쪽으로 바다를 건너 백제에 이르며 북으로는 말갈에 이른다. 동서 3,100리, 남북 2,000리이다.〕

D-2 『구당서』 「배구전(裴矩傳)」

奏曰 高麗之地 本孤竹國也 周代以之封箕子 漢時分爲三郡 〔(수나라 양제에게 배구가) 아뢰어 말하기를 고구려의 땅은 본래 고죽국입니다. 주나라 무왕 때 기자에게 봉하여 주었고, 한나라 때에는 이를 나누어 3군으로 하였습니다.〕

D-3 『신당서(新唐書)』 「배구전」

奏言 高麗本孤竹國 周以封箕子 漢分三郡 〔(수양제에게 배구가) 아뢰어 말하기를 고구려는 본래 고죽국인데 주나라에서 기자를 봉하여 주었고, 한나라에서

---

81 『구당서(舊唐書)』 권119 上 「동이 열전(東夷 列傳)」 제149 上 '高麗'

평양의 위치(D-1에 대한 설명도)

는 3개 군으로 나누었습니다.]

위 글은 고구려를 설명하는 기록이다. D-1에서 그 수도는 평양으로 낙랑군의 옛 땅이라 했다. 여기서 중요한 것은 평양의 위치가 어디냐이다. 위 글 D-1에서 설명하는 평양의 위치를 보면, 먼저 동쪽으로 바다를 건너 신라에 이른다고 했으니 역으로 신라에서 바다를 건너 서쪽으로 가면 지금의 중국이다.[82] 서북쪽으로 요수를 건너면 영주에 이른다고 했으니 영주의 동남쪽으로 요수를 건너면 평양이라는 말이다. 남쪽으로 바다를 건너면 백제가 있으니 백제에서 북쪽으로 바다를 건너면 평양이라는 말이다.

　이 설명을 그대로 따르면 지금의 대동강 변에 있는 평양과는 전혀 거리가 멀다. 위의 설명에 따르면 옛 낙랑군에 위치한 평양은 발해 북안 어느 지점이어야 하고, 패수 또한 발해 북안으로 흘러드는 강이어야 한다. D-2와 D-3은 고구려는 본래 고죽국이 있었던 곳에서 일어났으며, 더 거슬러 올라가면 그 자리는 기자국이 있었던 곳이라는 설명이다.

패수와 왕험성 위치

　앞에서 살펴본 여러 이론들을 묶어서 대별하면 기자국-위만국-한사군으로 이어지는 일련의 정치 세력들의 위치는 대동강 연안의 평양을 중심으로 하는 남북한 지역 북부라는 견해와 난하 하류 창려지역 일대라는 견해로 나뉜다. 여기서 기존의 남북한 북서부론에 대해 반박하는 김종서의 논리를 살펴보고 필자의 견해를 정리하고자 한다.

　한나라와 한씨조선의 국경이면서 위만이 건넜던 패수가 한반도 북서부에 있는 청천강이며 평양을 왕험성(王險城)이라고 하는 주장이 있는데, 그렇다면 위만은 동쪽으로 달아나서 패수를 건넜다고 기록할 것이 아니라 남쪽으로 달아나서 패수를 건넜다고 기록해야 맞다. … 위만이 동쪽으로 달아나서 패수를 건넜다거나 위만에게 100리의 봉지를 봉해주어 서쪽 변경을 지키게 했다거나 위만이 한나라가 열 길로 쳐들어온다고 준왕에게 보고했다는 『위략』의 기록은 한씨조선이 평양을 중심으로 한

---

82 '신라'의 위치에 대한 고정관념은 경주 일대를 생각하기 쉬우나, 서기 553년 진흥왕이 백제와의 협약을 깨고 백제군을 공격하여 물리친 이후 한강 유역(지금의 경기평야 포함)은 신라의 영역으로 편입되었다. 따라서 그때 신라에서 서쪽으로 직진하면 당나라에 이른다.

한반도 북서부의 소국이 아니라 패수의 동쪽에 있는 나라로서 침략군을 10개의 부대로 나누어 10로로 보내야 할 만큼 넓은 영토를 가진 나라라는 것을 스스로 입증해주고 있는 것이다. … 한씨조선이나 위만조선은 평양을 중심으로 한 한반도 북서부 지방에 도저히 존재할 수 없었다는 결론이다. … 한씨(기자)조선의 마지막 왕인 준왕이 위만의 반란군을 피해 배를 탄 곳은 발해 연안이나 요동반도 연안일 수밖에 없다. … 발해 북쪽 연안과 요동반도 서안의 어떤 한 지점이었을 것이다.[83]

… 왕험성은 산동반도에서 발해를 건너야 당도하는 위만조선의 수도이다. 그런데 한나라에서 패수를 지나야만 왕험성에 이를 수 있으므로 패수는 왕험성보다 동쪽에 있을 수 없다. 따라서 패수는 한반도는 물론 요하(遼河)의 동쪽에는 있을 수 없다.[84]

위 글은 기자국-위만국이 평양을 중심으로 하는 남북한 지역 북서부에 위치한 소국일 수 없고, 따라서 패수나 왕험성의 위치는 발해 북쪽 연안과 요동반도 서안에서 찾아야 하는 당위성을 잘 설명하고 있다. 다음은 패수의 위치를 추정할 수 있는 중국 기록들이다.

『사기』「조선열전」

天子募罪人擊朝鮮其秋 遣樓船將軍楊僕 從齊浮渤海兵五萬人 〔천자는 죄수들을 모집하여 그해 가을에 위만조선을 공격하였다. 누선장군 양복을 보냈는데 제 땅을 경유하여 배로 발해로 나아간 수군이 5만 명이었다.〕

---

83 김종서, 앞 책 474~479쪽.
84 김종서, 앞 책, 500·503쪽.

樓船將軍亦坐兵至洌口 當待左將軍 擅先縱失亡多 當誅 贖爲庶人〔누선장군(楊僕) 또한 열수의 하구에 이르렀을 때 위만조선을 먼저 공격하지 말고 군사를 잠시 머무르게 하여 좌장군(荀彘)을 마땅히 기다렸어야 했다. 그럼에도 불구하고 제멋대로 먼저 진군함으로써 많은 군사를 죽이고 잃어버렸다. 그러므로 당연히 양복의 목을 베어 죽여야 했지만 속죄금을 물고 서인이 되도록 했다.〕

이마니시 류는 열수(洌水)를 대동강이라 하고 열구(洌口)를 대동강 하구의 은률(殷栗)이라 했다.[85] 그러나 누선장군 양복(楊僕)이 오늘날의 산동반도인 제(齊) 땅의 군사 5만 명을 거느리고 발해를 건넜다고 『사기』와 『한서』에 기록되어 있기 때문에 남북한 지역 북서부인 대동강 하구로 항해해온다는 것은 불가능하다. 열수는 산동반도에서 발해를 건너야 당도하는 강이므로 남북한 지역에 존재할 수는 없다.

열수와 열구가 어느 강, 어느 하구를 말하는 것인지 정확히 알 수 없으나 열구(洌口)라는 글자의 뜻이 많은 강의 하구들이 모여 있는 곳이라는 의미로, 그 위치를 추정해보면 여러 큰 강들의 하구가 모여 있는 곳은 하북성 천진 일대이며, 그 강은 천진 쪽으로 흘러들어갔다가 발해로 들어가는 여러 강들 중 어느 하나일 것이라는 설명이다.[86]

『수경주』

浿水出樂浪鏤方縣 東南過臨浿縣 東入于海〔패수는 낙랑군 누방현에서 흘러나와 동남쪽으로 흘러가서 임패현을 지나 동쪽으로 흘러 바다로 들어간다.〕

---

85 이마니시 류(今西龍), 「洌水考」『朝鮮古史の硏究』, 近澤書店, 1937, 175~231쪽 ; 이병도, 『한국 고대사 연구』, 박영사, 1985, 32~32쪽.
86 김종서, 앞 책, 502쪽.

후한(後漢, 25~220)의 허신(許愼)이 편찬한 『설문해자(說文解字)』
浿水出樂浪鏤方 東入于海〔패수는 낙랑군 누방현에서 흘러나와 동쪽으로 흘러 바다로 들어간다.〕

위와 같이 패수가 동쪽으로 흘러서 바다로 들어간다는 『수경주』와 『설문해자』의 기록으로 볼 때 청천강이나 압록강이 패수가 될 수 없음은 너무나 자명하다. 이 패수의 흐름과 유사한 흐름을 가진 강들은 산서성의 동부나 하북성의 서부에서 발원해 동남쪽으로 흐르다가 하북성 천진에서 동쪽으로 흘러 발해로 흘러드는 강들인 영정하(永定河)·호타하(滹沱河)·사하(沙河)·강하(康河)·구마하(拒馬河) 등의 많은 강 중 하나일 것이라는 분석이다.[87]

『한서』「지리지」'요동군' 편 험독(險瀆)에 대한 주석
應劭曰 朝鮮王滿都也. 依水險故曰險瀆〔응소가 말하기를 위만조선의 왕 위만의 수도이다. 강물의 험함을 의지하였기 때문에 이르기를 험독이라고 하였다.〕

『사기색은』
應劭注 地理志遼東險瀆縣 朝鮮王舊都〔응소가 주석하기를 『한서』「지리지」에 기록된 요동군 험독현이 조선(기자·위만) 왕의 옛 수도라고 했다.〕

응소(應劭)가 요동군 험독현이 위만국의 수도였다고 말한 위 기록은 틀림없는 사실일 것이라는 논리이다. 왜냐하면 후한의 영제(靈帝,

---

87 김종서, 앞 책, 506쪽.

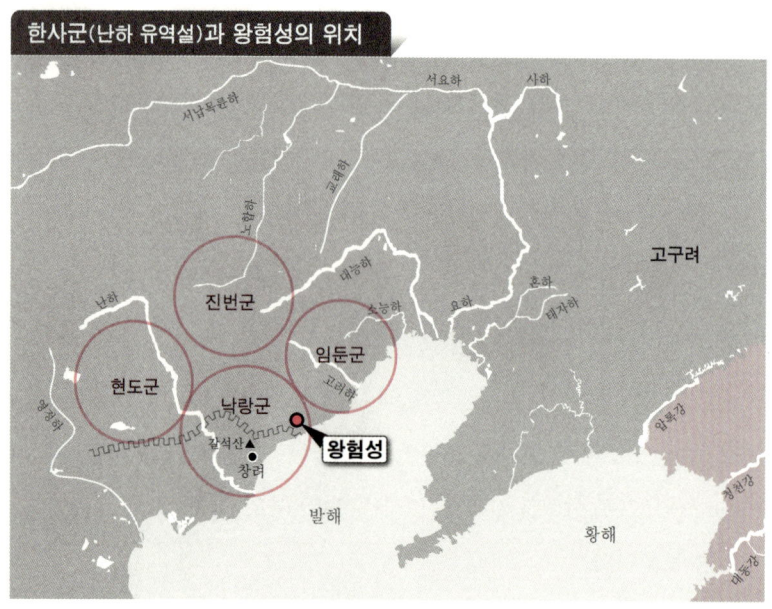

168~188) 때 사람인 응소는 위만국이 멸망한 후 250여 년 뒤의 사람으로 당시 현존하고 있던 위만국 땅에 설치된 현도군과 낙랑군을 직접 본 사람이기 때문이다.

따라서 요동군 험독현이 한씨조선(기자국)·위만국의 옛 수도라는 응소의 증언은 정확한 것으로 보아야 하며, 또한 "강물의 험함을 의지하였기 때문에 이르기를 험독이라고 하였다"는 응소의 증언에서 위만국의 수도인 왕험성(험독)은 많은 강들의 하구와 호수 등으로 둘러싸인 천진지방이나 그 인근 지방이 된다는 것이다.[88]

---

[88] 김종서, 앞 책, 506~507쪽.

『사기색은』

徐廣曰 昌黎有險瀆縣也 〔서광이 말하기를 창려에 험독현이 있다.〕

『삼국지』 권30 「위서」

五年 … 九月 鮮卑內附 置遼東屬國 立昌黎縣 以居之 〔제왕(齊王) 방(芳) 5년 … 9월 선비족의 일부가 내부하여 왔다. 그래서 요동 속국을 두고 창려현을 세워서 그곳에 선비족들을 살게 했다.〕

위에서 말하는 창려현은 오늘날까지도 그대로 남아 있는데 하북성 난하 하류의 동안과 발해 북안이 만나는 지점에 있다. 따라서 하북성 창려지방에 기자국과 위만국의 수도였던 왕험성이 있었다는 것이다.[89]

지금까지 기자의 동래, 그가 세웠던 나라와 위치, 기자의 나라를 쫓아내고 그 자리에 들어선 위만국, 위만국을 멸망시키고 그 지역에 설치된 한사군 등의 위치와 성격에 대한 견해들을 한국 고대사 체계와 관련하여 크게 두 그룹으로 나누어 살펴보았다.

한 그룹은 그들의 위치와 성격을 대동강과 청천강 등이 흐르는 남북한 지역의 서북쪽으로 끌어들여 한국 고대사 체계의 중심에 세움으로써 한국 역사의 실질적인 기원을 삼국(고구려·백제·신라)으로 보고자 하는 입장이다. 이에 따르면 한국사에서 고대조선은 실재한 역사가 아니다.

다른 한 그룹은 그들의 위치가 요서지역이었고, 고대조선 강역 안의 변방에서 중국인들끼리 승계된 일련의 역사적 사건들에 불과하며, 그것

---

[89] 김종서, 앞 책, 508~509쪽.

들을 결코 우리 역사의 중심에 세울 수 없다는 입장이다. 이에 따르면 우리 역사의 기원은 고대조선 건국으로부터가 된다.

위 두 그룹 가운데 동북아역사재단이 국민의 세금을 사용하면서 전자의 논리를 옹호하고 있다는 다음과 같은 이덕일의 신랄한 지적에 한국 역사학계는 주목해야 하며, 더 이상 머뭇거리지 말고 역사적 진실을 밝혀 교육 현장에 반영함으로써 청소년들의 자아 형성과 민족의 정체성 확립에 혼선을 초래하는 일이 없도록 해야 할 것이다.

한국사는 역사가들에 의해 창조된 학문이다. 문제는 그들이 창조한 역사상이 역사의 실제 모습과는 전혀 다르다는 점이다. 모두 그런 것은 아니지만 한국인들이 믿고 있는 어떤 역사적 사실들은 역사가들이 만든 허상일 뿐이다. … 패수를 압록강이라고 입증한 인물은 바로 한국 식민사학의 교주 쓰다 소우키치(津田左右吉)이다. … 이병도처럼 압록강보다 더 남쪽의 청천강으로 비정하는 견해도 없지는 않다. … 고구려연구재단을 동북아역사재단으로 바꾼 것은 중국뿐만 아니라 일본의 역사왜곡에도 맞서라는 뜻이 담겨 있다. … 고조선에 관한 동북아역사재단의 공식 견해는 조선총독부 산하 조선사편수회의 주장과 완전히 일치한다.[90]

패수의 위치가 현재의 압록강이나 청천강이라면 고조선과 한나라는 전쟁 자체를 벌이지 않았을 것이다. 한 무제가 만주를 지나 한반도 내에 있는 조그마한 나라에 사신을 보낼 필요도 없었다. …『수경주』는 "패수는 낙랑군 누방현에서 나와 동남쪽으로 흘러 임패현을 통과해 동쪽

---

[90] 이덕일,『한국사 그들이 숨긴 진실』, 역사의 아침, 2009, 23~29쪽.

바다로 들어간다"고 했다. … 이렇게 동쪽으로 흐르던 패수는 후대인들에 의해 서쪽으로 흐르는 것으로 바뀌었다. 그러나 이로 인해 바뀐 것은 패수의 방향이 아니라 패수라는 강 자체였다. 엉뚱한 강을 패수라고 단정한 것이다.[91]

---

[91] 이덕일, 위 책, 31~32쪽.

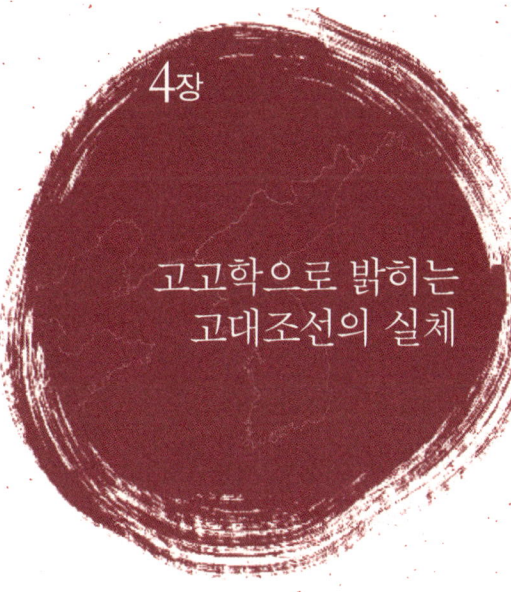

4장

고고학으로 밝히는
고대조선의 실체

1. 고고학적 연구 성과와 해석의 한계

한국 고대사를 이해하는 데 가장 큰 어려움은 사료가 부족하다는 점이다. 그러나 비록 부족한 사료일지라도 이를 올바르게 해석하면 비교적 사실에 가깝게 접근해나갈 수 있었을 것이다. 그런데 한국 역사학계는 그러지 못했다. 사대주의 사학이 조선조 500여 년의 시간을 관통하며 한국 역사학계를 지배함으로써 중국 역사를 중심에 놓고 우리 역사를 변두리 역사로 해석하는 경향이 없지 않았다. 그것은 중국 사료에 대한 제각각의 정치 사상적 입장에 따른 해석들을 보면 알 수 있다.[92]

또 일제 식민지 지배 시대를 거치면서 조선사편수회에 의해 정책적으로 추진된 악의적인 역사왜곡의 결과가 식민사학이라는 이름으로 한 세기 이상 한국 역사학계에 심각한 영향을 끼쳐 우리의 의식 세계를 혼란스럽게 하고 있다. 그래서 지금까지 한국 고대사에 대한 상호 이해나 논의 절차가 무시된 채 전혀 상반된 해석이 난무하고, 교육 현장에서는 이를 제멋대로 가르치는 현상이 빚어져왔다. 그럼에도 이를 마땅히 조정·통제해야 할 교육 주관 부서들은 속수무책으로 방관만 했다.

---

[92] 이도상, 『일제의 역사 침략 120년』, 경인문화사, 2003년, 212~236쪽.

이처럼 한국 역사학계는 사료의 부족 속에서 왜곡된 역사 해석을 감수하면서 갈등을 겪어올 수밖에 없었다. 그러나 이제는 그로부터 벗어나야 한다는 의식의 제고와 함께 그 가능성을 보게 된다. 그것은 고고학계의 연구 성과를 포함한 인접 학문과의 연계를 통해 역사학계의 해석이 크게 보완되고 있기 때문이다. 특히 민족의 형성과 국가 탄생 시기에 대한 폭넓은 기록이 부족한 한국 역사학계의 입장에서는 한국 고대사 체계를 바르게 세우는 데 고고학 연구 결과의 응용이 필수적이라 하겠다.

한국 고대사 체계를 논할 때 그 활동의 중심 무대는 언제나 중국의 요서, 요동지역과 북한의 평양지역이 제기돼 갑론을박해왔다. 그럼에도 어디라고 쉽게 결론 낼 수 없었던 것은 문헌 사료가 부족하고 고고학적 연구 성과가 뒷받침되지 못하는 열악한 조건 속에서 뚜렷한 물증을 댈 수 없었기 때문이다. 더욱이 식민사학에 의한 자의적 해석과 악의적 왜곡으로 1차 사료마저 외면하는 경향이 있었다.

그런데 최근 이들 지역에서 고고학적 연구 성과들이 쏟아져나오면서 한국 고대사에 대한 기존의 해석을 검토하고 인식을 굳히거나 또는 전환할 수 있는 계기가 조성되고 있다. 특히 신뢰도 측면에서 고고학적 유적과 유물들이 빈약했던 문헌 사료를 뒷받침해준다는 것은 매우 고무적인 현상이다.

그러나 고고학은 문헌 사학이 말하는 역사적 사실을 부분적으로 증명하거나 반증할 수는 있어도 그것이 곧 전체적인 역사 해석으로 연결될 수 없다는 한계가 있다. 그것은 문헌 사학이 말하는 모든 분야에 걸쳐 유적과 유물이 골고루 출토되는 것이 아닐뿐더러, 어떤 경우는 출토 유물이 전무하거나 극소수여서 충분한 사료적 가치를 인정받지 못하는 경우도 있기 때문이다.

때에 따라서는 유적과 유물이 없다는 이유로 문헌 사학이 말하는 역사적 사실을 부정하는 경우를 볼 수 있는데, 그것은 고고학의 한계를 간과한 처사라 할 수 있다. 유적과 유물이 나오지 않은 것과 없다는 것은 전혀 별개의 차원이다. 유적과 유물이 아직 발견되지 않은 경우, 본래부터 아예 없는 경우, 어떤 현상에 의해 훼손된 경우 등등 다양한 정황이 있을 수 있다. 따라서 유적과 유물에 대한 고고학계의 해석이 역사 인식에 매우 중요하지만, 그것의 존재 여부가 절대적인 판단 기준은 될 수 없는 것이다.

또 고고학 전문가들이 반드시 역사학에 정통한 것도 아니기 때문에 두 학제 간 해석의 차이도 존재할 수 있다는 면에서 주의가 요망된다. 특히 한국 고대사와 관련된 유적과 유물이 중국의 절대적인 통제하에 있는 지역에 분포되어 있다는 점은, 국적에 따른 해석상의 차이를 읽고 이를 극복할 수 있는 능력을 필요로 한다. 중국이 동북공정과 같은 의도적 역사왜곡 목적의 프로젝트를 추진하고 있는 현 상황에서는 더욱 그렇다.

여기서 필자는 이와 같은 고고학의 응용 효과와 한계에 유의하면서 전문가들의 기존 연구 결과와 고고학적 해석에 기초해 앞에서 정리해온 한국 고대사 체계에 대한 견해들을 비교해나가기로 하겠다.

2. 요하문명의 주인은 누구인가?

　지금까지는 이집트, 메소포타미아, 인도, 황하문명이 인류가 이룩한 4대 문명으로 인식돼왔다. 그런데 요하문명이 새롭게 발견되면서 기존의 4대 문명에 앞서거나 버금가는 문명으로 자리할 수 있다는 차원에서 세계의 주목을 끌고 있다.
　요하문명은 지역적으로는 요하의 동과 서, 즉 요동지역과 요서지역을 포괄하며, 문화적으로는 홍산문화에서 소하연문화와 하가점 하층문화, 하가점 상층문화로 이어지는 신석기-청동기시대 문화를 지칭한다.
　1980년대 중반 이후 본격적으로 발굴되기 시작한 요서지역 신석기문화 유적에서 엄청난 고고학적 자료들이 쏟아져나왔고, 지금도 발굴이 계속되고 있다. 여기서 발견된 유적과 유물들은 인류 문명에 대한 기존의 인식을 바꿔놓기에 충분한 것으로 평가되고 있다. 특히 홍산문화는 서기전 4500년까지 올라가는 신석기시대 문화로서, 이의 발견을 계기로 중국인들은 자신들 문명의 기원을 역사적으로 재해석하기 시작했다.
　여기서 관심을 끄는 것은 요하문명을 주도한 세력이 누구인가 하는 것이다. 요하문명의 진정한 주인공이 누구냐 하는 것은 한국과 중국의 고대사를 재해석하는 결정적 판단 기준이 되기 때문이다. 중국은 이 문명에 대해 순수한 학문적 입장이 아닌 '통일적 다민족국가론'의 연장선상에서 정치적 목적에 의한 접근으로 학계의 우려를 낳고 있다.

'통일적 다민족국가론'의 핵심은 '현재의 중국 국경 안에 있는 모든 소수민족과 그 역사는 고대로부터 중화민족의 일원이고 중국사'라는 것이다. 이를 위해 중국은 '하·상·주 단대공정(1996~2000)'과 '중국 고대문명 탐원공정(2003~2006)'이라는 프로젝트를 추진했다. 즉, '하·상·주 단대공정'을 통해 하(夏, 서기전 2070~서기전 1600), 상(商, 서기전 1600~서기전 1046), 주(周, 서기전 1046~서기전 771) 세 나라의 연대를 역사적 사실로 공식화했고, '중국 고대문명 탐원공정'을 통해 신화와 전설시대로 알려진 삼황오제(三皇五帝)시대까지를 중국의 역사에 편입함으로써 중화문명이 이집트나 수메르 문명보다 오래된 세계 최고(最古) 문명임을 밝히려는 작업을 추진했던 것이다.[93]

여기서 우리의 주목을 끄는 것은 중국이 고대사에 대해 새롭게 해석하는 공정을 추진하는 것이 순수한 학문적 입장이 아닌 정치·외교적 목적이 내재돼 있어 보인다는 점이다. 그것은 북한의 정치적 급변 사태를 고려한 공정일 수 있다는 생각이다. 하·상·주 단대공정이 처음 추진된 시기는 1996년으로, 김일성 사망 후 2년여 논의가 이루어졌을 시기라는 점에서 그렇다. 또한 이 시기는 한·중 교류 이후 일부 한국인들이 만주 일대를 관광하면서 '만주는 우리 땅'이라는 무분별한 주장을 함으로써 중국인들을 긴장시킨 면도 있었다. 따라서 중국의 동북공정은 북한의 급변 사태를 고려한 중국의 전략적 입장으로 볼 수 있다.

이러한 중국인들의 태도와는 달리 한국 학자들은 요하문명이 기존의

---

[93] 우실하, 『동북공정 너머 요하문명론』, 소나무, 2007, 34~41쪽.

중국문명과 전혀 다른 별개의 문명일 뿐만 아니라 중국 역사의 기원과도 특별한 관계가 없다는 시각에서 접근하고 있다. 왜냐하면 한족 문명권 밖인 만리장성 북쪽에서 이루어진 문명이기 때문이다. 유적과 유물의 분석 결과를 놓고 볼 때 이러한 시각은 순수 학문적인 입장에서 크게 벗어나지 않는 것으로 봐서 무리가 없을 듯하다. 그런데 아래 우실하의 주장과 같이 한국과 중국 공동의 시원 문명으로 보자는 입장도 있다.

요하문명 혹은 동북아문명은 한국이나 중국이라는 나라가 생기기 이전에 존재했던 것으로 한국이나 중국 어느 일방의 전유물이 될 수 없다. … 요하문명 혹은 동북아문명이 동북아시아 공동의 시원 문명이라는 점을 망각할 때 역사 전쟁을 넘어 문명 전쟁으로 확대될 수 있다. … 요하문명 혹은 동북아문명을 동북아 공동의 시원 문명으로 가꾸어갈 때 21세기를 향한 동북아 문화 공동체가 실현 가능한 모습으로 우리 앞에 다가설 것이다.[94]

그러나 분명한 것은 요서와 요동을 포함한 만주지역은 고대로부터 중원과는 다른 문명권이었으며, 고대조선을 수립한 민족의 선대들이 활동했던 영역에서 펼쳐진 문명이라는 것이다. 특히 홍산문화와 소하연문화 등 신석기시대 문화에 이어지는 하가점 하층과 하가점 상층문화 등 청동기시대 문화는 우리 역사에서 첫 번째 국가인 고대조선 시대에 해당한다는 견해가 지배적이다. 따라서 이러한 요하문명이 한국 고대사 체계와는 어떤 상관 관계가 있는지 살펴보고자 한다.

---

94 우실하, 앞 책, 8쪽.

3. 신석기시대 한민족 형성

『삼국유사』에 기록되어 있는 단군왕검사화를 기준으로 한민족의 형성 과정을 정리하면, 한민족은 한(韓, 桓雄)족과 맥(貊, 熊·곰)족, 예(濊, 虎·범)족이 분립하고 있던 마을사회 단계를 거쳐 한족과 맥족이 결혼동맹을 통해 결합하고, 예족이 제후 관계로 연맹을 형성하는 마을연맹체 단계로 발전한다.[95]

여기서 사회인류학적으로 본 마을사회 단계는 고고학적으로는 신석기 전기에 해당되며 마을연맹체사회 단계는 신석기 후기에 해당된다.[96] 이에 해당하는 신석기문화가 바로 홍산문화인 것이다. 문제는 이 지역의 문화적 특징들이 한국 고대사 체계를 어떻게 설명해줄 수 있느냐 하는 점이다. 이 점에 초점을 맞춰 전문가들의 연구 결과를 살펴보자. 이에 대한 복기대의 다음과 같은 설명이 주목된다.

> 현재 한국 학계에서 가장 많은 관심을 갖고 있는 만주지역 신석기시대

---

[95] 신용하, 「고조선의 통치 체제」, 『고조선 연구』 제1호, 2008, 11~12쪽.
[96] 이도상, 「단군왕검신화의 역사학적 의미」, 『단군학 연구』 제6호, 2002, 119쪽.

문화는 홍산문화이다. … 처음으로 홍산문화와 한국사의 연결을 직접적으로 시도한 사람은 한창균이다.[97] 한창균은 막연하게 홍산문화를 고조선 1기 문화로 추정할 수 있는 가능성만 제시했다. 하지만 만주지역 신석기시대 문화 가운데 구체적인 문화를 거명하면서 한국사에 연결시키는 시도를 한 것이다. 이를 바탕으로 최근에 일부 학자들은 보다 구체적인 근거를 들어 홍산문화를 한국의 기원 문화로 제시한다. 이들의 주장은 지역적인 연관성을 들어 한국 역사와 관련을 두고자 하는 것인데 이는 일정한 부분에서는 설득력이 있다고 볼 수 있다.[98]

이어서 그는 『삼국유사』 기록 속의 한국사와 홍산문화의 특징 비교를 통해 두 문화의 유사점을 다음과 같이 분석했다.

첫째, 고조선의 건국 연대는 지금으로부터 4500년경 전으로 추정된다. … 그런데 단군이 건국한 것으로 추정되는 연대가 서기전 2333년이므로 단군의 어머니는 그보다 훨씬 앞서야 한다. 홍산문화가 지금으로부터 5000년경 전으로 본다면 연대적으로 설명이 가능하다고 볼 수 있다.

둘째, 문화요소에 대한 설명이다. 홍산문화 우하량 유적에서 출토된 곰과 여자는 웅녀와 관계되는 것이다. 이것은 『삼국유사』의 기록과 고고학적인 유물의 관계가 서로 보완되는 부분이다. 문헌 기록이 고고학적으로 이렇게 증명되기 쉽지 않다. 그런데 이 홍산문화 우하량 유적에서

---

[97] 한창균, 「고조선의 성립 배경과 발전 단계 시론」, 『국사관논총』, 국사편찬위원회, 1992, 13~33쪽.
[98] 복기대, 「한국사 연구에서 고고학 응용의 몇 가지 문제에 관하여」, 『고조선 연구』 제1호, 지식산업사, 2008, 190~191쪽.

홍산문화 이전의 신석기시대 문화(소하서문화 → 흥륭와문화 → 사해문화 → 부하문화 → 조보구문화 → 홍산문화 → 소하연문화)와 청동기시대 문화(하가점 하층문화 → 하가점 상층문화)

발견된 유적과 유물은 『삼국유사』 기록과 유사한 것을 볼 수 있다.

셋째, 한국 문화 기원지에 대한 설명이다. 대부분의 한국 학자들은 한국 문화의 기원지를 북방지역으로 보고 있다. 그 북방이라는 지역은 현재를 기준으로 세운 개념이다. 즉, 남북이 분단된 상태여서 북이라는 방위 개념을 갖고 볼 때는 휴전선을 넘고 압록강을 건너가면 북이라는 개념이 세워지는 것이다. 그렇기 때문에 한국 학계에서 말하는 한민족 문화의 기원지일 가능성이 높은 것이다.[99]

138 고대조선, 끝나지 않은 논쟁

위에서 복기대는 문화의 연대(年代), 요소(要素), 기원(起源) 측면에서 홍산문화가 한국사 쪽에 가까운 역사가 된다고 보아야 함을 주장하면서 중국에서 홍산문화를 중국문화의 큰 줄기로 보는 것은 문제가 있다고 지적한다.[100]

홍산문화는 요하 일대의 모든 신석기문화에 대한 통칭이기도 하지만 일반적으로는 서기전 4500~서기전 3000년까지의 신석기시대 문화를 지칭한다. 홍산문화라는 이름은 이 문화가 처음 발견된 홍산(紅山, 붉은 산)에서 비롯했다.[101] 내몽고 자치구 적봉시(赤峰市)의 동북방에 위치한 홍산은 철 성분이 많은 바위산으로 항상 붉은색을 띠고 있다. 최초의 유적은 홍산에서 발견되었지만 그 뒤 발견된 유적들은 넓은 범위에 분포되어 있었다. 따라서 전자를 협의의 홍산문화라 한다면 후자는 광의의 홍산문화로서, 지역적 개념으로는 요하 일대의 거의 대부분의 신석기시대 문화를 포괄하는 것으로 보아야 한다.

요서지역에 주로 분포되어 있는 신석기시대 문화는 소하서(小河西, 서기전 7000~6500년)문화 → 흥륭와(興隆洼, 서기전 6200~5200)문화 → 사해(査海, 서기전 5600~)문화 → 부하(富河, 서기전 5200~5000)문화 → 조보구(趙寶溝, 서기전 5000~4400)문화 → 홍산(紅山, 서기전 4500~3000)문화 등이다.[102] 다만 여기서 지칭하는 홍산문화는 일반적으로 쓰이는 협의의 홍산문화

---

99 복기대, 앞 논문, 192~193쪽.

100 복기대, 앞 논문, 194쪽.

101 社會科學院考古硏究所內蒙古工作隊, 「赤峰脂蛛山遺址的發掘」『考古學報』70-2, 1979 ; 呂遵諤 「內蒙赤峰紅山考古調査報告」『考古學報』58-3, 1958 참조.

102 복기대, 앞 책, 1~2쪽 ; 우실하, 앞 책, 103쪽(劉國祥, 「西遼河流域新石器時代至早期靑銅時代考古學文化槪論」『遼寧師大學報(社會科學版)』, 2006年 第1期, 113~122쪽).

(서기전 4500~서기전 3000년까지의 신석기시대 문화)를 의미한다.

홍산의 신석기시대 문화에 대한 최초의 지표 조사는 1908년 일본인 고고인류학자 도리이 류조(鳥居龍藏, 1870~1953)가 실시했고, 1935년에 하마다 고사쿠(濱田耕作, 1881~1938)가 이끄는 만몽(滿蒙)학술조사단에 의해 대대적인 발굴이 이루어졌다. 이 지역에 대한 발굴이 일본 정부와 역사학계, 고고학계의 지대한 관심 속에서 이루어진 것은, 중국 동부지방과 내몽고 동부에서 발원한 만주족과 몽고족이 원래부터 중국에 소속되지 않았다는 근거를 찾아 이 지역을 중국으로부터 역사적으로 독립시킨 후 이를 일본이 점령하려는 야심 때문이었다. 여기서 채집된 1천여 점의 유물은 고스란히 일본 동경제국대학 연구실로 옮겨져 3년 뒤에 『적봉홍산후(赤峰紅山後)』라는 발굴 보고서로 출간되었다.[103]

중국 고고학자가 요서지역 신석기문화에 대해 쓴 첫 번째 전문적인 글은 1934년 양사영(梁思永)의 『열하고고보고(熱河考古報告)』였다. 그리고 1955년 출판된 윤달(尹達)의 『중국의 신석기시대』 속에 「적봉 홍산후의 신석기시대 유적에 대하여」라는 글이 포함되었는데, 이 글에서 오늘날 통칭되는 홍산문화가 정식으로 명명되었다.

그는 적봉 홍산후 유적의 도기와 석기의 특징을 비교하여 이 지역의 신석기문화와 황하 유역의 앙소문화가 상호 영향을 미친 후에 발생한 새로운 문화 유적일 가능성이 매우 높다고 보고, 이것은 중국 신석기시대의 홍산문화라고 이름 붙일 수 있다고 했다. 여기서 홍산문화라는 정식

---

103 우실하, 앞 책, 166쪽. 이 보고서에서 홍산후 유적은 적봉 제1기 문화와 적봉 제2기 문화를 포함하는 의미로 사용했다. 적봉 제1기 문화는 감숙성지역과 관련된 신석기문화로 감숙성 주변에서 적봉 일대로 전래된 것으로 보고 있고, 적봉 제2기 문화는 조금 늦은 시기의 유적으로 북방 스키타이 지역에서 전래된 청동기문화로 보고 있다.

명칭이 생기게 되었으며, 그 범위는 요령성, 내몽고, 하북성 경계 부분의 연산(燕山) 남북과 만리장성 일대를 포괄하게 되었다.[104]

많은 한국 학자들은 홍산문화 지역이 한국 고대사 체계와 직접 관련이 있는 지역이라는 점에서 깊은 관심을 가져왔다. 특히 이 지역 신석기시대에 이어지는 청동기시대 문화는 고대조선 역사와 연결된다는 차원에서 관심이 집중되고 있다. 윤내현은 홍산문화 지역 청동기시대 연구의 중요성을 다음과 같이 강조하고 있다.

> 이 지역의 청동기시대는 우리 역사에서 첫 번째 국가인 고조선시대에 해당한다. 그러므로 우리 역사의 뿌리를 밝히는 데 있어서는 매우 중요한 시기인 것이다. 특히 중국의 동북지역은 오래 전부터 우리 민족의 활동과 무관하지 않은 지역으로 인식되어왔기 때문에 이 지역의 청동기시대 연구는 우리의 고대사 연구를 한층 풍성하게 해줄 것이다.[105]

김정배는 예맥족의 분포지를 요령지역으로 보고 이 지역의 비파형 동검 문화를 '예맥 1기 문화'로 설정하기도 했다.[106] 이 지역 신석기시대 문화의 성격에 대해 우실하는 다음과 같이 설명한다.

> 빗살무늬 토기와 세석기(細石器)는 요하 일대 신석기문화에서는 대부분 보이는 것이지만 황하 일대에서는 보이지 않는 북방문화 계통이다.[107]

---

104 우실하, 앞 책, 163~169쪽.
105 복기대, 앞 책, 추천사.
106 김정배, 『한국 민족문화의 기원』, 고려대학교 출판부, 1972, 149쪽.
107 中國社會科學院考古硏究所內蒙古工作隊, 「內蒙古敖漢旗興隆窪遺址發掘簡報」 『考古』

홍륭와의 주도 세력들은 중원에도 영향을 미쳤겠지만 기본적으로 빗살무늬 토기가 전파되는 길로 이동한 세력임을 알 수 있다. 결국 서기전 6000년 당시부터 이미 한반도와 중국 동북지역 일대를 엮는 발해만 연안은 중원과는 다른 독자적 문화권을 형성하고 있었다는 것을 보여주는 것이다. 빗살무늬 토기는 한반도 전역에서 발견된다. 그러나 요하 일대에서 보이는 평저(平底)형 토기는 주로 한반도 동북부에서 발견되는 것이다. 이것은 앞서 살펴본 옥 귀걸이와 마찬가지로 동북만주 일대에서 백두대간의 동쪽을 타고 내려오는 것이라고 생각할 수 있다.[108]

위 글을 보면 홍산 신석기문화는 황하지역과는 성격이 다른 북방문화 계통으로, 서기전 6000년경부터 남북한 지역과 중국 동북지역 일대를 엮는 발해만 연안은 독자적인 문화권을 형성하고 있었다고 설명한다. 그의 논지를 정리하면, "첫째, 요서와 요동을 포함한 만주지역은 중원과는 서로 다른 문명권이었다. 둘째, 동북지역 최초의 신석기문화는 요서에서 시작되었다. 셋째, 서기전 6200년경에 이미 요서와 요동 그리고 남북한 지역은 교류가 있었다. 넷째, 요하 일대 유물은 만주와 남북한 지역에서만 나타난다. 다섯째, 용(龍)과 봉(鳳)도 요하 유역에서 기원하여 전파된 것이다. 여섯째, 갑골점과 갑골문의 기원도 요하에 있다"는 것이다.[109] 매우 설득력 있는 해석으로, 다음과 같은 하문식의 '환 황해 지석묘문화권(環黃海支石墓文化圈)' 이론과도 맥을 같이 하는 것으로 볼 수 있다.

85-10, 1985 참조.

108 우실하, 앞 책, 126쪽.

109 우실하, 앞 책, 295~310쪽.

지금까지 요령지역을 중심으로 한 중국 동북지역의 고인돌 분포가 고조선 영역과 상당 부분 연관성을 지니고 있으면서 껴묻거리 가운데 비파형 동검·미송리 유형 토기 등 고조선의 성격을 가늠할 수 있는 유물이 찾아지고 있다. … 이와 같이 동북아시아의 고인돌은 중국 동북지역을 비롯하여 황해를 중심으로 밀집 분포하고 있으므로 환 황해 고인돌문화권의 설정도 가능할 것으로 기대된다. … 특히 요령과 길림의 고인돌 분포 지역은 비파형 동검 문화의 분포권과 비슷하므로 고인돌을 통한 문화권의 범위 설정도 가능할 것이다.[110]

이상에서 요하문명 가운데 신석기시대 문화에 해당하는 홍산문화를 『삼국유사』의 단군왕검사화와 연계시켜 문화의 성격 면과 지역적인 문제가 한민족의 형성 시기와 같은 문화권에 속한다고 단정할 수 있을지를 살펴보았다. 그 결과 문화 연대, 요소, 지역적인 조건들이 다양하게 그 가능성을 뒷받침하고 있는 것으로 판단된다. 그러나 이에 대한 최종적인 결론은 청동기시대 문화의 성격과 영역, 그리고 이를 주도한 세력이 누구였는지를 입체적으로 살펴본 후 고대조선의 건국 등 민족의 고대국가 형성과 관련시켜 결론을 내려야 할 문제라고 생각한다.

---

[110] 하문식, 『고조선 지역의 고인돌 연구』, 백산자료원, 1999, 1~2쪽.

4. 청동기시대 고대국가 형성

하가점 하층문화는 요서지역에서 발전한 청동기시대 문화이다. 이 문화는 1930년대에 학계에 알려지기 시작했고, 1960년대 내몽고 적봉시 하가점 유적이 발견된 후부터 청동기시대 문화로 보게 되었다. 현재 이 문화에 대한 중국 학계의 정리된 입장은 하가점 하층문화를 중국의 전통문화와는 별개의 요하 유역 고유문화로 보는 것이다. 이는 중국의 전통문화에 대한 부정이 아니라 중화문명의 기원을 기존의 황하(黃河) 유역이나 장강(長江) 유역에서 요하 유역으로 옮겨 새로운 관점에서 정리하려는 것으로 보아야 한다.

이 문화의 기원 연대는 서기전 24세기경으로 추정되며, 서기전 15세기를 전후한 시기에 와해된 것으로 보인다. 그 범위는 내몽고 남부지역과 요령성 서부지역을 아우르는 매우 넓은 지역에 분포되어 있다. 『삼국유사』에 기록된 고대조선 건국 연대와 시기적으로 일치하며, 지역적인 상관 관계는 이형구의 다음과 같은 논의가 주목된다.

동방문명의 발상은 대체로 산동반도와 옹진반도가 발해를 포용한 것처럼 달을 한아름 감싸안은 듯 만월형(滿月形)을 이루는 발해 연안일 것으로 의견이 모아지고 … 동북아에서 비교적 초기의 청동기가 발견되는 곳은 역시 발해 연안 북부 대능하(大凌河) 유역과 서요하(西遼河) 유역이다. 이 지역에서 발견되는 초기 청동기는 칼, 끌, 장신구 등 소형의 청동제품으로 이른바 하가점 하층문화라고 명명된 유적지에서 주로 출토된다. … 남산근문화에서는 발해 연안식 청동 단검이 창조되는데 이는 만주지방은 물론 우리나라 고대 청동기문화의 대표적인 한 유형이다. 이 단검은 중국 중원지방은 물론 시베리아 지방에서도 찾아볼 수 없는 매우 독특한 양식이다.[111]

복기대는 다음과 같이 요서, 요동지역과 남북한 지역 청동기문화는 넓은 의미에서 같은 문화권일 것이라고 말한다.

만주지역 고고 유물 가운데 한국 학계에서 통일된 의견을 보이는 것 중 하나가 비파형 동검이다. 문제는 비파형 동검을 한국사의 표식적인 기물로 인정하면서도 지역적으로 어디에서 출토되었는지를 구분하여 그것을 한국사로 인정하기도 하고 인정하지 않기도 한다는 것이다. 즉, 요동지역에서 출토된 것은 고조선과 관련되는 기물로 인정할 수 있는 것이고, 요서지역에서 출토된 것은 인정하지 않는다. 지금까지 연구 결과에 따르면 비파형 동검의 기원지는 중국 요령성 동부지역 어디로 추정하고 있다. 그런데 그 검이 가장 많이 쓰인 것은 요령성 동부지역이 아니라 서쪽인 요서지역이다. 한반도 지역 역시 비파형 동검이 많이 출토되는 상황은 아니다.

---

[111] 이형구, 『한국 고대문화의 기원』, 까치, 1991, 126~129쪽.

그런데 어떤 이유로 요서지역이 고조선의 활동 범위가 아니라는 것인지 의문이 든다. … 청동 기물에서는 두 지역이 거의 같은 양상을 나타낸다. 비파형 동검과 잔줄무늬 거울, 그리고 일부 구리 화살촉 등은 거의 같은 양상을 나타내는 것을 볼 수 있다. 이렇게 보면 요동지역과 요서지역은 넓은 의미에서 호환성이 큰 문화로 볼 수 있을 것이다. 다음으로 한반도와 요동지역 문화를 비교해볼 필요가 있다. … 두 지역 역시 넓은 의미에서 같은 문화권으로 봐야 할 것이다. 특히 두 지역의 문화를 연결시켜주는 고리는 고인돌과 비파형 동검이다. 그런데 … 요서지역에서는 고인돌이 발견되지 않는다.[112]

고고학적으로 요서지역의 옛 문화 연구에 이정표가 된 내몽고 적봉시 하가점 유적은 연대적으로는 청동기시대이면서 그 안에 문화의 차이가 뚜렷한 두 개의 문화가 존재했음이 밝혀졌다. 그 결과 아래층 문화를 하가점 하층문화(서기전 24~서기전 15세기)[113]로, 위층 문화를 하가점 상층문화(서기전 14~서기전 7세기)[114]로 부르게 되었다.

그런데 하가점 하층문화에 앞서 홍산문화층을 부수고 나타났다가 하가점 하층문화에 의해 부서진 흔적이 보이는 문화층이 있다. 즉, 1974년 적봉시 오한기(敖漢旗) 소하연향(小河沿鄕) 남태지(南台地)지역 조사 발

---

[112] 복기대, 앞 논문, 202~204쪽.
[113] 국립문화재연구소, 『한국 고고학 사전』, 2001(李伯謙, 「論夏家店下層文化」『紀念北京大學考古事業三十周年論文集』, 文物出版社, 1990 ; 中國社會科學院考古研究所, 『新中國的考古發現和研究』, 文物出版社, 1984) 참조.
[114] 국립문화재연구소, 『한국 고고학 사전』, 2001(項春松·李義 「寧城小黑石溝石槨墓調査淸理報告」『文物』 1995-5, 1995 ; 靳楓毅, 「夏家店上層文化及族屬問題」『考古學報』 1987-2, 1987) 참조.

소하연문화의 분포 범위는 서로는 내몽고 동남부, 동으로는 조양 일대, 북으로는 서납목륜하 유역, 남으로는 금서 일대까지이다.

굴 당시 같은 유적에서 홍산문화층, 하가점 하층문화층과는 문화 요소가 뚜렷이 구별되는 문화층이 발견되었는데, 연구자들은 유적의 이름에 근거하여 소하연문화라고 불렀다.

 소하연문화의 분포 범위는 서로는 내몽고 동남부, 동으로는 조양(朝陽) 일대, 북으로는 서납목륜하(西拉木倫河) 유역, 남으로는 금서(錦西) 일대까지 볼 수 있다. 이 문화의 층위 관계를 추적해보면 내몽고 임서현(林西縣) 백음장한(白音長汗) 유적에서 소하연문화층이 홍산문화층을 부순 흔적이 확인되었고, 홍산문화 요소에서 변형된 것으로 보이는 것이 꽤 있었다.

 이는 소하연문화가 홍산문화보다 연대가 늦다는 의미이며, 그 시기는 상한 연대가 서기전 30세기 무렵으로 추정된다. 한편 남태지에서 하가점 하층문화 유적층이 소하연문화 유적층을 부순 흔적이 나타났다. 이러한 유적의 중첩 현상으로 볼 때 소하연문화가 하가점 하층문화보다 빨랐음을 알 수 있다. 여기서 소하연문화의 하한선은 하가점 하층문화의 상한선인 서기전 24세기 전후 무렵으로 보면 될 것이다.[115]

따라서 소하연문화가 홍산문화와 하가점 하층문화 사이의 시간적 공백을 메워준다. 이는 요하문명이 지역적으로 한국 고대사 전개 지역과 일치할 경우 소하연문화는 고대조선 건국 이전의 마을사회 단계에서 국가사회 단계로 넘어가는 과정에서 거치는 마을연맹체사회 단계에 해당된다고 할 수 있다.[116]

특히 소하연문화와 하가점 하층문화는 시간적으로 선후 관계일 뿐 아니라 인적 계승 관계였음이 밝혀짐으로써 연대 설정이 용이하다. 두 문화 간에는 무덤의 구조, 그릇의 형태, 흑도, 채회도 등에서도 많은 공통점이 보인다고 한다.[117]

앞에서 살펴본 바와 같이 고대조선이 건국되기 이전의 사회 단계에 해당하는 문화들과 고대조선 국가 단계의 문화로 볼 수 있는 유적과 유물들이 요하 일대에서 대대적으로 발굴됨으로써 지금까지 문헌상으로만 논의되던 역사적 사실들이 고고학적으로 증명되고 있다고 할 수 있다. 그럼에도 이들이 과연 고대조선의 선행 문화 또는 고대조선 문화였느냐 하

---

[115] 복기대, 「소하연문화에 관하여」 『고조선학회 제3회 정기학술대회』, 2009, 40, 49~50쪽.

[116] 본고 4부 3장 '3. 도표로 보는 단군왕검사회' 참조.

[117] 복기대, 위 논문, 56쪽. ; 潘其風, 「大南溝新石器時代墓葬出土人骨의 觀察鑑定硏究」 『大南溝-後紅山文化墓地發掘報告』, 科學出版社, 1998. 소하연문화의 인골을 조사한 결과, 크게는 몽골 인종에 속하고, 작은 분류에서는 동아 몽골 인종과 북아 인종의 특징을 가지고 있는 것으로 밝혀졌다. 이런 특징은 하가점 하층문화 유적 중 대전자 유적의 제2군과 가깝고, 중원지구의 앙소문화와는 현격한 차이가 있는 것으로 확인되었다.

는 문제는 아직 미결 상태다. 그것은 지역적으로 완전히 일치한다는 합의에 이르지 못했기 때문이다. 이런 문제들을 풀어나가기 위해서는 문헌 해석상의 견해차를 좁히고, 청동기시대 연대에 대한 인식을 바꿔야 하며, 무엇보다도 역사 인식 태도를 바꿔나가야 한다.

첫째, 문헌 해석상의 견해차를 좁혀나가야 한다.

2부의 '2장 한국 고대사 체계에 대한 다양한 견해들'과 '3장 사료를 통해 보는 고대조선'에서 논의되었던 다양한 견해와 해석들이 있지만, 그것들은 결코 해결할 수 없는 문제들이 아니다. 그럼에도 아직도 미결 상태로 남아 있는 것은 해결 의지가 결여돼 있는데다가 충분한 연구가 이루어지지 않은 상태에서 남의 연구 결과를 이해하고 수용하려는 자세가 되어 있지 않기 때문일 것이다. 특히 교육을 주관하는 부서의 책임 있는 위치에서부터 이에 대한 접근 방법을 바꿔나가야 한다는 생각이다.

둘째, 청동기시대 연대에 대한 인식을 바꿔야 한다.

1980년대 초부터 꾸준히 고고학적 연구 성과를 가지고 문헌 기록을 고증하는 형식으로 한국사에서 청동기시대 연대에 대한 인식을 제고시켜온 윤내현은 새로운 시각에서 한국 고대사 체계 정립 방향을 제시하고 있다. 다음은 청동기시대에 대한 그의 주장이다.

광복 전까지만 해도 한국에 청동기시대는 존재하지 않는 것으로 인식되었다. … 한국에서는 청동기시대를 거치지 않고 신석기시대로부터 바로 철기시대로 넘어갔을 것으로 생각하였다. … 1970년대까지만 해도 한국의 청동기시대는 서기전 7세기 이전으로 올라가지 않을 것으로 보는 것이 주류였다. 한국의 청동기문화는 오르도스와 시베리아 청동기문화가 전파되어 형성되었을 것으로 보고 순수한 한국의 청동기는 세형 동검이라고 보았기 때문이었다. … 종래에는 요령성의 청동기로만 인식되었던 비파형 동검이 한반도와 만주 전역에서 출토되고 세형 동검은 비파형 동검으로부터 발전된 것이라는 것이 확인됨에 따라 한국의 청동기시대 개시 연대를 올리지 않을 수 없게 되었다. 그러나 아직도 일부 학자들은 비파형 동검의 연대를 서기전 10세기 이전으로 올려보는 것을 주저하고 있다. … 요령성지역에는 비파형 동검보다 더 빠른 청동기문화가 있다. 하가점 하층문화가 그것인데 이 유적들에서 출토된 유물은 귀걸이·단추·가락지·활촉·작은 칼 등 소형의 청동기가 주류를 이루고 있다. … 한반도에서도 서기전 25세기로 올라가는 청동기 유적이 두 곳이나 발굴되었다. 하나는 문화재관리국 발굴단에 의해 발굴된 경기도 양평군 양수리 고인돌 유적이다. … 교정 연대는 서기전 2325년경이 된다.[118] … 다른 하나는 목포대학교 박물관에 의해서 발굴된 전남 영암군 장천리 주거지 유적이다.[119]

… 과학적 연대가 얻어졌음에도 불구하고 일부 학자들은 종래에 그들이 생각했던 청동기시대 연대보다 너무 올라간다는 이유 때문에 그 연대를 사용하기를 꺼리고 있다. 과학적인 연대를 얻어놓고도 계속해서 비과학적인 관념에 사로잡혀 있어야 할 것인지 반성해볼 일이다. … 이상과 같은 자료와 연구 결과를 종합해볼 때 한국 청동기시대의 개시 연대는 서

---

[118] 이호관·조유전, 「양평군 양수리 지석묘 발굴 보고」 『팔당·소양댐 수몰지구 유적 발굴 종합 조사보고』, 문화재관리국, 1974, 295쪽.
[119] 최성락, 『영암 장천리 주거지』 2, 목포대학교 박물관, 1986, 46쪽.

기전 25세기경으로 올려볼 수 있는 것이다.[120]

위의 지적은 기존의 한국 고대사 해석상 오류의 원인을 규명하고 이를 시정할 수 있는 방향 제시 차원에서 매우 의미가 있다. 특히 폭넓게 분석된 한국과 중국의 한국 고대사 관련 문헌 사료를 고고학적 연구 결과에 접목해 고증함으로써 그 신뢰도가 높다는 점에서 한국 고대사 체계 정립과 방향 설정에 그 응용이 주목된다.

셋째, 역사 인식 태도를 바꿔나가야 한다.

선학의 지침이나 학풍의 편견 또는 이념적 고정관념에 묶여 있는 한 역사를 바로 볼 수 없으며, 스스로의 눈으로 자신의 역사를 보고자 노력하지 않으면 사대·식민사학에서 벗어날 수 없다. 현재 한국 고대사 인식상의 문제점은 조선사편수회가 정리한 한국사를 마치 역사적 진실인 것처럼 인식하는 경향이 있을 뿐 아니라 이러한 문제의 지적에 대한 무반응이 더 큰 문제이다.

---

[120] 윤내현, 『고조선 연구』, 일지사, 1994, 103~107쪽.

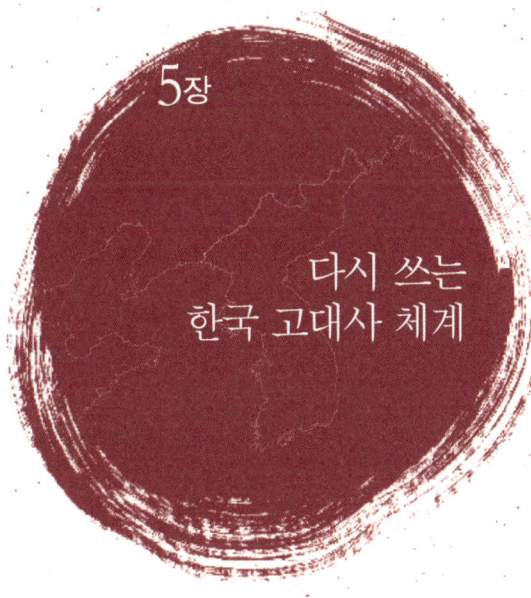

5장

다시 쓰는
한국 고대사 체계

1. 한국 고대사 인식상의 오류

조선시대 한국 고대사 인식

: 단군조선-기자국-위만국-한사군 체계

한국 고대사 체계에 대한 근대조선시대의 인식은 '2장 한국 고대사 체계에 대한 다양한 견해들' 설명 가운데 첫 번째에 해당하는 것으로, 『제왕운기』에 기초한 견해를 말한다.

따라서 단군조선(전조선)이라는 이름으로 고대조선의 실재를 인정하되 그것은 기자국(후조선)으로 계승되며, 기자국의 뒤를 위만국과 한사군이 차례를 잇는 것으로 설명하고 있다. 바꾸어 말하면 기자국과 위만국, 한사군이 우리 역사의 중심 무대에서 승계되는 모습으로 인식되고 있는 것이다.

특히 근대조선에서는 기자가 존숭의 대상으로 추앙되기까지 하며, 기자국은 우리 역사의 중요한 자리를 차지한다. 이러한 설명은 기자가 중국인이었다는 측면에서 보면 한국 민족사를 1천 년 가까이 단절시키는 결과로 이어진다. 이를 도표로 그려보면 다음 표와 같다.

단군조선 - 기자국 - 위만국 - 한사군 - 열국시대 체계

	-1122		-194	-108	303	
단군조선(전조선)		기자국(후조선)		위만국	한사군	열국시대
← 한국 민족사 →		← 한국 민족사 단절(중국 지배) 시대 →				← 한국 민족사 →

일부 학자들은 기자동래설을 부정함으로써 이와 같은 문제가 극복될 것처럼 논리를 펴고 있으나, 그것은 전혀 사실과 다를 뿐 아니라 오히려 민족의 고대사 체계를 끌어내리는 결과가 된다는 사실에 주목해야 한다. 따라서 기자의 실체를 정확히 파악하여 그를 역사의 본래 위치에 세워 놓고 한국사와의 관계를 정확히 설명해야 우리 역사가 단절되지 않고 본래의 모습으로 복원이 가능할 것이다.

국사교과서의 한국 고대사 서술

국사교과서에는 2007년도부터 다음과 같이 단군왕검이 고대조선을 세웠다는 내용이 실리기 시작했다.

단군과 고대조선

청동기문화의 발전과 함께 족장이 지배하는 사회가 출현하였다. 이들 중에서 강한 족장은 주변의 여러 족장사회를 통합하면서 점차 권력을 강화해갔다. 족장사회에서 가장 먼저 국가로 발전한 것은 고조선이다. 『삼국유사』와 『동국통감』의 기록에 따르면 단군왕검이 고조선을 건국하였다(기원전 2333). 단군왕검은 당시 지배자의 칭호였다.[121]

---

[121] 국사편찬위원회, 고등학교 국사, 교육과학기술부, 2009, 32쪽.

위 내용을 보면 서기전 2333년에 고대조선이 건국되었다고 말하고 있으나, 그 이후 국사교과서의 어디에도 고대조선 역사에 대한 설명은 찾아볼 수 없다. 고대조선의 역사는 서기전 2333년 건국된 후 서기전 3세기경까지 침묵하다가 부왕(否王)과 준왕(準王) 때에 이르러 강력해졌지만, 위만에게 멸망하여 고대조선은 다시 위만조선으로 이어지는 것처럼 다음과 같이 기술하고 있다.

> 고조선은 요령지방과 대동강 유역을 중심으로 독자적인 문화를 이룩하면서 발전하였다. 기원전 3세기경에 부왕, 준왕 같은 강력한 왕이 등장하여 왕위를 세습하였으며 그 밑에 상, 대부, 장군 등의 관직도 두었다. 또 요서지방을 경계로 하여 연나라와 대립할 만큼 강성하였다. … 위만은 준왕의 신임을 받아 서쪽 변경을 수비하는 임무를 맡았다. 그는 그곳에 거주하는 이주민 세력을 통솔하면서 자신의 세력을 점차 확대하여 나갔다. 그 후 위만은 수도인 왕검성에 쳐들어가 준왕을 몰아내고 스스로 왕이 되었다(기원전 194). 위만왕조의 고조선은 철기문화를 본격적으로 수용하였다.[122]

위 설명에 따르면 서기전 3세기경 부왕, 준왕 때 왕위가 세습되었으며, 그들은 고대조선의 정통 왕들로 표현되고 있다. 또 "위만왕조의 고조선은…"이라는 표현은 위만이 세운 나라는 위만왕조로 불리는 고조선이었다는 말이 된다.

이와 같은 내용들을 참고하여 도표를 그려보면 다음과 같다.

---

[122] 국사편찬위원회, 고등학교 국사, 교육인적자원부, 2007, 33~34쪽.

고대조선 - 위만국 - 한사군 - 열국시대 체계

-2333		-194	-108	303	
고대조선		(위만국)	한사군		열국시대
신화시대 또는 역사시대		한과 경쟁	중국 지배		한국 민족사

위 도표를 보면 서기전 3세기경까지는 확실한 역사시대로 보기 어렵고 서기전 3세기경에 와서야 한(漢)과의 경쟁관계에 들어섰으며, 이 경쟁관계는 위만국 때까지 이어지다가 한사군에 의해 우리 역사가 일시 단절되는 것으로 해석할 수 있다. 더욱이 "위만왕조의 고조선은 철기문화를 본격적으로 수용하였다"는 표현은 우리 민족의 철기문화 진입 연대를 위만시대 이후로 끌어내리는 결과가 된다.

지금까지 살펴본 한국 고대사 체계 인식상의 큰 오류를 정리해보자.

첫째, 근대조선에서는 기자를 국조(國祖)로까지 높여 숭앙하고 그를 민족 역사의 중심에 위치시킴으로써 우리 역사가 1천여 년간 단절되는 모습으로 정리되고 있다.

둘째, 기자국·위만국·한사군 등의 정권 교체는 고대조선의 옛 강역 변방에서 이루어졌지만 고대조선 흥망과는 직접적인 관계가 없는 사건들이었다. 그럼에도 이들이 마치 고대조선을 계승한 정권들인 것처럼 정리함으로써 민족사가 단절되고 자주성이 상실되는 결과로 이어지고 있다.

셋째, 국사교과서에는 고대조선은 역사시대가 아닐 수도 있다는 의문을 갖게 하는 모호한 서술로 혼란을 부추기고 있으며, 기자의 후손들이 마치 고대조선의 정통 왕들인 것처럼 기술되어 있다.

넷째, 위만은 연나라 사람이며, 그가 세운 위만국은 고대조선을 승계한 정권이 아닐뿐더러 고대조선의 멸망과는 무관한 정권이다. 그럼에도 고대조선은 위만 때 와서 강국으로 변모, 한나라와 대결한 것처럼 정리해 위만이 마치 우리 역사에서 큰 역할을 한 인물인 양 묘사되고 있다.

더욱이 위만에 의해 중국으로부터 철기문화가 수용된 것과 같은 역사적 진실과는 거리가 먼 설명이 버젓이 국사교과서에 실려 있다. 또 '위만왕조의 고조선'이나 '기원전 3세기경에는' 같은 잘못 사용되고 있는 역사 용어들도 '위만왕조', '서기전 3세기경'으로 바르게 고쳐 써야 한다.

2. 도표로 보는 한국 고대사 체계

우리 역사의 기원은 한민족 최초의 국가인 고대조선에서 비롯하는 것으로 정리되어야 한다. 그것은 『위서』와 『고기』에 근거하여 작성된 『삼국유사』가 그에 대한 기록을 전하고 있고, 고고학적으로도 상당량의 유적과 유물이 이를 뒷받침하고 있기 때문이다.[123]

학자에 따라서는 확신을 가질 수 없는 입장이 있다고 본다. 그러나 민족의 기원은 정체성 확립 차원에서 서둘러 정리해야 한다. 학풍이나 이념적 고정관념에 얽매어 사실의 규명도 하지 않고 이를 부정하는 것은 옳지 않다는 생각이다. 따라서 고대조선이 실재한 역사라는 전제하에 이의 역사적 진실을 구명해나가는 작업이 이루어져야 한다.

한자가 쓰이기 이전 고대조선의 본래 이름은 '아사달(『삼국유사』에는 阿斯達로 표기)'이었을 것으로 추정하는 연구 결과들이 많이 나와 있다.[124]

---

[123] "단군조선은 요하 서쪽·발해 북쪽·서요하 상류의 남쪽으로 둘러싸인 지역에 있던 국가로서 홍륭와문화(서기전 6200~5400)와 홍산문화(서기전 4710~2920)를 계승하고, 하가점 하층문화(서기전 2500~1700년경)와 하가점 상층문화(서기전 1600~700년경)를 발전시킨 국가"라는 주장이 있다(김종서, 『기자·위만국 연구』, 한국학연구원, 2004, 472쪽).

[124] 이병도, 「아사달의 위치 문제와 그 명칭의 의의」, 『한국 고대사 연구』, 박영사, 1976 ; 서영수, 「고조선의 대외 관계와 강역의 변동」, 『동양학』 29집, 1999·「고조선의 위치와 강역」, 『한

그리고 한자를 쓰기 시작하면서 '조선'으로 명명됐을 것이라는 데는 이의가 없는 것 같다. 이를 옛날의 조선이라는 의미에서 고조선으로 부르고 있는 것이 현실이다.

그러나 이는 엄밀한 의미에서 올바른 호칭이라 할 수 없다. '조선(朝鮮)'이 바른 호칭이고 여기에다가 시대를 구분하는 수식어 '고대(古代)'를 붙여서 '고대조선'으로 호칭하는 것이 옳다고 생각한다.[125] 그럼에도 '고대조선'으로 쓰자는 합의가 이루어지기 전까지는 종전대로 '고조선'이라 호칭할 수밖에 없는 현실을 극복해야 한다는 차원에서, 필자는 굳이 '고대조선'으로 쓰고 있는 것이다.

이제 고대조선에 대한 이해를 돕기 위해 다음과 같이 한국 고대사 체계를 도표로 그린 후 그에 대한 설명을 이어가고자 한다.

▍한국 고대사 체계

-2333		-1122		-425				668
고대조선(전기)		고대조선(후기)			조선		열국시대	
		기자국			위만국	한사군		
		-1122			-194	-108	303	
하	상	주	춘추	전국	진	전한	후한	삼국	위진남북조
-1766	-1122	-770	-403	-221	25	220	265	589

국사 시민강좌』 2, 일조각, 1988 ; 신용하, 「고조선의 통치 체제」『고조선 연구』 1호, 지식산업사, 2008 참조.

125 이도상, 「단군왕검신화의 역사학적 의미」『단군학 연구』 6호, 단군학회, 2002, 126~128쪽.

고대조선의 역사는 크게 두 단계로 나누어볼 수 있다. 고대조선은 『삼국유사』의 기록에 따라 서기전 2333년에 건국되어 기자가 동래했다는 서기전 1122년까지를 전기로 보면 좋을 듯하다. 이 시기는 아직 한자가 널리 쓰이기 이전이며, 읍제국가(邑制國家) 형태의 초기 국가들이 여기저기 분립되어 있던 시기라 하겠다. 학자에 따라서는 고대조선이 처음부터 매우 광활한 지역을 지배했던 중앙집권적 고대 봉건국가 체제를 유지한 것처럼 기술하기도 하나 이는 지나친 해석이라 생각한다.

고대조선 전기의 단군은 제천 행사를 주관한다는 차원에서 상징성이 강한 군장으로, 자신의 직할 지역을 제외한 영역은 자치적인 성격이 강한 제후국들과의 연맹 관계에 있었을 것이며, 이때로부터 점차 우리 민족이 형성돼나가는 과정에 있었을 것으로 본다. 이때 중국에서는 하(夏) – 상(商)시대의 읍제국가[126] 형태의 역사가 이어진다.

주나라 무왕에 의해 중국의 역사가 영역국가(領域國家) 형태로 전환될 때쯤 고대조선의 변방에서도 유사한 두 가지 변화가 일어난다. 하나는 문자의 전래로서 기자 동래 이래 한자가 사용되며, 나라 이름도 고유 이름에서 한자식으로 바뀌어 조선(朝鮮)이라는 나라 이름이 쓰이기 시작했을 것이다. 다른 하나의 변화는 강역과 통치 체제 면에서 일어나는 변화이다.

기자가 조선으로 왔다는 말은 혼자서 도망 나왔다는 것이 아니라 일단의 세력을 이끌고 왔다는 뜻으로 보아야 한다. 그럴 경우 고대조선의 강역이 침탈당했거나 아니면 일부를 할양해주었거나 했을 것이다. 그런데 어느 기록에도 침탈했다는 내용이 보이지 않기 때문에 고대조선이 인

---

[126] 윤내현, 「고조선의 사회 성격」 『한국 고대의 국가와 사회』, 일조각, 1985 참조.

정하는 선에서 그 강역 안에 거주했다고 본다면, 기자국은 고대조선의 연방 체제 안에 편입되어 하나의 제후국가가 되었다고 할 수 있다. 그리고 이때부터 고대조선은 영역국가로 발전하면서 후기로 들어가는 것이다. 고대조선 전기에 대한 기록상의 구체적인 내용은 더 이상 자세한 것이 없다. 다만 이 시기가 하가점 하층문화 편년과 일치하기 때문에 그에 대한 연구 성과가 쌓이면 보강될 것임을 미루어 짐작할 수 있다.

고대조선 후기는 시기적으로 하가점 상층문화와 같은 편년이다. 같은 시기 고인돌과 청동 기물 등 고대조선의 상징적 유적과 유물들이 요서, 요동지역뿐 아니라 남북한 전역에서 폭넓게 분포되어 있다는 사실은 고대조선이 후기에 접어들면서 매우 광활한 지역에 대한 문화권을 형성한 영역국가 체제로 발전했을 가능성을 말해준다. 그러나 고대조선의 후기 역사 역시 구체적인 기록이 없다. 2장과 3장에서 살펴본 것처럼 일부 중국의 문헌에서 조선에 관한 기록이 보이지만 춘추필법에 의해 중국 역사 위주로 기록했을 것이라는 점을 감안하면, 그것들이 고대조선을 지칭하는 것인지 아니면 기자 또는 위만을 지칭하는 것인지 정확히 살펴서 해석해야 할 것이다.

여기서 한 가지 짚고 넘어가야 할 것은 고대조선이 언제 멸망했으며, 열국시대의 시작은 언제로 볼 것인가 하는 문제이다. 지금까지는 위만국의 멸망을 고대조선의 멸망과 같은 의미로 파악하여 서기전 108년이 위만국의 멸망 연도이자 곧 고대조선의 멸망 연도인 것처럼 인식해온 경향이 없지 않았다. 국사교과서에서조차 그렇게 설명하고 있다.

그러나 이는 크게 잘못된 인식이다. 왜냐하면 앞의 도표에서 보는 바와 같이 고대조선 후기에 기자국과 위만국 간에 정권 교체가 있었고, 또 위만국을 멸망시킨 한 무제가 바로 그 지역에 한사군을 설치했지만 그것은 고대조선 강역 안 변방에서 일어난 정치적 사건들로서 고대조선 멸망과는 직접적인 관계가 없는 것들이기 때문이다.

『삼국유사』에 따르면 고대조선은 1908년간 지속된 나라이다.[127] 이는 서기전 2333년 건국된 고대조선이 서기전 425년까지 존속했다는 이야기이다. 그럼에도 그보다 훨씬 뒤인 한사군이 설치된 이후까지도 "예(濊)는 남쪽은 진한, 북쪽은 고구려·옥저와 접하고 동쪽은 큰 바다에 의하여 막히었는데 지금의 조선 동쪽이 모두 그 땅이다"[128]라는 기록이 있다. 이는 진수가 『삼국지』를 편찬할 당시 예의 서쪽에 조선이 있었음을 말해준다. 그렇다면 '고대조선 후기는 어디까지로 보아야 하는가'라는 문제가 제기된다. 여기서 함께 생각해보아야 하는 것이 부여의 역사에 관한 문제이다. 현재 한국 역사학계는 부여의 역사를 비교적 소홀히 다루고 있으나 일부 학자들은 고대조선을 계승한 부여의 역사를 부활시켜야 한다는 주장을 강하게 제기하고 있다.[129]

부여의 지도자 호칭이 단군이었다는 일부 기록과 부여의 건국 사화를 보면 부여가 고대조선의 뒤를 이은 나라일 가능성이 높다.[130] 따라서 열국시대의 시작은 고대조선의 후기가 끝나는 서기전 425년으로 보는 것

---

127 여기서 필자는 단군왕검이 나라를 세우고 1500년간 다스렸다는 내용(御國一千五百年)과 후일 돌아와 아사달에 숨어 산신이 되어 1908세까지 살았다는 내용(壽一千九百八歲)을 구분하여 408년의 공백을 설명하지 못했다. 연구 과제로 생각하고 있다.

128 『삼국지』 권30 「위서(魏書)」 '烏丸鮮卑東夷傳' 濊傳. "濊南與辰韓 北與高句麗沃沮接 東窮大海 今朝鮮之東皆其地也."

129 김종서, 앞 책, 58쪽 ; 김성환 「전통시대의 단군묘 인식」 『고조선 연구』 1호, 2008, 117~118쪽.

130 박성수 편, 『정인보의 조선사 연구』, 서원, 2000, 55~56쪽 ; 박은식 저, 이장희 역, 『한국통사』(상), 박영사, 1995, 46쪽 ; 천관우, 『한국 상고사의 쟁점』, 일조각, 1975, 73쪽 ; 문정창, 『한국 고대사』, 인간사, 1988, 97~104쪽.

이 타당하다. 그러면 '그 이후의 기록에 보이는 조선은 무엇인가'라는 의문이 남는데, 이는 열국시대에 들어간 이후의 고대조선은 극히 쇠락해진 군소 국가 중 하나였다고 보여진다. 이때 함께 존재했던 여러 나라들은 부여, 비류, 신라, 고구려, 남북 옥저, 예, 맥 등이었고, 이어서 백제와 가야가 열국에 동참한다.[131]

이상의 논의를 통해 한국 고대사 체계는 서기전 2333년 고대조선 건국을 기점으로 서기전 1122년까지를 전기, 서기전 425년까지를 후기로 하는 고대조선 역사가 단절 없이 지속됐으며, 그 이후 고대조선은 하나의 군소 국가로 쇠락하고 제천 행사를 주관하는 정통성은 부여로 승계되면서 열국시대에 들어간 것으로 정리되어야 한다고 생각한다. 그 기간 중 고대조선의 옛 영역 안에서는 기자국-위만국-한사군으로 이어지는 일련의 정치적 사건들이 있었지만, 이는 고대조선의 흥망과는 직접적인 관계가 없었음도 확인된다.

---

131 이승휴, 『제왕운기』 권下 「동국군왕개국연대」 幷書 '漢四郡及列國紀'.

· 3부 ·

국사교과서의
고대조선사 서술 분석

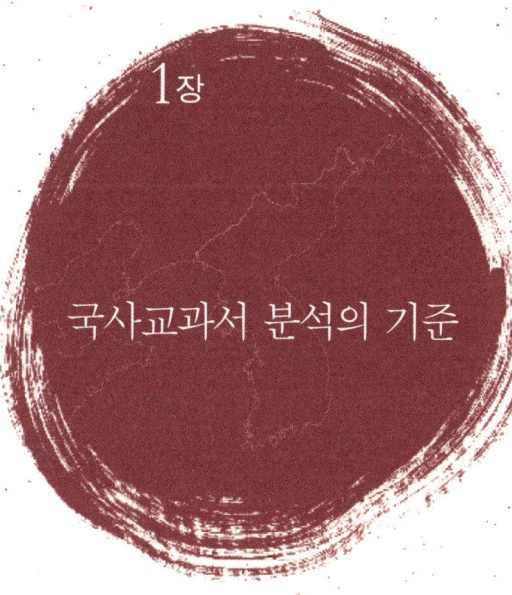

1장

국사교과서 분석의 기준

국사교과서의 검토 목적과 방향성

재학 기간 중 국사교과서를 통해 형성된 청소년들의 역사의식은 국가관 형성의 중요한 기반이 된다. 국사교과서 속에 실린 내용들이 국가와 민족의 미래에 지속적인 영향을 미치는 것이다. 따라서 국사교과서에 싣는 내용은 신중하게 선택해야 하며, 본래의 교육 목적을 충족시킬 수 있는지 여러 각도에서 검토해야 한다.

이와 같은 맥락에서 필자는 국사교과서가 우리 민족의 기원과 그 속에 담긴 민족의 사상과 문화의 원형을 바르게 설명하고 있으며, 그를 통해 한국인의 자아 형성과 정체성 확립에 얼마나 도움이 되고 있는가, 그리고 그것들이 역사적 진실이라고 말할 수 있는가 등에 초점을 맞춰 살펴보려 한다.

검토의 주안은 우리 민족사의 시작이라 할 수 있는 고대조선 건국에 관한 내용, 고대조선 건국 사실을 뒷받침하는 청동기시대 연대에 관한 내용, 한국 고대사 의혹의 핵심인 기자국, 위만국, 한사군의 위치와 성격 해석에 관한 내용들이 바르게 정리돼야 한다는 차원에서 이에 필요한 방향 설정과 과제 선정에 초점을 맞춰나가고자 한다.

검토 교과서는 국정교과서로 출판되기 이전의 1960년대 초등학교 사회과 교과서부터 2010년 이전 고등학교 국사교과서까지 대부분의 교과서가 포함된다. 굳이 지난 교과서들을 두루 검토하는 것은 현재 우리의 역사의식이 지난날의 역사교과서 내용에 영향을 받고 있음을 고려한 것으로, 이는 자녀들에게 조상들의 역사를 떳떳하게 들려주지 못하는 우리들의 부끄러운 자화상을 확인하고 반성하려는 뜻도 담겨 있다.

검토 과정에서 다양한 논의를 유도하기 위해 비판적 시각으로 문제 제기에 착안할 것이다. 필자가 제기하는 문제들은 견해가 다양하며, 결론에 이르는 과정이 복잡하고 합의는 더욱 어려워 보이지만 한국 고대사를 바르게 정리하는 데 반드시 짚고 넘어가야 할 문제들이기 때문이다. 특히 국사교과서에 실리는 내용들은 청소년들의 올바른 자아 형성과 한국 민족의 정체성 확립을 위해서 한국 역사학계가 반드시 풀어나가야 할 과제라는 차원에서 문제를 제기하는 것이다.

홍익민족주의 이념의 이해

그럼에도 이러한 필자의 논의가 자칫 배타적 민족주의로 비칠 수 있다는 우려에서 잠시 홍익민족주의(弘益民族主義) 이념에 대한 이해를 구하고자 한다. 19~20세기 국제 정세를 상징하는 특징 중 하나는 제국주의 국가들의 식민지 침탈 전쟁과 이에 저항하는 세력들 간의 민족주의 대결 구도였다고 할 수 있다. 그때 제국주의 국가들이 자국민 에너지 통합을 위해 내세운 이념은 우월민족주의였고, 그 반대편이 추구한 이념은 저항민족주의였다. 이처럼 상반된 개념에도 불구하고 이들은 모두 국수주의에 가까운 배타적 민족주의였다는 공통점이 있다.

이제 인류는 거의 시간과 공간을 초월하여 접촉이 가능한 지구촌 시대를 함께 살아가고 있다. 따라서 상호 경쟁관계 속에서도 긴밀한 협력을 모색해야 하기 때문에 기존의 배타적 민족주의는 그 의미를 상실한 것으로 보일 수도 있다. 또한 지금까지 인류를 편 가르는 원인으로 작용했던 민족, 이념, 종교, 인종, 국경과 같은 여러 가지 요소들은 그 기능이 상실되어 그것들로 인해 인류가 다시 편 갈리는 일은 없을 것으로 생각하기 쉽다. 특히 경제 구조 면에서 절대적으로 대외무역에 의존하는 우리나라는 더 이상 민족주의라는 틀 안에 갇혀서는 안 된다는 생각으로 민족사를 소홀히 생각할 수도 있다.

그러나 무한 경쟁이 펼쳐지고 있는 21세기 국제 환경 속에서 국민적 에너지 통합을 위한 요소로서 민족주의는 오히려 그 기능 강화가 더 절실히 요구될 수 있음에 주목해야 한다. 그것은 민족적 자아와 정체성에 기초한 국가 브랜드가 바로 국제 경쟁력의 기반이기 때문이다. 따라서 배타적 민족주의를 대신할 수 있는 새로운 이념의 논의가 필요한 시점이다. 이에 필자는 민족 통합과 통일, 그리고 인류 평화에 기여할 수 있는 이념은 홍익민족주의여야 한다는 생각이다.[1]

홍익민족주의는 '재세이화 홍익인간(在世理化弘益人間)' 이념의 연장선상에서 여러 민족과 더불어 인류의 자유와 평화를 추구하는 합리적 민족주의를 말한다.[2] 이는 널리 인간을 이롭게 하는 홍익인간 이념보다 한 차원 더 나아가 다른 민족들의 생존과 번영까지를 널리 배려하는 이념이라 할 수 있다. 이 책에서 풀어나가고 있는 한국 고대사 논의 역시 이러한 홍익민족주의 이념의 틀 안에서 진행하고 있다.

---

[1] 19~20세기 국제정치 무대에서 가장 널리 회자된 용어 가운데 첫손가락으로 꼽을 수 있는 것은 아마도 '민족주의(Nationalism)'일 것이다. '민족주의'라는 용어는 지금도 정치·경제·문화·스포츠 등 여러 분야에서 매우 폭넓게 쓰이고 있다. 그러나 그것이 갖고 있는 의미와 개념은 서구와 우리나라가 다르고, 과거와 현재가 다르며, 우리나라 안에서도 학자들과 국민들의 정서가 같지 않다. 또 역사 발전 과정에서 한 나라의 영토와 통제력 정도가 변함에 따라 달라질 수 있다. 이러한 현상에 대한 이해가 전제되지 않으면 민족주의에 대한 논의가 무의미할 수도 있다는 우려에서, 독자들의 '민족주의'에 대한 이해와 함께 필자가 제안하는 '홍익민족주의'에 대한 동의를 구하고자 한다.

[2] 대한민국은 2009년 11월 25일 경제협력기구(OECD) 개발원조위원회(DAC)에 가입했고, 2011년 11월 부산에서 세계개발원조총회를 주최했다. 그리고 여기서 후진국을 돕는 형태를 기존의 물자 원조 중심에서 개발 지원으로 한 차원 높이는 운동이 필요함을 역설했다. 바로 이러한 운동이 홍익민족주의 개념에 맞는 것이라 할 수 있을 것이다. 조선일보, 2011년 11월 25일자 기사, '한국, 2년 전 오늘 선진국 돼 … 우리 국민만 몰라(이덕훈 기자의 한국국제협력단(KOICA) 이사장 인터뷰 내용)' ; 조선일보, 11월 30일자 기사, '원조서 개발로 패러다임 전환 모색한다' 참조.

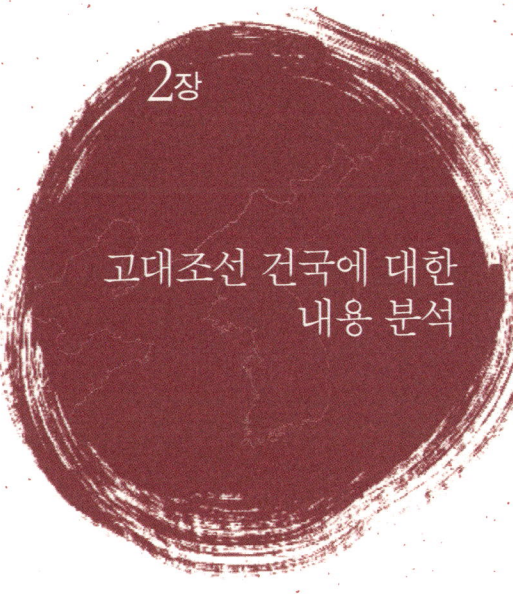

2장

고대조선 건국에 대한 내용 분석

1. 고대조선 실재성에 대한 논란

고대조선은 우리 민족이 최초로 세운 나라이다. 그런데 일부 학자들은 그것이 역사적 사실이 아니라 신화에 불과한 가공의 역사라는 주장을 펴고 있다. 그로 인해 고대조선의 실재성에 대한 의혹이 한국 고대사에 대한 국민들의 부정적 정서로 이어지고 있다. "근거가 없다!"는 단 한마디 그럴듯한 말로 고대조선 역사에 대한 국민들의 접근을 가로막고 있는 것이다.

역사를 모르면 근본을 알 수 없고, 근본을 모르면 기본이 흐트러진다. 민족사 연구는 민족의 기원을 찾아 우리의 근본을 밝힘으로써 기본을 바로세우는 작업이다. 따라서 민족 역사의 출발점이 되는 고대조선사에 대한 확실한 태도 결정을 위해서도 진지한 논의가 필요하다. 이에 독자들의 이해를 돕기 위해 크게 대조되는 두 견해를 소개하고 문제에 접근하고자 한다.

송호정은 1970년대 말 일기 시작한 고대조선사에 대한 연구 열풍은 군사 정부의 역사 인식에 영합하는 '보수 우익 집단의 우리 역사만이 위대하다는 단순한 국수주의'로 평가하면서 "단군신화의 실재성을 믿는 논자들은 고조선의 성립 시기를 매우 올려 잡고 영역 또한 대단히 광대하다고 설정한다.[3] … 단군조선은 단지 신화일 뿐, 역사적 사실로서 그 증거를 찾는다는 것은 사실상 불가능하다. … 기원전(서기전의 잘못된 표기) 7세기 전후한 시기의 고조선을 초기 고조선이라 할 수 있다. 이 당시 고조선은 일정한 정치 체제나 국가를 형성하지 못하고 지역 집단이나 종족 집단에 불과한 상태였다"[4]고 설명한다.

한편 윤내현은 문헌 사료와 고고 자료 등 광범위한 과학적 근거에 기초하여 고대조선 역사를 체계적으로 정리한 다음[5] "고조선은 우리 민족이 처음으로 세운 나라이다. 그렇기 때문에 고조선이 건국됨으로써 고조선의 통치 영역 안에 살고 있던 사람들이 하나의 통치 조직 속에서 공동체를 형성하여 민족이 출현하게 되었다. 그러므로 우리 역사에서 고조선의 사회와 문화부터 우리의 민족사회 또는 민족문화라는 말을 사용할 수가 있는 것이다"[6]라고 '우리 민족'의 기원을 설명하고 있다.

윤내현의 설명처럼 우리 민족이 최초로 세운 나라가 고대조선이라면 고대조선은 우리 민족사의 시작이자 민족의 사상과 문화의 원형을 간직하고 있다 할 수 있다. 따라서 고대조선사에 대한 확실한 이해는 한국인에게는 보편적 상식이자 자아 형성과 정체성 확립의 기반이므로 국사교과서 속에서 가장 명확하고 소중히 다루어져야 할 내용이다.

---

3 송호정, 『한국 고대사 속의 고조선사』, 푸른역사, 2002. 18~19쪽.
4 송호정, 위 책, 63~64쪽.
5 윤내현, 『고조선 연구』, 일지사, 1994.
6 윤내현, 『고조선, 우리의 미래가 보인다』, 민음사, 1995. 6~7쪽. 이 책은 『고조선 연구』(윤내현, 일지사, 1994)를 요약하여 독자들이 쉽게 이해할 수 있도록 이야기 식으로 엮은 고대조선 역사 이야기책이다.

그러나 고대조선의 역사를 서기전 2333년에 건국된 실재한 역사로 교과서에 기술하고 그에 따른 역사적 사실들을 제대로 소개하려면 고대조선 역사가 실재한 역사라는 전제가 따라야 한다. 송호정의 주장처럼 서기전 2333년에 건국된 고대조선 역사가 실재한 역사가 아니라 다른 목적에 의해 만들어진 가공의 역사라면 이는 수정돼야 한다. 그것은 진실이 아니기 때문이다.

따라서 국사편찬위원회는 고대조선 역사의 실재성을 먼저 밝히고, 그에 따른 역사 전개의 전말을 교과서에 실어야 한다. '고대조선의 역사가 실재한 역사 같기도 하고 실재하지 않은 것 같기도 한' 모호한 설명은 용납될 수 없다.

이러한 맥락에서 국사교과서에서 고대조선 역사를 어떻게 설명하고 있는가를 검토하려 한다. 한국 고대사 인식상의 문제를 야기할 수 있는 표현, 비합리적인 서술, 앞뒤가 모순되는 내용 등을 골라 비판적 시각에서 문제를 제기할 것이며, 고대조선이 실재한 역사인가, 그렇다면 그 시기는 언제로 보아야 하는가에 초점을 맞춰 논의해보자.

2. 잘못 엮어진 교과서 내용과 역사 용어

한민족이 최초로 세운 나라 이름은 고대조선

고조선

우리 민족이 제일 먼저 이룩한 부족국가는 대동강 유역의 고조선이다. 대동강 유역은 기름진 평야로, 일찍부터 황해안을 끼고 들어온 사람들이 농경 생활을 시작한 곳이며, 또 대륙 문명을 받아들이기 쉬운 길목에 자리 잡고 있었으므로, 가장 먼저 문명이 발달하였다. 우리 민족의 시조인 단군이 처음으로 나라를 세웠다고 하는 것이 바로 이 고조선이다. 우리가 단군을 민족의 시조로 모시고, 매년 10월 3일을 개천절이라고 하여 온 국민이 이날을 기념하는 이유도 여기에 있다. 대동강 유역에 자리 잡은 고조선 사회는 오랜 시일을 거쳐오는 동안에 매우 발달하였다. 사회 제도도 갖추어져서 여러 가지 금법이 행하여진 것도 이 무렵의 일이다.[7]

초등학교 사회(6-1), 문교부(국정교과서주식회사), 1965

---

[7] 문교부, 『사회』(6-1), 국정교과서주식회사, 1965 지음(1972 펴냄), 6쪽.

교과서 검토의 첫 번째 작업으로 우선 우리 민족이 최초로 세운 나라의 정확한 이름이 무엇인가 하는 문제부터 짚어보자. 교과서 첫머리에 우리 민족이 최초로 세운 나라는 '고조선'이라고 했다. 이는 '고조선'을 고유명사로 인식한 결과이다. 『삼국유사』에 의하면 단군왕검이 처음 나라를 세우고 이름을 "조선이라 하였다"고 했지, "고조선이라 하였다"고는 하지 않았다. 즉, 우리 민족이 세운 최초의 국가 명칭은 '조선'이라는 것이다. 다만 옛날에 있던 나라라는 의미로 수식어인 '고(古)' 자를 붙여 설명되고 있다. 그 결과 '고조선'을 고유명사로 인식하는 경향이 일반화돼 버렸다. 하지만 엄밀히 따져보면 국가 명칭이자 고유명사로서 '고조선'은 없었다. 고대에 '조선'이 있었을 뿐이다. 그럼에도 우리 민족이 최초로 세운 나라 이름이 마치 '고조선'인 것처럼 인식하는 것은 잘못이다.

 따라서 고유명사 '조선'을 수식하는 시대 개념인 '고대'를 붙여 '고대조선'으로 부르자는 게 필자의 주장이다. 여기서 "기왕에 써오던 '고조선(古朝鮮)'을 굳이 '고대조선(古代朝鮮)'으로 바꿔 부름으로써 오히려 혼란을 초래할 우려가 있지 않겠느냐"는 반론을 예상할 수 있다. 그러나 잘못된 것임을 알면 바르게 고치는 것이 후일의 혼선 예방을 위해서도 바람직할 것이다.

 우리 국사교과서에는 '기자조선'과 '위만조선'이라는 나라 명칭이 줄곧 등장한다. 그 개념부터 짚고 넘어가자.

 본래 기자와 위만은 중국인들이다. 그들이 고대조선 지역 변방으로 망명하여 정권을 세웠지만, 그 역사는 우리 역사의 본류가 아니며 고대조선을 승계한 것도 아니었다. 그런데 중국인들은 기자와 위만이 세운 정권들의 위치가 고대조선 지역 안에 있었다는 이유로 그냥 '조선'이라 불렀다.

그 영향이 그대로 '기자조선'과 '위만조선'으로 굳어졌고, 그들과 구별하기 위해서 '단군조선'이라는 명칭이 새로 만들어져서 오늘에 이르고 있다. 그러나 이 모든 명칭은 개념상의 혼란에서 온 것으로 사실을 정확히 반영했다고는 할 수 없다. 기자가 세운 나라는 '기자국'이고, 위만이 세운 나라는 '위만국'일 따름이다. 또 '단군조선'도 실재한 나라가 아니다. 분명한 것은 단군왕검이 세운 우리 민족 최초의 나라 이름이 '조선'이라는 사실이다. 다만 '근대조선'과 구별하기 위해 시대 구분 용어인 '고대'를 붙여서 '고대조선'으로 쓰는 것이 옳겠다는 생각이다.[8]

위 교과서는 '고조선'이라는 제목하에 고대조선이 건국된 지역이 대동강 유역이라 했다. 그러나 홍산문화를 중심으로 한 요하문명이 펼쳐진 지역이 고대조선 강역 안에 있었다는 사실이 최근 고고학적으로 증명되고 있기 때문에 고대조선 강역을 대동강 유역으로 한정하여 설명하는 것은 사실과 일치한다고 볼 수 없다.

이어서 기술되는 "대동강 유역은 기름진 평야로, 일찍부터 황해 안을 끼고 들어온 사람들이 농경 생활을 시작한 곳이며, 또 대륙 문명을 받아

---

[8] '근대조선'을 무심코 '이씨조선(李氏朝鮮)' 또는 이를 줄여서 '이조'라 호칭하는 사람들을 볼 수 있다. 이는 매우 잘못 쓰고 있는 경우이다. 일제는 대한제국을 병탄한 후 '대한(大韓)'이라는 국호를 완전히 없애려 했으나 민심 동요가 우려되어 '조선'으로 바꾸는 것으로 위장하고, 일제 헌법에 일본 국토를 "본주(本州)와 구주(九州), 사국(四國) 및 조선(朝鮮), 대만(臺灣)과 그 부속 도서(附屬島嶼)로 한다"고 정리, 조선을 일본의 신 영토에 편입된 지역으로 규정했다. 그리고 "조선은 이씨 왕조로서 한 왕조의 가계가 이끌어온 나라에 불과하다"는 인식을 심어주기 위해 '이씨조선'이라는 호칭을 일반화시켰다. 이를 줄인 호칭이 '이조'로서 일제 식민지 지배 시대에 널리 쓰였다. 이조는 조선 민중의 나라가 아니라 이씨 왕족들만의 나라이므로 굳이 이씨 왕족의 노예로 살기 위하여 독립에 힘쓰지 말고 일본의 신민으로 살아갈 것을 유도하려는 의도가 숨어 있는 역사 용어의 조작이었다. 이처럼 우리를 비하시키기 위해 만들어진 부끄러운 용어를 잘못 알고 계속 사용하는 일은 없어야 하겠다. 조선시대에 만들어진 백자를 '조선백자'라 하지 않고 '이조백자'라 하는 것도 같은 맥락에서 잘못 쓰여지고 있는 것이다(이도상, 『일제의 역사 침략 120년』, 경인문화사, 358~359쪽).

들이기 쉬운 길목에 자리 잡고 있었으므로, 가장 먼저 문명이 발달하였다"는 표현은 중국문명은 선진 문명이고, 우리 문명은 그것을 받아들임으로써 발달할 수밖에 없었다는 인식을 전제로 하고 있다.[9] 즉, 대동강 유역이 고대조선의 건국 지역이라는 설과 우리 민족의 시작에서부터 대륙 문명을 받아들여 발달한 것처럼 설명하는 내용은 재고돼야 한다.

또 "우리 민족의 시조인 단군이 처음 나라를 세웠다"든가, "우리가 단군을 민족의 시조로 모시고…" 같은 표현은 논리상 맞지 않다. 이는 단군상 건립과 파괴 문제를 놓고 싸움하는 현상을 부추기는 결과로 이어질 수 있다. 단군은 고대조선 최고 지도자의 직책으로, 이는 대를 이어가며 승계되었다. 그리고 그중 최초의 단군은 왕검으로 굳이 민족의 시조라는 호칭은 '단군왕검'에 해당될 것이다. 고대조선을 건국한 초대 단군은 '단군왕검'이라는 이야기이다.

고대조선의 존속 기간과 기원에 대한 인식

단군의 건국과 고조선

A 『삼국유사』에는 하느님의 아들인 환웅과 곰의 변신인 여인 사이에서 출생한 단군왕검이 고조선을 건국하였다는 내용이 실려 있다(기원전 2333). 단군은 제사장을 뜻하고, 왕검은 정치적 지배자를 뜻한다. 따라

---

9 북한에서는 1993년 이전까지는 요령지방에서 고대조선이 개국됐다는 설이 지배적이었으나 단군릉 발굴 이후 대동강 유역설로 바뀌었다. 리상호, 「고조선 중심을 평양으로 보는 견해들에 대한 비판」, 『력사과학』, 과학원역사연구소, 1963, 45~48쪽 ; 리지린, 『고조선 연구』, 과학원판사, 1963(1997년 백산자료원 발행) · 박진욱 『조선 고고학 전서(고대편)』, 과학백과사전종합판사, 1988 참조 ; 서국태, 「최근에 발굴된 단군조선 초기의 유적과 유물」·김유철, 「고조선의 중심지와 그 영역」 『남북 학자들이 함께 쓴 단군과 고조선 연구』, 지식산업사, 2005 참조.

서 단군왕검은 곧 제정일치 시대의 족장이었음을 알 수 있다. 그 후 우리나라는 오랫동안 독자적인 문화를 이룩하며 발전하였는데, 이 시기를 고조선이라 한다. 우리 역사상 가장 먼저 정치적 사회를 이룩한 고조선은 착실하게 발전하여 중국 전국 7웅의 하나인 연(燕)과 대등한 세력을 형성하면서 점차 동방 사회의 중심 세력이 되었다.[10]

고등학교 국사(상), 문교부(국사편찬위원회), 1982

위 글은 『삼국유사』의 내용을 소개하는 형식으로 고대조선 건국을 이야기하고 있다. 여기서 단군을 제사장 또는 족장으로 표현하고 있다. 우리 민족 최초의 국가인 고대조선을 건국한 단군왕검을 굳이 단군과 왕검으로 분리해 설명하는 것도 이상하려니와 제정일치(祭政一致) 시대의 족장으로 표현하고 있는 것도 논의가 필요한 부분이다.

또 "고조선은 착실하게 발전하여 전국 7웅(七雄)의 하나인 연(燕)과 대등한 세력을 형성하면서 점차 동방 사회의 중심 세력이 되었다"는 설명은 얼핏 보기에는 고대조선의 꾸준한 발전을 설명하는 것 같지만, 연대 면에서 서기전 2333년에 건국한 고대조선의 존속 기간을 춘추(春秋, 서기전 770~서기전 403년)시대와 전국(戰國, 서기전 403~서기전 221년)시대의 7웅〔진(秦)·초(楚)·연(燕)·한(韓)·위(魏)·조(趙)·제(齊)〕 가운데 고대조선과 이웃했던 연(서기전 586~서기전 222)과 비슷한 시기로 낮춰 대비시킴으로써 춘추전국시대 이전의 고대조선이 역사적으로 실재했는가에 대한 의문을 갖게 한다. 이는 거의 1500여 년 이상의 역사를 삭제하는 결과로 이어진다는 사실에 주목해야 한다.[11]

---

10 고등학교 국사(상), 1982, 10쪽.

이러한 교과서 내용을 볼 때마다 한국 민족사를 신라 건국(서기전 58년)부터 갑오경장(1895년)까지 약 2천 년만 인정하고 그 이외의 역사는 조선과는 무관한 것으로 만들려 했던 일제의 조선사편수회 의도와 무엇이 다른가 하는 의문이 든다. 일제는 '조선 역사가 일본 역사를 앞지를 수 없다'는 전제하에 한국 고대사에서 고대조선의 실존 역사를 곰, 호랑이가 나오는 신화로 해석해 이를 가공의 역사인 설화로 왜곡시켰다. 특히 고대조선사를 개국 부분만 남기고 모두 말살하고, 역대 단군들을 단군(단군왕검)으로 묶어서 단군왕검 혼자서 2천 년을 통치한 것처럼 꾸며 신화로 탈바꿈시켜놓았던 것이다. 그 결과 송두리째 없어질 뻔했던 고대조선사를 우리 국사교과서에서조차 축소하는 일은 없어야 한다.

한국 역사학계의 가장 큰 고민은 고대조선 역사의 실재성에 대한 확신이 없다는 점일 것이다. 이는 조선사편수회의 영향이 아직도 우리 국사교과서 속에 남아 있다는 반증이다. "단군에 의한 고조선의 건국 사실은 우리나라 역사가 매우 오래되었음을 말해준다"는 모호한 표현이나, "또 단군에 의한 고조선의 건국 사실과 홍익인간의 건국 이념은 우리 민족이 어려움을 당할 때마다 자긍심을 일깨워주는 원동력이 되었다"는 내용은 얼핏 보기에는 매우 긍정적인 표현 같지만 은연중 고대조선의 실재성에 대한 의문을 갖게 하는 표현으로 보인다.[12]

---

11 윤내현, 「중국 문헌에 나타난 고조선 인식」 『한국 고대사의 제문제』, 한국사론 14, 국사편찬위원회, 121~127쪽.

12 윤이흠, 「단군신화와 한민족의 역사」·서영대, 「단군 관계 문헌 자료 연구」·이필영, 「단군 연구사」·최병헌, 「단군 인식의 역사적 변천-고려시대」·박광용, 「단군 인식의 역사적 변천-조선시대」 『단군 그 이해와 자료』, 서울대학교 출판부, 2001 : 이종욱, 「한국 초기 국가의 형성 신화(설화)」 『한국 고대사의 새로운 체계』, 소나무, 1999, 155쪽.

또 한 가지 짚고 넘어가야 할 것은 "환웅과 곰의 변신인 여인 사이에서 출생한 단군왕검이 고조선을 건국하였다는 내용이 실려 있다(기원전 2333)"라는 내용 가운데 '서기전 2333년'으로 써야 할 것을 '기원전 2333'으로 표기하고 있는 점이다. 그 영향은 오래 지속되어 근래 연도 표기에 '기원(紀元)' 또는 '기원전(紀元前)'이라는 용어가 많이 쓰이고 있다. 신문과 방송뿐만 아니라 심지어 박물관 책자와 국사교과서에서까지 '서기'와 '서기전' 연도 표기를 '기원'과 '기원전'으로 잘못 쓰고 있다. 더구나 역사학자들도 이에 대한 잘잘못이 무엇인지 의식하지 않고 쓰는 것 같아 안타깝다.[13]

서기는 서력기원(西曆紀元)의 준말이며, 연도 뒤에 A.D.(Anno Domini, the year of our Lord)를 붙여 표기한다. 즉, 예수가 탄생한 해를 원년으로 삼는 서력의 기원(실제는 예수 생후 4년째가 원년이라고 함)이 서기이며, 이는 서양의 책력을 의미한다. '서기전(西紀前)'은 before Christ로서 서력기원 이전의 연호를 말하며, 일반적으로 숫자 뒤에 B.C.를 붙여 표기한다. 서양인들에게 서력은 단지 A.D. 또는 B.C.일 뿐이다. 그런데 유독 한국인들은 이를 '기원' 또는 '기원전'으로 번역하여 쓴다. 그것은 잘못이다.

한국인이 굳이 '기원' 또는 '기원전'이라는 용어를 쓸 경우 그것은 '단기(壇紀)'라는 의미가 되는 것이다.[14] '단기'가 아닌 '서기'를 쓸 때는 '기

---

[13] 1990년대 후반을 제외하면 모든 교과서가 서력기원을 '기원'으로, 서력기원전을 '기원전'으로 쓰고 있다. 특히 1990년대 중학교 교과서에서는 '서기전'으로, 고등학교 교과서에서는 'B.C.'로 썼던 서력기원을 2000년대에 들어서서 모두 '기원전'으로 환원시켜버렸다. 국가나 민족의 정체성 차원에서도 국정교과서에서 '서기전'을 '기원전'으로 사용하는 것은 바람직하지 못하다. 결코 단군기원을 우리의 기원으로 사용하자는 주장이 아니다. 자연스럽게 서력기원은 '서기'로, 단군기원은 '단기'로 사용하는 것이 바람직하겠다. 따라서 기원전 2333년은 서기전 2333년으로 고쳐 쓰는 것이 옳다.

[14] 단기가 공식적으로 처음 쓰이기 시작한 것은 1919년(4252년) 3월 1일 「기미독립선언서」

원' 또는 '기원전'이 아니라 '서기' 또는 '서기전'으로 정확히 써야 옳다. 그럼에도 지금처럼 '서기'를 '기원'으로, '서기전'을 '기원전'으로 혼동하여 쓰는 것은 신사대주의적 발상으로서 자아의식이 결여됐거나 정체성을 포기한 표현이라 하지 않을 수 없다. 이를 신앙 문제와 연결시키려는 사고는 또 다른 역사왜곡으로 이어질 수 있다는 차원에서 용납될 수 없는 일이다. 여기서 제기하는 문제는 현재 일부 사회단체가 추진 중인 단군기원을 공용 연호로 하자는 운동에 대한 찬반 논의와는 무관하며, '서기'와 '서기전'을 '기원' 또는 '기원전'으로 쓰는 것이 잘못이라는 지적일 뿐이다.[15]

단군왕검사화와 고대조선

단군과 고조선

A 가장 먼저 국가로 발전한 것은 고조선이었다. 고조선은 단군왕검(檀君王儉)에 의해 건국되었다고 한다(B.C. 2333). 단군왕검이란 당시 지배자의 호칭이었다. 고조선은 요령지방을 중심으로 성장하여 점차 인접한 군장사회를 통합하면서 한반도까지 발전하였다. 이와 같은 사실은 출토되는 비파형 동검의 분포로 알 수 있다.

부터이다. 민족 대표 33인의 이름으로 독립선언서를 발표할 때 '조선 건국 4252년 3월 1일'이라고 밝힘으로써 이를 공식화했다. 그러나 일제의 탄압 때문에 널리 사용되지 못하다가 1948년(4281년) 정부가 수립되던 해 9월 8일, 법률 제4호에 '대한민국의 공용 연호는 단군기원으로 한다'는 내용이 공포되고, 그로부터 공용 연호로서의 법적인 지위를 보장받게 되었다. 그러다가 1962년 1월 1일을 기해 폐지되었다.

15 최근 150여 개 민족단체가 '한민족역사문화찾기 추진위원회'라는 이름으로 기자 회견을 열고 정부가 추진 중인 것으로 알려진 '개천절 요일 지정제' 반대 및 '단기(檀紀)' 연호 부활 100만 범국민서명운동'을 추진하고 있다.

B 고조선의 건국 사실을 전하는 단군 이야기는, 우리 민족의 시조 신화로 널리 알려져 있다. 단군 이야기는 오랜 세월을 거치면서 전승되어 기록으로 남겨진 것이다. 그러는 사이에 어떤 요소는 후대에 새로이 첨가되거나 없어지기도 하였는데 이것은 시대에 따라 관심의 차이가 있었기 때문이다. 이 기록은 청동기문화를 배경으로 한 고조선의 성립이라는 역사적 사실을 반영하고 있다.[16]

고등학교 국사(상), 교육부(국사편찬위원회), 1992

위 글 A에서 "고조선은 단군왕검에 의해 건국되었다고 한다"는 표현은 마치 남의 나라 이야기를 전하는 것 같은 설명이다. 우리나라 국사교과서라면 "고대조선은 단군왕검에 의해서 건국되었다"로 기록함이 옳다. 여기서도 주석에 "단군의 건국에 관한 기록은 『삼국유사』, 『제왕운기』, 『응제시주』, 『세종실록』「지리지」, 『동국여지승람』 등에 나타나고 있다. 천신의 아들이 내려와 건국했다고 하는 단군 건국의 기록은 우리나라의 건국 과정의 역사적 사실과 홍익인간의 건국 이념을 밝혀주고 있으며 고려, 조선, 근대를 거치면서 우리 민족의 전통과 문화의 정신적 지주가 되어왔다"는 내용을 싣고 있는데, 주석을 달아 참고로 하는 설명보다 구체적인 내용을 본문에 싣는 것이 좋겠다.

"단군왕검이란 당시 지배자의 호칭이었다"는 설명도 모호하다. B에서 "고조선의 건국 사실을 전하는 단군 이야기"라는 표현이 합당한 것인지, 또 단군(왕검)신화는 우리 '민족의 시조 신화'라기보다는 '고대조선의 개국 사화'라는 차원에서도 논의가 필요한 부분들이다.[17]

---

16 고등학교 국사(상), 1992, 16~17쪽.

고대조선의 개국이 신화 또는 하나의 이야기로서 역사적인 사실이 아닌 것처럼 막연하고 모호하게 처리한 위의 설명보다는 사회인류학과 신화학적인 차원에서 접근하여 단군왕검사화의 역사적 의미를 강조함이 오히려 고대조선의 실재성을 확인하는 데 유용하겠다.[18]

단군과 고조선

가장 먼저 국가로 발전한 것은 고조선이었다. 고조선은 단군왕검(檀君王儉)에 의하여 건국되었다고 한다(B.C. 2333). 단군왕검은 당시 지배자의 칭호였다.[19]

고등학교 국사(상), 교육부(국사편찬위원회), 1996

위의 문장을 자세히 들여다보면 "가장 먼저 국가로 발전한 것은 고조선이었다"고 한 내용에 대해 간접적으로 의심을 갖게 하는 표현이 바로

---

17 임재해, 「단군신화로 본 고조선 문화의 기원 재인식」 『고조선 탐색』(고조선학회 제1회 학술발표회), 고조선학회, 2008, 97~99쪽 ; 신종원, 「단군신화 연구의 여러 문제」 『동북아시아 선사 및 고대사 연구의 방향』, 학연문화사, 2004, 53~77쪽 ; 손진태, 「단군신화에 표현된 사상의 특색」·이병도, 「단군설화의 해석과 아사달 문제」·김정배, 「단군조선을 어떻게 볼 것인가」·이은봉, 「단군신화를 통해 본 천신의 구조」 『단군신화 연구』(온누리 학술총서 3), 온누리, 1986 ; 김성환, 「단군 연구사의 정리와 방향-단군릉 발굴 이후 역사학 분야 성과를 중심으로」 『단군학 연구』 제18호, 단군학회, 2008, 133~167쪽.

18 이도상, 「단군왕검신화의 역사학적 의미」 『단군학 연구』 제6호, 2002 참조. 신진화론에 의한 틀로서 대표적인 이론은 엘만 서비스의 Band(무리사회)-Tribe(마을사회)-Chiefdom(마을연맹체사회)-State(국가사회)와 모튼 프리드의 Egalitarian society(평등사회)·Rank society(서열사회)·Stratified society(계층사회)·State(국가)의 4단계 발전론인데, 이 가운데 엘만 서비스의 견해가 널리 채택되고 있다. Elman R. Service, Primitive Social Organization, Random House, 1962 ; Morton Fried, The Evolution of Political Society, Random House, 1967 ; William T. Sanders and Barbara J. Price, Mesoamerica, Random House, 1968, 41~44쪽 ; 김광억, 「국가 형성에 관한 인류학 이론과 모형」 『한국사 시민강좌』 2집, 일조각, 183쪽.

19 고등학교 국사(상), 1996, 27쪽.

뒤에 연결되는 "고조선은 단군왕검에 의하여 건국되었다고 한다"는 표현이다. 이어지는 "단군왕검은 당시 지배자의 칭호였다"는 내용도 여기서 필요한 내용인지, 단군왕검에 대한 정확한 해석으로 볼 수 있는지 석연치 않은 면이 있다.

> 고조선은 요령지방을 중심으로 성장하여 점차 인접한 군장사회들을 통합하면서 한반도로까지 발전하였다고 보는데, 이와 같은 사실은 출토되는 비파형 동검의 분포로서 알 수 있다. 고조선의 세력 범위는 청동기시대를 특징짓는 유물의 하나인 비파형 동검이 나오는 지역과 거의 일치하고 있다.[20]
> 고등학교 국사(상), 교육부(국사편찬위원회), 1996

위 글에 추가하여 주석(도움 글)에는 "고조선의 세력 범위는 청동기시대를 특징짓는 유물인 비파형 동검이나 미송리식 토기 등이 나오는 지역과 거의 일치하고 있다. 한편 동이(東夷)족의 분포는 고대의 한민족이라 할 수 있는 예(濊), 맥(貊), 부여(夫餘), 고구려(高句麗), 북옥저(北沃沮), 읍루(挹婁) 등을 아우르는 지역으로 추정되고 있다"는 설명이 있다. 고대조선의 세력 범위를 비파형 동검의 분포에 기준하고 있음을 밝히고 있는 것이다.

그렇다면 여기서 두 가지 논의해야 할 문제가 생긴다. 하나는 단군왕검이 도읍을 정하고 고대조선을 세운 지역이 대동강 유역이었다는 지금까지의 주장들을 포함해 단군릉 발굴 이후 평양이 고대조선의 최초 도읍지였다는 북한 학계의 주장을 어떻게 받아들여야 하는가의 문제이

---

20 고등학교 국사(상), 1996, 27쪽.

다.[21] 보다 객관적인 입장에서 논의가 필요하다.

다른 하나는 비파형 동검 제작 시기를 서기전 15~서기전 10세기까지 올려 잡을 수 있는데, 그러한 기술이 축적될 때까지를 감안한다면 그 시기는 훨씬 더 올라간다. 그럼에도 청동기시대 진입 시기와 고대조선 건국에 대한 학계의 시각은 다양하며, 특히 위만이 등장하기 이전의 고대조선 역사를 다루는 데는 극히 소극적이다. 보다 적극적으로 고고학적 연구 성과들을 반영하여 고대조선사가 정리돼야 하겠다.[22]

> 고조선의 건국 사실을 전하는 단군 이야기는 우리 민족의 시조 신화로 널리 알려져 있다. 단군 이야기는 오랜 세월을 거치면서 전승되어 기록으로 남겨진 것이다. 그러는 사이에 어떤 요소는 후대로 가면서 새로이 첨가되기도 하고 때로는 없어지기도 하였다. 이것은 모든 신화에 공통된 속성의 하나로 신화는 그 시대 사람들의 관심을 반영한 것이기 때문에 역사적인 의미가 있다. 단군의 기록은 청동기문화를 배경으로 한 고조선의 성립이라는 역사적 사실을 반영하고 있다. 이러한 내용은 신석기시대 말기에서 청동기시대로 발전하는 시기에 계급의 분화와 함께 지배자가 등장하면서 이전과는 다른 새로운 사회 질서가 성립되는 과정을 잘 보여준다. "널리 인간을 이롭게 한다(弘益人間)"는 것도 새로운 질서의 성립을 의미하는 것이다.[23]
>
> 고등학교 국사(상), 교육부(국사편찬위원회), 1996

---

21 손수호, 「단군릉 발굴 이후 이룩된 고고학적 발굴 및 연구 성과에 대하여」, 『남북 학자들이 함께 쓴 단군과 고대조선 연구』, 지식산업사, 2005, 577~584쪽.
22 하가점 하층문화는 서기전 24세기까지 올라가며 국내 청동기시대도 24세기까지 올려봐야 한다는 연구 결과들이 주목을 받고 있다. 앞의 각주들 참고.
23 고등학교 국사(상), 1996, 27~28쪽.

위 글은 단군왕검신화가 무엇이며, 어떤 의미가 있는 것인지 소개하고 있다. 여기서 "우리 민족의 시조 신화로 널리 알려져 있다"고 했는데 '민족의 시조 신화'보다는 '고대조선 개국 사화'라는 표현이 적절하다는 생각이다. 특히 '단군 이야기'라 하는 것도 본래는 단군왕검이 태어나 고대조선을 건국하는 배경을 설명한 단군왕검 이전의 이야기이지 단군(왕검) 이야기가 아님에 착안할 필요가 있다.[24]

"어떤 요소는 후대로 가면서 새로이 첨가되기도 하고 때로는 없어지기도 하였다. … 그 시대 사람들의 관심을 반영한 것이기 때문에 역사적인 의미가 있다"는 설명은 매우 합리적인 설명처럼 보이나 다른 각도에서 보면 마치 고대조선 역사가 세월이 지나면서 후대 사람들에 의해 조작되고 각색된 것처럼 인식될 우려가 많다. 이러한 설명은 신화학 연구에서 필요한 부분으로 굳이 여기서 언급할 필요가 있는 것인지 의문이며, 필요하다면 보완 설명이 있어야 한다. "널리 인간을 이롭게 한다"는 홍익인간 이념에 대한 설명도 민족사상의 이해 차원에서 보다 구체화할 필요가 있다.

고대조선 건국에 대한 인식

부족국가의 성립

부족사회가 자리 잡혀가자 이 사회를 다스리는 사람이 나오게 되었는데 그의 세력은 씨족사회 때보다 더 컸다. 이리하여 마침내 부족국가가 성립되었다. 우리 민족은 만주와 한반도 여러 곳에 부족국가를 세웠다. 그

---

[24] 졸고, 「단군왕검신화의 역사학적 의미」와 이 책 '4부 한민족의 기원, 단군왕검사화' 참조.

가운데서 가장 먼저 세워진 부족국가가 대동강을 중심으로 한 고조선이
었다.[25] 큰 강과 기름진 평야를 끼고 대륙 문화와 접촉하기 쉬운 지역에
자리 잡은 고조선은 차차 그 세력을 넓혀갔다. 신화에 의하면 하늘의 자
손인 단군이 고조선을 세웠다고 하는데 우리는 이 단군신화 속에서 우
리 민족의 원시사회 생활과 문화의 모습을 찾아볼 수 있다. 한편 단군신
화는 우리 민족의 건국 신화로서 우리 민족이 고난을 겪을 때마다 민족
의 정신을 일깨워주어왔다.[26]

초등학교 국사(6), 문교부(국정교과서주식회사), 1972

우리 민족이 만주와 한반도 여러 곳에서 부족국가를 세웠는데 그중 가장 먼저 세워진 부족국가가 고대조선이며, 대동강을 중심으로 세워진 나라라는 것이다. 고대조선 건국 시기에 대한 언급이 없으며, 건국 위치를 대동강 유역으로 한정하고 있어 많은 논의가 필요한 부분이다. 특히 대륙 문화와 접촉하기 쉬운 지역에 자리 잡았다는 사실을 강조하는 저의가 무엇인지 의아하다. 또 '우리 민족'이라는 표현 외에 우리 민족을 나타내는 명칭이나 구체적인 설명을 모든 교과서에서 찾아볼 수 없는데 이에 대한 논의도 필요하다.[27]

"신화에 의하면 하늘의 자손인 단군이 고조선을 세웠다고 하는데…"로 이어지는 설명은 고대조선의 역사가 마치 신화인 것처럼 느껴지게 하는 대목이다. 같은 교과서의 주석에는 "단군의 건국에 관한 기록은 『삼

---

25 문교부, 초등학교 국사(6), 국정교과서주식회사, 16쪽.
26 문교부, 초등학교 국사(6), 국정교과서주식회사, 16~17쪽.
27 민족의 명칭에 대한 연구는 박정학의 「한민족의 형성과 얼에 대한 연구」(강원대학교 대학원 박사학위 논문, 2009, 50쪽)가 있다.

국유사』, 『제왕운기』, 『응제시주』, 『세종실록』 「지리지」, 『동국여지승람』 등에 나타나고 있다. 이와 같은 건국에 관한 내용은 세계 여러 나라에서 흔히 볼 수 있는 건국 신화와 같은 유형이다. 천신(天神)의 아들이 내려와 건국했다고 하는 단군 건국의 기록은 우리나라 건국 과정의 역사적 사실과 홍익인간의 건국 이념을 밝혀주고 있으며 고려, 조선, 근대를 거치면서 우리 민족의 전통과 문화의 정신적 지주가 되어왔다"는 내용을 싣고 있다.

앞에서 지적한 "신화에 의하면 하늘의 자손인 단군이 고조선을 세웠다고 하는데…"로 이어지는 설명보다는 이러한 설명을 보다 구체적으로 보완해 본문으로 전환하는 것이 좋다. 특히 '신화에 의하면'은 '단군왕검 사화에 의하면'으로 시작하는 것이 논리상의 혼돈을 막을 수 있다.

단군의 고조선 건국

군장에 의하여 다스려지는 정치적 사회는 요령지방과 한반도의 북부에서 먼저 나타났는데 이들 지역은 다른 지역보다 문화가 앞선 곳이었다. 초기에는 읍락을 중심으로 하여 하나의 사회를 이루고 있었다. 이 사회를 이끌어간 지배자는 자신이 하늘의 아들이라 하면서 정치와 종교를 아울러 지배하였다. 그리고 점차 복잡해져가는 사회를 유지하기 위한 법률도 만들었다. 이러한 배경 속에서 가장 먼저 성립한 나라가 단군이 세운 고조선이었다. 고조선의 단군왕검은 종교와 정치를 함께 지배하는 사람을 뜻하는 말이다. 『삼국유사』에서는 단군의 건국(서기전 2333)에 관하여 다음과 같은 내용이 실려 있다.

"환인(하느님)의 아들 환웅이 인간을 널리 이롭게 할 목적으로 바람, 비, 구름을 각각 주관하는 부하들을 거느리고 태백산에 내려와 신시를 열고 곡식, 생명, 형벌 등 인간에게 필요한 360여 가지를 주관하며 사람들을 다스렸다. 그러던 중에 곰이 찾아와 사람이 되기를 원하므로 환웅은 곰을 여자로 변하게 하고 그와 혼인하여 아들을 낳았다. 이가 곧 단군이다. 단군왕검은 아사달에 도읍을 정하고 나라를 세워 조선이라 하였다." [28]

중학교 국사(상), 문교부(국사편찬위원회), 1990

고대조선의 건국 지역이 대동강 유역이었음을 강조하던 1960~1970년대와 달리 요령(遼寧)지방과 한반도 북부지역에서 정치적 사회가 먼저 출현했음을 시사하고 있다.[29] 또 『삼국유사』속의 고대조선에 관한 내용 소개를 통해 고대조선 건국 사실을 간접적으로 설명하고 있다. 위 인용문 "환인(桓因, 하느님)의 아들 환웅이 인간을 널리 이롭게 할 목적으로 … 단군왕검은 아사달에 도읍을 정하고 나라를 세워 조선이라 하였다"는 내용은 해석에 따라 고대조선에 대한 인식이 다양하게 바뀔 수 있는 부분이다. 따라서 보다 구체적인 보완 설명과 함께 민족의 사화가 형성되는 배경과 그 속에 담긴 역사학적 의미를 인식케 하는 노력을 통해 민족 역사의 기원에 대한 의혹을 불식시키는 것이 필요하다.

단군과 고조선

청동기문화의 발전과 함께 족장이 지배하는 사회가 출현하였다. 이들 중에서 강한 족장은 주변의 여러 족장사회를 통합하면서 점차 권력을

---

28 중학교 국사(상), 1990, 14쪽.

29 최몽룡, 「북한의 단군릉 발굴과 그 문제」(1)(2), 『단군 그 이해와 자료』, 290~301쪽 ; 김성환, 「전통시대의 단군묘 인식」 『고조선 탐색』(고조선학회 제1회 학술발표회), 고조선학회, 2008, 10~26쪽.

강화해갔다. 족장사회에서 가장 먼저 국가로 발전한 것은 고조선이었
다. 『삼국유사』의 기록에 따르면 고조선은 단군왕검이 건국하였다고 한
다(B.C. 2333). 단군왕검은 당시 지배자의 칭호였다.[30]

고등학교 국사, 교육인적자원부(국사편찬위원회), 2002

"고조선은 단군왕검이 건국하였다고 한다"와 "단군왕검은 당시 지배
자의 칭호였다"는 표현은 앞에서 여러 차례 지적한 것처럼 논의가 필요
한 부분이다.

고조선은 요령지방을 중심으로 성장하여 점차 인접한 족장사회를 통합
하면서 한반도까지 발전하였는데, 이와 같은 사실은 비파형 동검의 출
토 분포로서 알 수 있다. 고조선의 세력 범위는 청동기시대를 특징짓는
유물의 하나인 비파형 동검이 나오는 지역과 깊은 관계가 있다.[31]

고등학교 국사, 교육인적자원부(국사편찬위원회), 2002

고대조선의 처음 도읍은 요령지방이었는데 점차 대동강 유역으로 이동
했다는 논리다. 그러나 이는 고대조선의 중심지가 대동강 유역의 평양이
었다는 논리를 합리화시키기 위한 '고조선 중심지 이동설'의 연장선상에
서 쓰여졌다는 차원에서 식민사학의 틀을 벗어나지 못하고 있다.[32]

---

30 고등학교 국사, 2002, 34쪽.
31 고등학교 국사, 2002, 34쪽.
32 황순종, 『식민사관의 감춰진 맨 얼굴』, 만권당, 2014, 163쪽.

단군의 고조선 건국

청동기문화가 형성되면서 만주 요령(遼寧)지방과 한반도 서북부 지방의 족장(군장)이 다스리는 많은 부족들이 나타났다. 단군은 이러한 부족들을 통합하여 고조선을 건국하였다. 단군의 고조선 건국은 우리나라의 역사가 매우 오래되었음을 말해준다. 또 단군의 건국 사실과 홍익인간의 건국 이념은 우리 민족이 어려움을 당할 때마다 자긍심을 일깨워주는 원동력이 되었다.[33]

중학교 국사, 교육인적자원부(국사편찬위원회), 2007

국정 국사교과서가 나온 이후 처음으로 "단군은 … 고조선을 건국하였다"고 함으로써 자신의 이야기를 하고 있다. "고조선을 건국하였다고 한다"에서 '고 한다'라는 세 글자를 줄여 "고조선을 건국하였다"로 바꾸는 데 반세기가 걸린 셈이다. 이것이 우리 역사학계의 안타까운 모습이다. 또한 '단군의 고조선 건국'은 '단군왕검의 고대조선 건국'으로 쓰는 것이 정확한 표현이다.

한편 교과서의 〈읽기자료〉에서는 『삼국유사』의 내용을 자세히 해석하여 이해를 돕고 있다. 그럼에도 "또 단군의 건국 사실과 홍익인간의 건국 이념은 우리 민족이 어려움을 당할 때마다 자긍심을 일깨워주는 원동력이 되었다"라는 글에서 "몽골의 침략을 당한 고려가 이에 저항하기 위하여 국민들의 노력을 통합할 목적으로 가상의 단군신화를 만들었다"는 조선사편수회의 논리를 읽는 것 같은 느낌을 받는다. 그보다는 오히려 홍익인간 이념의 의미를 설명하고, 유구한 역사 속에 전해오는 민족문화

---

33 중학교 국사, 2007, 18쪽.

의 원형과 그 속에 담겨 있는 민족정신이 우리 민족의 성장과 발전에 어떠한 정신적 지주 역할을 해왔는지를 조명하는 것이 좋겠다.

> 그 밖에도 단군의 건국 이야기를 통해서 우리 민족이 처음 나라를 세웠을 때의 상황을 짐작해볼 수 있다. 곰과 호랑이가 등장하는 것에서는 선사시대에 형성되었던 특정 동물을 숭배하는 신앙의 요소가 반영되어 있음을 알 수 있다. 또 비, 바람, 구름을 주관하는 사람이 있었다는 것에서는 우리 민족 최초의 국가가 농경 사회를 배경으로 성립되었다는 것을 짐작할 수 있다.[34]
>
> 중학교 국사, 교육인적자원부(국사편찬위원회), 2007

위 글은 단군왕검사화의 이해를 통해 고대조선 건국 배경을 설명하려는 내용으로 보인다. 여기서 주의할 것은 일제가 "단군은 단골(무당)과 같은 말로 이는 일종의 점쟁이를 의미한다"라는 극단적인 표현으로 고대조선 건국 사화를 비하하면서 이야기로 꾸며낸 신화에 불과하다는 주장에 말려들지 말아야 한다는 사실이다. 이를 위해서는 개국 사화에 대한 설명과 함께 고대조선 역사의 유구함, 그 속에 담겨 있는 민족문화의 원형과 전통, 그리고 민족정신이 소개되어야 한다.

고조선의 성장과 변천

고조선은 청동기문화의 발전에 따라 점차 정치·문화의 중심 역할을 하면서 세력을 확장해갔다. 그리하여 기원전 4세기경에는 요령지방을 중심으

---

[34] 중학교 국사, 2007, 18쪽.

로 만주와 한반도 북부를 잇는 넓은 지역을 통치하는 국가로 발전하였다.[35]

중학교 국사, 교육인적자원부(국사편찬위원회), 2007

위 글에서 첫눈에 보이는 것은 "고조선은 청동기문화의 발전에 따라 …. 그리하여 기원전 4세기경에는…"이라는 문장이다. 서기전 2333년에 건국된 고대조선이 서기전 4세기경까지 지내온 2천 년의 과정은 일체 무시하고 "그리하여 기원전 4세기경에는"으로 이어지는 이러한 설명을 어떻게 해석해야 할지 모르겠다. '기원전 4세기경'도 '서기전 4세기경'으로 바꿔야 할 용어이다. 또 위 글에 추가하여 주석에서 다음과 같이 설명하고 있다.

문헌에 나타나는 고조선은 단군조선-기자조선-위만조선으로 정치적 변화를 거친다. 이러한 변천과 아울러 고고학적 문화도 청동기시대에서 철기시대로 변화가 이루어진다. 문헌 사료가 부족하므로 고조선의 영토를 알기 위해서는 고고학적 자료를 이용해야 한다. 고조선시대의 청동기문화를 대표하는 유물·유적으로는 비파형 동검, 미송리식 토기, 고인돌 등을 들 수 있다. 이 중 비파형 동검의 가장 큰 특징은 비파형으로 생긴 칼날과 손잡이가 따로 주조된 조립식이라는 점이다. 비파형 동검은 한반도를 비롯하여 랴오허 강을 중심으로 요동과 요서에 주로 분포하고 있으며 허베이 성 일대에서도 그 존재가 확인되고 있다. 비파형 동검과 고인돌(탁자식)의 분포 지역으로 고조선의 세력 범위를 짐작할 수 있다.

중학교 국사, 교육인적자원부(국사편찬위원회), 2007

---

35 중학교 국사, 2007, 19쪽.

이를 보면 "문헌에 나타나는 고조선은 단군조선-기자조선-위만조선으로 정치적 변화를 거친다"는 표현을 쓸 정도로 고대조선에 대한 명확한 개념 정립이 여전히 안 돼 있음을 알 수 있다. 기자조선과 위만조선의 역사가 마치 우리 역사인 것처럼 설명하고 있는 것이다.

본래 기자와 위만은 중국인들이다. 최근 학계의 연구 결과에 의하면 그들이 고대조선 지역으로 망명하여 정권을 세웠지만, 그 역사는 우리 역사의 본류가 아니며 고대조선 변방에서 이루어졌다는 견해가 지배적이다. 따라서 그들이 활동한 지역이 어디이며, 그 성격이 어떤 것이냐에 따라 기자와 위만에 대한 해석이 달라지며 그에 따라 한국 고대사에 대한 해석도 판이하게 달라지므로 이에 대한 규명이 반드시 바르게 이루어져야 하는 것이다. 그에 대한 논의는 '4장 기자국과 위만국, 한사군에 대한 내용 분석'에서 구체적으로 다루겠다.

단군과 고조선

족장사회에서 가장 먼저 국가로 발전한 것은 고조선이었다. 『삼국유사』와 『동국통감』의 기록에 따르면 단군왕검이 고조선을 건국하였다(기원전 2333). 단군왕검은 당시 지배자의 칭호였다. 고조선은 요령지방을 중심으로 성장하여 점차 인접한 족장사회를 통합하면서 한반도까지 발전하였는데, 이와 같은 사실은 비파형 동검과 고인돌의 출토 분포로써 알수 있다.[36]

고등학교 국사, 교육인적자원부(국사편찬위원회), 2007

---

36 고등학교 국사, 2007, 32쪽.

위 글은 『삼국유사』와 『동국통감』을 근거로 서기전 2333년에 고대조선이 건국됐다고 밝히고 있다. 그리고 그 지역도 요령지방을 중심으로 성장하여 한반도까지 발전한 것으로 보고 있다. 해가 바뀌어도 국사교과서는 지난날의 내용을 반복하여 기술하고 있을 뿐이다. 이는 민족의 기원을 밝히는 일로 정체성 문제와 관련되므로 고고학계와의 긴밀한 협조를 통해 한국 역사학계가 합의를 봐야 할 매우 중요한 사항이다. '기원전 2333'이라는 괄호 속의 용어도 '서기전 2333'으로 고쳐 써야 한다.

> 고조선의 건국 사실을 전하는 단군 이야기는 우리 민족의 시조 신화로 널리 알려져 있다.[37] 단군 이야기는 오랜 세월을 거치면서 전승되어 기록으로 남겨진 것이다. 그러는 동안 어떤 요소는 후대로 가면서 새로 첨가되기도 하고 때로는 없어지기도 하였다. 신화는 그 시대 사람들의 관심이 반영된 것으로 역사적인 의미가 담겨 있다. 이것은 모든 신화에 공통되는 속성이기도 하다. 단군의 기록도 마찬가지로 청동기시대의 문화를 배경으로 한 고조선의 성립이라는 역사적 사실을 반영하고 있다.[38]
>
> 고등학교 국사, 교육인적자원부(국사편찬위원회), 2007

위 글은 단군왕검사화에 대한 이해를 돕기 위한 글이다. 여기서 단군

---

[37] 주석에서 『고기』 내용을 다음과 같이 소개하고 있다. "즉, 『고기(古記)』에 이런 말이 있다. 옛날 환인의 아들 환웅이 천부인 3개와 3천의 무리를 이끌고 태백산 신단수 아래에 내려왔는데, 이곳을 신시라 하였다. 그는 풍백, 우사, 운사로 하여금 인간의 360여 가지의 일을 주관하게 하였는데, 그중에서 곡식, 생명, 질병, 형벌, 선악 등 다섯 가지 일이 가장 중요한 것이었다. 이로써 인간 세상을 교화시키고 인간을 널리 이롭게 하였다. 이때 곰과 호랑이가 사람이 되기를 원하므로 환웅은 쑥과 마늘을 주고 이것을 먹으면서 100일간 햇빛을 보지 않는다면 사람이 될 것이라고 했다. 곰은 금기를 지켜 21일 만에 여자로 태어났고, 환웅과 혼인하여 아들을 낳았다. 이가 곧 단군왕검이다."

[38] 고등학교 국사, 2007, 32~33쪽.

왕검사화를 민족의 시조 신화로 볼 것인가, 아니면 고대조선의 개국 사화로 볼 것인가는 논의가 필요한 부분이다. 다른 부분도 사회인류학과 신화학적인 관점에서 학문적 논리 체계의 보완이 필요하다. 위 글에서 "단군 이야기는 오랜 세월을 거치면서 전승되어 기록으로 남겨진 것이다. 그러는 동안 어떤 요소는 후대로 가면서 새로 첨가되기도 하고 때로는 없어지기도 하였다. 신화는 그 시대 사람들의 관심이 반영된 것으로 역사적인 의미가 담겨 있다"는 내용은 앞의 '고등학교 국사(상) 교육부(국사편찬위원회), 1996'의 뒷부분에서 지적한 바와 같다.

> 고조선은 요령지방과 대동강 유역을 중심으로 독자적인 문화를 이룩하면서 발전하였다. 기원전 3세기경에 부왕, 준왕 같은 강력한 왕이 등장하여 왕위를 세습하였으며 그 밑에 상, 대부, 장군 등의 관직도 두었다. 또 요서지방을 경계로 하여 연나라와 대립할 만큼 강성하였다.[39]
>
> 고등학교 국사, 교육인적자원부(국사편찬위원회), 2007

'기원전 3세기경'은 '서기전 3세기경'의 잘못된 사용이다. 앞에서 여러 차례 지적했지만 이 교과서 역시 서기전 2333년에 개국된 고대조선의 2천 년 역사에 대해 침묵한 채 요령지방과 대동강 유역을 중심으로 독자적인 문화를 이룩하면서 발전하다가 갑자기 서기전 3세기경 부왕, 준왕 등이 왕위를 세습하여 강력한 체제를 구축한 것으로 말하고 있다. 그런데 부왕과 준왕은 우리 민족의 조상이 아닌 기자국의 후손들로서 고대조선과는 관계가 없는 인물들이다. 따라서 그들이 고대조선의 왕위를 세

---

[39] 고등학교 국사, 2007, 33쪽.

습했다는 것은 논리적으로 맞지 않다. 특히 기자국과 위만국은 우리 역사의 본류가 아님에 주목해야 한다.

한국 고대사를 해석하면서 일어나는 혼란은 바로 이러한 부분에서 비롯되고 있으며, 사대주의와 식민사학에서 벗어나지 못하고 있다는 비판도 이러한 부분을 바르게 해석하지 못했기 때문이다. 더 이상 이와 같은 모호한 설명으로 한국 민족사의 시작을 얼버무림으로써 고대사 해석을 혼란 속으로 빠뜨려서는 안 된다.

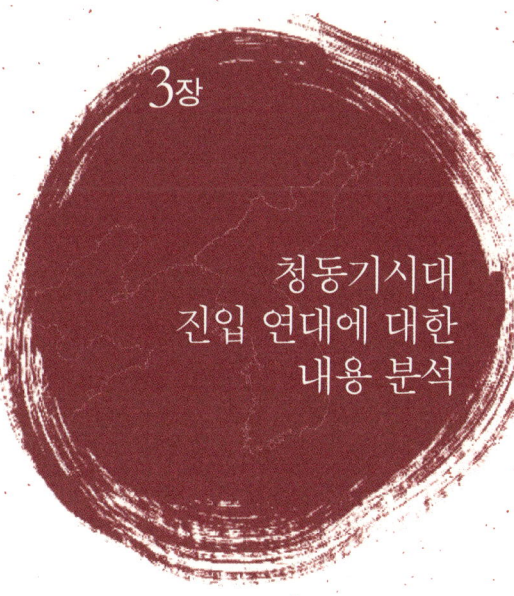

3장

청동기시대
진입 연대에 대한
내용 분석

1. 청동기시대 진입 연대

　만주와 남북한 지역 청동기시대 진입 연대는 고대조선 역사의 실재성을 밝히는 데 매우 중요한 단서가 된다. 고대국가의 진입 시기는 두 가지 측면에서 살펴볼 필요가 있다.

　하나는 고대국가는 청동기문화를 바탕으로 성립됐다고 하는 이론이다. 이 경우 고대조선이 서기전 2333년에 건국됐다면 만주와 남북한 지역 중 어느 한 지역은 최소한 서기전 25~서기전 24세기경에는 청동기시대에 진입했어야 한다. 그리고 그 지역의 청동기시대 진입 사실이 고고학적으로 증명돼야 한다. 이러한 전제가 충족되지 못하면 서기전 2333년 고대조선 건국은 역사적 사실이라 할 수 없다.

　그럼에도 고대조선은 서기전 2333년에 건국됐다고 하면서 이를 고고학적으로 뒷받침해야 하는 청동기시대 편년을 분명히 밝히지 못한 채 한국사에서 청동기시대 진입 연대를 서기전 8~서기전 7세기 또는 빨라야 서기전 15~서기전 10세기 정도로 상정하고 있는 국사교과서 내용과 학자들의 주장은 논리적으로 맞지 않다.

　또 다른 측면에서 고대국가는 신석기시대에도 존재했다고 보는 견해가 있다.[40] 그러므로 고대조선 건국과 청동기시대 진입 연대 간의 관계는 민족의 기원을 밝혀 청소년들의 자아 형성과 민족의 정체성 확립을 위한 본래의 국사교육이 추구하는 목표 달성을 위해서도 분명히 짚고 넘어가야 한다.

이에 국사교과서에서는 우리 민족의 청동기시대 진입 연대에 대해서 어떻게 설명하고 있는지 검토해보자.

---

40 이덕일, 『고조선은 대륙의 지배자였다』, 역사의 아침, 2006, 186~192쪽. 여기서 이덕일은 "신석기시대에도 국가가 존재했다고 보는 것이 현재 세계 학계의 흐름이다. 대표적인 예가 중남미의 잉카·마야·아스텍 문명 등인데, 이들 문명은 청동기를 사용하지 않았지만 대부분의 학자들은 고대국가라고 인정하고 있다"고 강조한다.

2. 불합리한 교과서 설명과 연대 설정

중석기시대에 대한 설명

A 구석기시대에서 신석기시대로 넘어가는 전환기에 빙하기가 지나고 다시 기후가 따뜻해졌다. 이런 새로운 자연환경에 대응하기 위하여 이 시기의 사람들은 적합한 생활 방법을 찾으려고 노력하였다.[41] 그리하여 큰 짐승 대신에 토끼, 여우, 새 등 작고 빠른 짐승을 잡기 위하여 활을 사용하였다. 이 시기의 석기들은 더욱 작게 만들어진 잔석기들로서 한 개 내지 여러 개의 석기를 나무나 뼈에 꽂아 쓰는 이음 도구를 만들게 되었다. 이음 도구에는 톱, 활, 창, 작살 등이 있었다.[42]

고등학교 국사, 교육인적자원부(국사편찬위원회), 2002

---

[41] 교과서 주석에서는 '중석기시대'라는 단서를 달고 다음과 같이 소개하고 있다. "유럽에서는 구석기시대에서 신석기시대로 넘어가는 과도기적인 단계를 중석기시대라고 부르고 있다. 그러나 우리나라에서 중석기시대를 설정하는 것은 아직 문제로 남아 있다. 북한에서는 웅기 부포리와 평양 만달리 유적을 중석기시대 것으로 보고 있으며, 남한에서는 통영 상노대도 조개더미의 최하층, 거창 임불리와 홍천 하화계리 유적 등을 중석기 유적으로 보는 사람도 있다."

[42] 고등학교 국사, 2002, 23쪽.

본문에서 '중석기시대'라는 용어는 쓰지 않고 있으나 내용상으로는 중석기시대에 대한 설명이다. 그리고 중석기시대에 대해 주석에서 구체적인 설명을 하고 있다. 그런데 주석에서는 우리나라 중석기시대의 존재를 인정하지 않고 있다. 앞의 '신석기문화와 청동기문화의 탄생' 항목에서 서기전 1만 년경에 빙하기가 끝났다고 설명했고, 위 A항에서 이 시기에 구석기시대가 끝났다고 했다. 또 다음의 B항에서는 우리나라 신석기시대는 서기전 8000년경에 시작되었다고 했다.

이를 종합해보면 우리나라 중석기시대는 서기전 1만 년부터 서기전 8000년경까지의 사이로 보아야 한다. 우리나라에 중석기시대가 없었다면 이 시기는 공백기가 된다. 중석기에 대한 분명한 입장 표명이 필요한 부분이다.[43]

B 우리나라의 신석기시대는 기원전 8000년경부터 시작되었다. … 우리나라 신석기시대의 대표적인 토기는 빗살무늬 토기이다. 그러나 이보다 앞선 시기의 토기도 발견되고 있다. 이것들은 무늬가 없는 것, 토기 몸체에 덧띠를 붙인 것, 눌러찍은 무늬가 있는 것으로 각각 이른 민무늬 토기, 덧무늬 토기, 눌러찍기문 토기(압인문 토기)라고 부른다. 이런 토기는 제주도 한경 고산리, 경남 고성 문암리, 강원 양양 오산리, 부산 동삼동 조개더미 등에서 발견된다. 빗살무늬 토기가 나온 유적은 전국 각지에 널리 분포되어 있다. 대표적인 유적은 서울 암사동, 평양 남경, 김해 수가리 등으로 대부분 바닷가나 강가에 자리 잡고 있다. 빗살무늬 토

---

[43] 최복규, 「중석기문화」 『한국사론』 12, 415~478쪽 ; 최복규, 「한국과 시베리아의 중석기시대 유적과 문화」 『손보기 박사 정년 기념 고고인류학 논총』, 지식산업사, 1988, 201~203쪽.

기는 도토리나 달걀 모양의 뾰쪽한 밑, 또는 둥근 밑 모양을 하고 있으며 크기도 다양하다.[44]

고등학교 국사, 교육인적자원부(국사편찬위원회), 2002

우리나라 신석기시대의 시작을 지금부터 1만 년 전에 해당하는 서기전 8000년경으로 봄으로써 1990년대 후반 교과서에 비해 2천 년 올려 잡고 있다. 그리고 그 유적들에 대한 설명을 하고 있다. '기원전 8000년경'은 '서기전 8000년경'으로 고쳐 써야 한다. 또한 우리나라 신석기시대라는 개념 속에는 남북한 지역과 함께 만주지역의 신석기시대에 대한 설명이 함께 포함되어야 한다.

청동기시대 유물과 유적에 대한 설명

청동기시대의 유물과 유적

한반도에서는 서기전 10세기경, 만주에서는 이보다 앞서서 청동기시대가 시작되었다. … 비파형 동검은 요령지방과 한반도에서 많이 발견되고 있으며, 세형 동검은 한반도의 각 지역에서 고르게 발견되고 있다. 한편 청동 거울은 거친무늬 거울에서 잔무늬 거울로 발전하였는데 그 출토 지역은 동검의 출토 지역과 거의 같다. 또 청동을 부어 그릇이나 칼을 만드는 거푸집도 곳곳에서 발견되고 있다.[45]

중학교 국사(상), 문교부(국사편찬위원회), 1990

---

44 고등학교 국사, 2002, 23~24쪽.
45 중학교 국사(상), 1990, 11쪽.

위 글은 동검과 청동 거울들의 출토 지역에 대한 설명이다. 그러나 요서지역에 대한 구체적인 설명이 빠져 있다. 고대조선의 위치, 강역과 관련하여 고고학계에서 요서지역 문화를 매우 중시하고 있는 점을 감안할 때 이에 대한 설명이 보완돼야 하겠다.

> 청동기시대의 무덤으로는 고인돌과 돌널무덤이 있다. 선돌과 함께 청동기시대 유적의 특징을 보여주는 고인돌은 한반도의 거의 모든 지역에서 발견되고 있다. 고인돌보다 발전된 무덤인 돌널무덤은 만주와 한반도에 널리 분포되어 있다. 이 무덤에서는 비파형 동검을 비롯하여 많은 청동기와 민무늬 토기가 출토되고 있다. 이와 같은 유물의 분포 지역과 그 모습으로 보아 한반도와 요령지방의 청동기문화는 같은 계통의 문화라는 것과 중국의 청동기문화와는 다른 독자적인 문화라는 것을 알 수 있다.[46]
>
> 중학교 국사(상), 문교부(국사편찬위원회), 1990

한반도와 요령지방 청동기문화는 같은 계통의 문화이며, 중국의 청동기문화와는 다르다는 점을 강조하고 있다. 다만 최근 대대적인 각광을 받고 있는 홍산문화에 대한 언급이 없을 뿐 아니라 고대조선과 어떤 관계가 있는 문화인지 전혀 설명되어 있지 않아 이에 대한 보완도 필요하다.

---

46 중학교 국사(상), 1990, 12쪽.

서기전 10 ~ 서기전 7세기경 청동기시대 진입

청동기의 사용

기원전 7세기를 전후로 하여 청동으로 된 연모를 쓰는 금속문명 시대로 들어갔다. 우리 조상들도 청동기로 만든 농기구로 농사를 짓게 되면서 농업 생산이 늘어났다. 이에 따라 생활에 여유가 생기게 되어 생활의 모습이 달라졌다. 또 여러 가지 규칙이 생기게 되었다. 그리하여 원시사회는 급속히 발달하게 되었다. 한편 일부 부족들은 금속문명으로 얻은 경제력과 무력으로 그 세력을 이웃 부족에 펴가니 우리나라는 부족국가 성립의 기초가 마련되어갔다.[47]

국사(6), 문교부(국정교과서주식회사), 1972

여기서 세 가지 짚고 넘어가야 할 사항이 있다. 첫째는 '기원전 7세기'라는 용어 사용이다. 이는 '서기전 7세기'를 잘못 표현한 것으로 국정교과서에서 이런 잘못은 고쳐져야 한다. 둘째는 청동으로 된 연모 사용 시기를 서기전 7세기 전후라 했는데, 이는 요서지역 청동기 문명이 서기전 24세기경까지 올라가고 있음을 감안하면 많은 차이가 있다.[48] 셋째는 우리나라 부족국가 성립의 기초가 이때(서기전 7세기경) 마련되어갔다고 했는데, 이는 서기전 2333년에 단군왕검이 고대조선을 세웠다는 『삼국유

---

[47] 국사(6), 1972, 15쪽.

[48] 복기대, 『요서지역의 청동기시대 문화 연구』, 백산자료원, 2002 ; 우실하, 『동북공정 너머 요하문명론』, 소나무, 2007 ; 하문식, 『고조선 지역의 고인돌 연구』, 백산자료원, 1999 참조 ; 우실하, 「요하문명과 동북아시아 고대사」, 41~47쪽 ; 박원길, 「북방공정의 논리와 전개 과정 연구」, 93~107쪽, 『북방문화와 한국 상고문화의 기원』(국제학술대회 발표문), 단국대 북방문화연구소, 2008.

사』의 기사를 전면 부정하는 잘못된 논리이다.

청동기문화와 농경 생활

A 우리나라의 청동기문화는 지역에 따라 약간의 차이는 있으나 대략 기원전 10세기경 북쪽 지방에서부터 시작되었다. 이들이 만든 초기 청동검은 뒤에 세형 청동검으로 모양이 바뀌었는데 이러한 청동검 외에 청동 도끼나 그 밖의 장식품, 세문경(細文鏡), 방울 달린 청동기 등이 우리나라 각지에서 출토되고 있다. 우리나라 청동기는 아연이 함유된 것도 있는 점과 장식으로 스키토 시베리안 계통의 동물 문양을 즐겨 쓴 점으로 보아 중국의 영향을 받았다고 보기보다는 북방 계통의 것을 받아들인 것으로 보인다.[49]

고등학교 국사(상), 문교부(국사편찬위원회), 1982

위 글에서 '기원전 10세기'는 '서기전 10세기'의 잘못된 표현으로 바로잡아야 하고, 우리나라 청동기문화가 서기전 10세기경 북쪽 지방에서 시작되었다는 설명은 하가점 하층문화의 발굴로 연대가 상향 조정돼야 한다.[50] 여기서 굳이 "중국의 영향을 받았다고 보기보다는…"이란 불필요한 단서를 붙이는 이유를 모르겠다. 청동검에 대한 설명도 다음의 주석처럼 "남만주의 요령(遼寧)지방에서 발견된 동검으로 초기의 비파형

---

49 고등학교 국사(상), 1982, 8쪽.

50 복기대, 앞 책, 90~98쪽 ; 우실하, 앞 책, 80·302쪽 ; 윤내현, 『중국의 원시시대』, 단국대학교 출판부, 1982, 488~500쪽 ; 다음의 학자들은 청동기 개시 연대를 서기전 2000년으로 보고 있다 : 리쉐친 저·심재훈 역, 『중국 청동기의 신비』, 학고재, 2005, 227쪽 ; 박진욱 『조선 고고학 전서』(고대편), 과학백과사전종합출판사, 1988, 5쪽 ; 사회과학원역사연구소 편 『조선 원시사』, 백산자료원, 1991, 244쪽.

청동검이라 부르기도 하며 만주식 청동검 또는 부여식 동검이라고도 부른다. 한국 청동검의 원조이다. 남만주 일대를 비롯하여 개천, 평양, 춘천, 고흥, 부여, 무주 등지에서 발견되고 있다"는 식으로 다소 불분명하게 소개하고 있다.

> B 이 시기에는 족장들의 세력이 강해지기 시작하였다. 특히, 청동으로 만든 칼과 창으로 무장한 부족들은 이웃 부족들을 복속시켜 공납을 받아들이게 되었다. 이때, 우세한 부족들은 스스로 하늘의 아들이라고 믿는 선민사상을 가지고 거대한 고인돌이나 적석총, 석관묘를 만들고, 선돌을 세우기도 하였다. 이와 같이 청동기문화를 건설한 무늬 없는 토기를 사용하던 사람들은 앞선 신석기시대의 문화와 전통을 흡수하면서 북방, 서방, 남방의 문화까지 포섭하게 되었다. 이들은 이와 같이 앞선 농경문화의 경제력을 기반으로 청동기문화를 발전시키면서 우리 민족의 주류를 형성하였다. 한편 신석기시대 이래로 우리나라의 선사문화는 일본에 전해져[51] 그곳의 선사문화 성립에 큰 영향을 끼쳤다.[52]
>
> 고등학교 국사(상), 문교부(국사편찬위원회), 1982

위 B 문장은 고대조선 건국 배경을 설명하기 위한 것으로 보이는데,

---

[51] 교과서 주석에서 한·일 간의 문화 교류를 다음과 같이 소개하고 있다. "구석기시대에는 육지로 연결되어 있었으므로, 우리의 문화가 그대로 일본으로 전해졌다. 신석기시대에도 빗살무늬 토기가 일본으로 건너가 조몬토기(繩文土器)와 연결되고 있으며, 야요이 문화(彌生文化)의 벼농사나 고분문화의 금은 장식도 한국에서 영향을 받아 크게 발달하였다. 그 밖에도 유구, 석부, 세문경을 받아들여 변형시켰으며, 고인돌이나 분묘도 우리의 것을 전수받아 만들었다."

[52] 고등학교 국사(상), 1982, 9쪽.

문장 자체는 문제점이 없으나 청동기문화가 서기전 10세기에 시작됐다는 내용을 담고 있는 그 위 A 문장과 연결해 해석할 경우 고대조선 건국 연대와 관련하여 혼란이 생긴다. 특히 우리 민족 주류가 마치 서기전 10세기경 이후에 형성된 것으로 착각할 수 있게 하는 내용이다. 고대조선 건국뿐 아니라 우리 민족 주류의 형성과 관련해 연대 설정에 신중을 기해야 할 중요한 내용을 담고 있다.

고조선의 변천

산둥반도와 중국 동북부 지방에까지 널리 분포하여 살던 예맥족들은 기원전 4세기를 전후하여 중국이 전국시대에 들어가 각 지방에서 정치적 변동이 일어나자 만주와 한반도로 이동해왔다. 이 시기에 땅을 파고 목관을 매장하는 토광묘가 나타났는데 부장품들을 보면 청동기문화와 철기문화가 복합되기 시작한 것을 알 수 있다.[53]

고등학교 국사(상), 문교부(국사편찬위원회), 1982

예맥족이 산둥반도(산동반도)와 중국 동북부 지방에까지 분포해 서기전 4세기 전후까지 살다가 전국시대의 정치적 변동으로 만주와 한반도로 이동해왔다는 위의 설명은 고대조선 변방의 정치적 변동 상황을 설명하려는 의도로 보인다.

그러나 『삼국유사』에 의하면 예(濊, 虎)족과 맥(貊, 熊)족은 한족과 더불어 고대조선 건국 초기부터 등장한다. 그런데 위 내용은 마치 그들이 서기전 4세기경 들어와서 우리 철기문화를 열어나간 것처럼 설명하고 있

---

[53] 고등학교 국사(상), 1982, 11쪽.

다. 그러면서도 예맥족과 고대조선과의 관계, 정치적 변동에 따른 중국 이주민의 유입 등에 대한 언급이 모호하다.[54] 『삼국유사』의 고대조선 건국을 부정할 경우에나 성립할 수 있는 내용으로 고정관념 극복이 필요한 부분이다.

청동기의 보급

신석기시대에 이어 한반도에서는 B.C. 10세기경에, 만주에서는 이보다 앞서서 청동기시대가 시작되었다. 청동기시대에는 생산 경제가 더욱 발전하고 전문적인 분업이 이루어지면서 사유재산과 계급이 나타나게 되었다. 이에 따라 사회 전반에 걸쳐 큰 변화가 일어나게 되었다. 청동기시대의 유적은 요령, 길림성 지방을 포함하는 중국 동북지역으로부터 한반도에 걸쳐 널리 분포되어 있다. 이 시기의 전형적인 유물로는 반달돌칼, 바퀴날 도끼를 포함하는 석기와 비파형 동검, 거친무늬 거울, 화살촉 등의 청동 제품, 그리고 미송리식 토기와 전형적인 민무늬 토기 등이 있으며 고인돌, 돌무지무덤 등에서 나오고 있다.

비파형 동검은 중국 동북부로부터 한반도 전역에 걸쳐 분포하며 이러한 동검의 분포는 이 지역이 청동기시대에 같은 문화권에 속하고 있었음을 보여준다. 청동기시대의 대표적인 토기인 민무늬 토기는 지역에 따라 다른 모양을 보이고 있으나 밑바닥이 좁은 팽이형과 밑바닥이 판판한 원통 모양의 화분형이 기본적인 것으로 빛깔은 적갈색이다.[55]

---

54 도유호, 「예맥조선에 관하여」 『문화유산』, 조선과학원 고고학 및 민속학연구소, 1962, 36~37쪽 ; 황철산, 「예맥족에 대하여」(1), 19~31쪽, 「예맥족에 대하여」(2), 19~24쪽, 『고고민속』, 조선과학원 고고학 및 민속학연구소, 1963 ; 신용하, 『한국 원민족의 형성과 역사적 전통』, 나남출판, 2005, 26~33쪽 ; 이 밖에 이병도·최남선·김정배 등의 이론 참조.

55 고등학교 국사(상), 1990, 11쪽.

고등학교 국사(상), 교육부(국사편찬위원회), 1990

　청동기시대 편년도 중학교 교과서에서와 같이 한반도에서는 서기전 10세기경, 만주에서는 이보다 앞선 시기로 상정하고 있다. 즉, 중학교에서 배운 내용의 반복이라 하겠으나 유적과 유물에 대한 설명이 구체화되고 있다. 특히 중요한 유물과 그것의 출토 지역에 대해서는 주석을 달아 이해를 돕고 있다. 또 주석에서 "고조선의 세력 범위는 청동기시대를 특징짓는 유물인 비파형 동검이나 미송리식 토기가 나오는 지역과 거의 일치하고 있다. 한편 동이(東夷)족의 분포는 고대의 한민족이라 할 수 있는 예(濊), 맥(貊), 부여(夫餘), 고구려(高句麗), 북옥저(北沃沮), 읍루(挹婁) 등을 아우르는 지역으로 추정되고 있다"[56]고 설명하고 있다.

　주목할 것은 교과서 주석에서 남북한의 대표적인 유적지를 다음과 같이 소개하고 있는 점이다. 즉, "대표적인 유적지로는 북한의 함북 회령 오동리, 나진 초도, 평북 강계 공귀리, 의주 미송리, 평남 승호군 금탄리 등을 들 수 있고, 남한에서는 경기도 여주 흔암리, 파주 덕은리, 충남 부여 송국리, 충북 제원 양평리 등을 들 수 있다"는 내용이다.

　여기서 고대조선의 역사를 설명하는 데 만주지역에 대한 설명은 빼놓은 채 남북한 지역의 유적지를 소개하는 것은 큰 의미가 없다. 남북한 지역은 고대조선 강역의 일부에 지나지 않기 때문이다. 그럼에도 고대조선의 역사를 설명하면서 남북한의 청동기시대 유적지만을 소개하는 것은 교과서를 집필하는 이들의 잠재의식 속에 고대조선의 활동 영역이 남북한 지역에 한정돼 있다는 것을 의미한다.

---

[56] 앞 고등학교 교과서, 17쪽.

청동기의 보급

신석기시대에 이어 한반도에서는 B.C. 10세기경에, 만주지역에서는 이보다 앞서서 청동기시대가 시작되었다. 청동기시대에는 생산 경제가 더욱 발달하고 분업이 이루어지면서 사유재산 제도와 계급이 나타나게 되었다. 이에 따라 사회 전반에 걸쳐 큰 변화가 일어나게 되었다. 청동기시대 유적은 요령성, 길림성 지방을 포함하는 만주지역으로부터 한반도에 걸쳐 널리 분포되어 있다.

이 시기의 전형적인 유물로는 반달 돌칼, 바퀴날 도끼 등의 석기와 비파형 동검, 거친무늬 거울, 화살촉 등의 청동 제품, 그리고 미송리식 토기와 각 지역에 따라 특징이 있는 민무늬 토기 등이 있는데 이들은 고인돌, 돌무지무덤, 돌널무덤 등에서 나오고 있다. 이 시기의 대표적 동검인 비파형 동검은 만주지역으로부터 한반도 전역에 걸쳐 분포하며 이러한 동검의 분포는 이 지역이 청동기시대에 같은 문화권에 속하고 있었음을 보여준다.[57]

고등학교 국사(상), 교육부(국사편찬위원회), 1996

1990년대 교과서와 마찬가지로 한반도에서 청동기시대 시작을 서기전 10세기경으로 보고 있다. 그러나 남북한 지역에서 발견되는 일부 유적들을 방사선탄소연대측정법으로 조사한 결과는 서기전 24세기 이전으로 올라간다는 연구 결과들이 나와 있다. 이 문제는 한국 역사학계와 고고학계가 함께 해결해나가야 할 과제이다. 즉, 남북한 지역에서 발굴되는 유적과 유물에 대한 방사선탄소연대측정법에 의한 결과들의 객관적 판

---

[57] 고등학교 국사(상), 1996, 22쪽.

단과 해석이 요구되는 부분들이다.[58]

또 남북한 지역의 청동기시대 진입 연대가 반드시 서기전 24세기경까지 올라가야만 고대조선이 고대국가 체제로 들어섰다고 말할 수 있는 것은 아니다. 왜냐하면 고대조선의 출발 지역이 남북한 지역이 아니었을 개연성이 있고, 그렇기 때문에 남북한 지역의 청동기시대 진입 연대가 바로 고대조선의 건국과 직접 연결되는 것은 아니라고 보기 때문이다. 또 다른 측면에서 고대국가는 신석기시대에도 존재했다고 보는 견해가 고려되어야 한다.[59] 그러나 유적과 유물에 대한 방사성탄소연대측정법의 결과들에 따른 해석과 판단만은 객관적으로 이루어져야 한다.

위 글에서는 청동기시대 유적에 대한 언급에서 요서지역이 빠져 있다. 특히 비파형 동검 분포 지역에서 요서지역의 누락은 청동기시대의 같은 문화권을 설정하는 데 중요한 변수가 될 수 있음에 주의해야 한다.[60]

청동기의 보급

신석기시대를 이어 한반도에서는 기원전 10세기경에, 만주지역에서는 이보다 앞서는 기원전 15~13세기경에 청동기시대가 전개되었다. … 청동기시대의 유적은 중국의 요령성, 길림성 지방을 포함하는 만주지역과 한반도에 걸쳐 널리 분포되어 있다. 이 시기의 전형적인 유물로는 반달돌칼, 바퀴날 도끼, 홈자귀 등의 석기와 비파형 동검, 거친무늬 거울 등

---

58 최성락, 『영암 장천리 주거지』 2, 목포대학교 박물관, 1986, 46쪽 ; Chan Kirl Park and Kyung Rin Yang,"KAERI Radiocarbon Measurements Ⅲ" Radiocarbon, vol. 16, no. 2, 1974, 197쪽.
59 이덕일, 『고조선은 대륙의 지배자였다』, 역사의 아침, 2006, 187쪽.
60 복기대, 앞의 책, 『요서지역의 청동기시대 문화 연구』 외.

의 청동기, 그리고 미송리식 토기[61], 민무늬 토기, 붉은 간 토기 등의 토기가 있다. 이들 유물은 청동기시대의 집터를 비롯하여 고인돌[62], 돌널무덤, 돌무지무덤 등 당시의 무덤에서 나오고 있다.[63]

고등학교 국사, 교육인적자원부(국사편찬위원회), 2002

청동기시대 시작을 남북한 지역에서는 서기전 10세기경, 만주지역에서는 서기전 15~서기전 13세기경으로 보고 있는데, 이는 두 가지가 고려되지 않은 설명이다. 첫 번째는 국내 유적들에 대한 방사선탄소연대측정법에 의한 조사 결과가 반영되지 않은 점이고, 두 번째는 요서지역과 요동지역의 고고학 발굴 성과들이 반영되지 않았다는 것이다.[64] 따라서 이러한 설명에 따르면 서기전 2333년이라는 고대조선의 건국 연대는 전혀 믿을 수 없는 것이 되고 만다.

---

61 교과서의 미송리식 토기에 대한 주석. "평북 의주 미송리 동굴에서 처음 발굴되었다. 밑이 납작한 항아리 양쪽 옆으로 손잡이가 하나씩 달리고 목이 넓게 올라가서 다시 안으로 오므라들고 표면에 집선(集線)무늬가 있는 것이 특징이며, 주로 청천강 이북, 요령성과 길림성 일대에 분포한다. 이 토기는 고인돌, 거친무늬 거울, 비파형 동검과 함께 고조선의 특징적인 유물로 간주된다."

62 교과서의 거석문화와 고인돌에 대한 주석. "고인돌과 선돌(입석)은 거석을 이용한 구조물로 거석문화의 상징이다. 크게 보았을 때 이집트나 마야의 피라미드, 중동지방의 각종 석조물, 프랑스 서북부 대서양 연안지역의 거석렬(巨石列)과 영국의 스톤헨지 등이 모두 이 거석문화의 산물이다. 우리나라에는 세계에서 가장 많은 고인돌이 분포되어 있는데, 형태에 따라 북방식(탁자식), 남방식(바둑판식), 개석식으로 구분한다. 유네스코 세계유산위원회는 2000년 12월에 고창, 화순, 강화의 고인돌 유적지를 세계 문화유산으로 지정하였다."

63 고등학교 국사, 2002, 29쪽.

64 이호관·조유전, 「양평군 양수리 지석묘 발굴 보고」『팔당·소양댐 수몰지구 유적 발굴 종합조사 보고』, 문화재관리국, 1974 ; Chan Kirl Park and Kyung Rin Yang, "KAERI Radiocarbon Measurements Ⅲ" Radiocarbon, vol. 16, no. 2, 1974, 197쪽 ; 최성락, 『영암 장천리 주거지』2, 목포대학교 박물관, 1986, 46쪽 ; 중국사회과학원 고고연구소 편『新中國的考古發現和研究』, 문물출판사, 1984, 339~344쪽 ; 靳楓毅,「論中國東北地區含曲刃青銅短劍的文化遺存」(상)『考古學報』, 1982년 4期, 387~426쪽(앞 책, 『새로운 한국사』, 70쪽 재인용).

청동기시대에는 고인돌과 돌널무덤 등이 만들어졌고 철기시대에는 널무덤과 독무덤 등이 만들어졌다. 그중에서 계급 사회의 발생을 보여주는 대표적인 무덤이 고인돌이다.… 고인돌은 우리나라 전역에 분포되어 있다. 무게가 수십 톤 이상인 덮개돌을 채석하여 운반하고 무덤에 설치하기까지에는 많은 인력이 필요하였다. 따라서 고인돌은 당시 지배층이 가진 정치권력과 경제력을 잘 반영해주고 있다. 정치권력이나 경제력에서 우세한 부족들은 스스로 하늘의 자손이라고 믿는 선민사상을 가지고 주변의 약한 부족을 통합하거나 정복하고 공납을 요구하였다.[65]

고등학교 국사, 교육인적자원부(국사편찬위원회), 2002

위 글은 무덤에 대한 설명을 포함하여 고인돌에 대한 해석을 통해 지배층의 정치권력과 경제력, 주변 부족 통합 등을 설명하고 있다. 다만 "정복하고 공납을 요구하였다"는 표현은 특정 사관의 반영으로 보인다. 이를 "정치권력과 경제력이 우세한 부족들은 스스로 하늘의 자손이라는 믿음을 가지고 주변의 약한 부족을 통합하거나 정복하면서 세력을 넓혀나갔다"고 기술하는 것이 보다 합리적이지 않을까 하는 측면에서 논의가 필요하다.

서기전 2000 ~ 서기전 1500년경 청동기시대 진입

청동기시대의 시작

한반도와 만주지역에서는 기원전 2000년경에서 기원전 1500년경에 청

---

[65] 고등학교 국사, 2002, 32쪽.

동기시대가 시작되었다. … 따라서 청동기시대의 생활 도구는 여전히 돌이나 나무로 만든 것이 대부분이었으며 민무늬 토기를 사용하였다.[66]

중학교 국사, 교육인적자원부(국사편찬위원회), 2007

남북한 지역과 만주지역 청동기시대 시작 연대를 서기전 2000년에서 서기전 1500년대로 봄으로써 지난 교과서들에 비해 500년 정도 올려 잡고 있다. 그러나 고대조선 지역에서의 청동기시대 시작 연대는 서기전 2500년경이라는 연구 결과들이 나와 있음을 감안하면 보다 적극적인 논의가 필요한 부분이다.[67]

청동기의 보급

신석기시대 말인 기원전 2000년경에 중국의 요령(랴오잉), 러시아의 아무르 강과 연해주 지역에서 들어온 덧띠새김무늬 토기[68] 문화가 앞선 빗살무늬 토기 문화와 약 500년간 공존하다가 점차 청동기시대로 넘어간다. 이때가 기원전 2000년경에서 기원전 1500년경으로 한반도 청동기시대가 본격화된다. … 청동기시대의 유적은 중국의 요령성, 길림성 지방을 포함하는 만주지역과 한반도에 걸쳐 널리 분포되어 있다. … 이 시기의 대표적인 동검인 비파형 동검은 만주로부터 한반도 전역에 이르는

---

66 중학교 국사, 2007, 13쪽.

67 윤내현, 『고조선 연구』, 일지사, 29쪽 ; 박선희, 『한국 고대 복식 그 원형과 정체』, 지식산업사, 2002, 14쪽·550쪽 각주·563쪽 참조.

68 교과서의 덧띠새김무늬 토기(突帶紋 또는 刻目突帶文土器)에 대한 주석. "신석기시대 말기부터 나타나는 새로운 양식의 토기로서 청동기시대 가장 이른 시기(早期)를 대표한다. 이것은 신석기시대의 융기무늬 토기나 철기시대의 덧띠 토기(점토대 토기)와는 다른 새로운 양식의 토기이다."

넓은 지역에서 출토되고 있다. 이와 같은 비파형 동검의 분포는 미송리식 토기 등과 함께 이 지역이 청동기시대에 같은 문화권에 속하였음을 보여준다.[69]

고등학교 국사, 교육인적자원부(국사편찬위원회), 2007

비파형 동검이 출토되는 만주로부터 남북한 지역 전역을 청동기시대의 같은 문화권으로 보고 있으며, 그 시기를 서기전 2000~서기전 1500년으로 보고 있다. 최근 명확히 밝혀지고 있는 요서지역 청동기문화와 고대조선과의 관계를 고려한다면 그 시기를 서기전 2500~서기전 2000년으로 설정함이 타당하겠지만, 2008년과 2009년도판 교과서에서도 종전대로 똑같은 내용을 싣고 있다.[70] 세계 4대 문명권의 청동기문화 시작 연대, 그리고 요서지역 청동기문화와 관련하여 논의가 필요한 부분이다.

철기의 사용

우리나라에서는 기원전 5세기경부터 철기시대로 접어들었다.… 한편 철기와 함께 출토되는 명도전, 반량전, 오수전은 중국과 활발하게 교류하였음을 보여준다. 또 경남 창원 다호리 유적에서 나온 붓은 당시에 이미 한자를 쓰고 있었음을 말해준다.[71]

고등학교 국사, 교육인적자원부(국사편찬위원회), 2007

---

69 고등학교 국사, 2007, 27~28쪽.
70 고등학교 국사, 2009, 27쪽.
71 고등학교 국사, 2007, 28쪽.

우리나라 철기시대 진입 시기를 서기전 5세기로 보아 이전 교과서들보다 1세기 올려보고 있다. '기원전'은 '서기전'으로 고쳐 써야 한다.

청동기·철기시대의 생활

정치권력이나 경제력에서 우세한 부족은 스스로 하늘의 자손이라고 믿는 선민사상을 가지고 주변의 약한 부족을 통합하거나 정복하고 공납을 요구하였다. 청동이나 철로 된 금속제 무기의 사용으로 정복 활동이 활발해졌고 이를 계기로 지배자와 피지배자의 분화가 촉진되었다. 그리하여 평등 사회는 계급 사회로 바뀌어가고 권력과 경제력을 가진 지배자가 나타났는데, 이런 지배자를 족장(군장)이라고 한다. 족장은 청동기문화가 일찍부터 발달한 북부지역에서 먼저 등장하였다.[72]

고등학교 국사, 교육인적자원부(국사편찬위원회), 2007

위 글은 국가사회로 진입하기 이전 사회 출현 과정을 설명하는 것으로 국가사회 성립 배경을 말하고 있는 것이다. 따라서 "청동이나 철로 된 금속제 무기의 사용으로 정복 활동이 활발해졌고 이를 계기로 지배자와 피지배자의 분화가 촉진되었다"고 하는 설명은 맞지 않다. 왜냐하면 철로 된 금속제 무기는 철기시대에 나온 것으로 봐야 하기 때문에 이른 청동기시대에 이를 사용했다고 볼 수 없다. 그리고 국가사회는 이미 청동기시대에 형성되었다.

---

[72] 고등학교 국사, 2007, 30~31쪽.

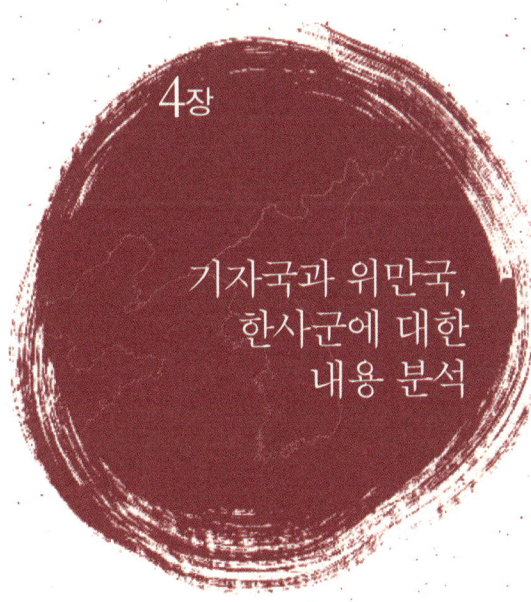

4장

기자국과 위만국,
한사군에 대한
내용 분석

1. 위치와 성격에 따른 한국 고대사 해석

한국 고대사의 최대 쟁점은 기자와 위만의 활동이 어디에서, 어떤 성격을 띠고 이루어졌으며, 우리 역사에서 갖는 의미가 무엇인가 하는 것이다. 『삼국유사』에서 일연은 기자와 위만에 대해 언급했으나 그들이 고대조선의 중심에 선 인물로는 말하지 않았다. 그러나 『제왕운기』에서 이승휴는 우리 역사가 마치 단군조선(전조선) - 기자조선(후조선) - 위만조선 - 한사군으로 연결된 것처럼 서술하고 있다.

이는 소동파를 위시한 송나라의 시문학에 대한 동경과 모방 심리가 극에 달했던 이승휴를 비롯한 당시 고려 유학자들의 사대주의가 만들어 낸 일그러진 역사의식의 전형이라 하겠다.[73] 이를 극복하려면 기자와 위만의 활동 위치와 역할을 정확히 밝혀, 그들의 역사적 성격과 활동이 한국 고대사와 어떤 관계에 있는지 규명해야 한다. 이를 분명히 밝히지 않으면 한국 고대사는 영원히 미궁에 빠지고 만다.

기자와 위만의 활동이 고대조선 변방에서 이루어진 것이라면 기자와 위만은 결코 우리 역사의 중심에 설 수 없는 인물들이며, 한사군의 위치

---

[73] 김경수 역주, 「제왕운기에 대하여」 『제왕운기』, 도서출판 역락, 1999, 4~5쪽.

도 남북한 지역 안이 될 수 없다. 그러나 그들의 활동이 고대조선 중심에서 이루어진 것이라면 고대조선의 역사는 그들과 결코 무관하지 않다.

이는 조선사편수회가 의도했던 것처럼 한국 역사는 북쪽은 중국 식민지로부터, 남쪽은 일본 식민지로부터 시작된 역사로 보는 시각과 일치한다. 더욱이 중국이 근래 동북공정에서 주장하고 있는 논리와도 통한다는 차원에서 각별한 주의가 필요하다. 이에 우리 국사교과서는 기자국과 위만국, 한사군에 대해서 어떻게 서술하고 있는지 검토해보자.

2. 고대사 왜곡으로 이어지는 교과서 서술

위만의 역할과 한사군의 위치

고조선

고조선 말기에 이웃 중국의 동란을 피하여 많은 사람들이 몰려들어왔다. 이들 망명 유민으로 인하여 고조선 사회가 어수선한 틈을 타 위만이 고조선의 새 지도자가 되었다.

위만의 지도로 고조선 사회가 다시 자리 잡히고, 밖으로 국력이 뻗어나게 되자 자연히 중국과 충돌하게 되었다. 한나라의 지배하에 발전기를 맞이하였던 중국 세력의 침략으로 마침내 고조선은 끝이 났다. 한나라는 고조선이 있었던 반도의 북서지방에 낙랑군 등 군현을 두고 한때 그 땅을 통치하였다.[74]

초등학교 사회(6-1), 문교부(국정교과서주식회사), 1965

위 내용을 보면 한국 고대사가 아닌 중국 동북공정 논리를 뒷받침하

---

[74] 초등학교 사회(6-1), 1965, 7쪽.

는 설명이나 해설집을 읽는 느낌이다. '고조선' 항목에 포함된 내용인데도 고대조선 건국 시기와 역사에 대한 설명은 찾아볼 수 없고 곧바로 고대조선 말기에 이르러 위만으로 나라가 이어지는 것처럼 기술하고 있다. 또 위만조선이 멸망함으로써 고대조선이 멸망하고 그 자리에 한나라의 군현이 설치된 것으로 설명하고 있다. 이는 위만이 고대조선 말기를 지배했다는 설명으로서, 한국 고대사는 중국의 식민지 지배로부터 시작되었다는 조선사편수회의 그릇된 시각을 벗어날 수 없는 논리일 뿐, 역사적 진실로 볼 수 없다. '고조선'이라는 제목임에도 불구하고 고대조선 역사에 대한 설명이 아니라 위만의 활동에 대한 설명으로 고대조선 역사를 대신하고 있다고 봐야 하는 것이다.[75]

특히 한사군의 위치를 북한지역의 북서지방에 가져다놓고 있다. 이병도는 기자와 위만의 활동 중심지가 평양을 중심으로 한 남북한 지역 서북지방이며, 한나라의 한사군(낙랑·현도·임둔·진번)이 남북한 지역 북부지방에 있었다고 주장했다. 그리고 김철준, 이기백, 김정배, 노태돈, 송호정 등이 기자·위만조선이 한반도에 위치했다는 설을 계승하고 있다.[76] 그러나 이는 역사적 진실이 아님이 1차 사료뿐만 아니라 최근 여러 가지 정황과 고고학적 유물들에 의해 밝혀지고 있다.[77]

---

75 김정배, 「위만조선의 국가적 성격」 『사총(史叢)』, 강진철 교수 화갑 기념 한국사학논총 (21·22 합집) 고려대학교 사학회, 1977, 57~65쪽 ; 김정배, 「한국 고대국가의 기원」 『백산학보』 14호, 1975, 59~83쪽 ; 이병도 『위씨조선 흥망고』, 서울대학교연구위원회, 백조사, 4289 참조.

76 이병도, 『한국 고대사 연구』, 박영사, 1985 ; 이기백, 『한국 고대사론』, 탐구당, 1987 ; 김철준, 『한국 고대사 연구』, 서울대학교 출판부, 2001, 124~125쪽 ; 노태돈 편저, 『단군과 고조선사』, 사계절, 2000 ; 송호정, 『한국 고대사 속의 고조선사』, 푸른역사, 2003.

77 윤내현, 「위만조선과 한사군의 위치」 『고조선 연구』, 일지사, 1994, 358~393쪽 ; 복기대, 「임둔태수장 봉니를 통해 본 한사군의 위치」 『백산학보』 제61호, 2001, 48~62쪽.

그 밖의 여러 부족국가

고조선이 다른 민족의 지배하에 들어가게 되자 만주 벌판과 한반도 각지에 흩어져 살던 우리 민족은 여러 부족국가로 뭉쳐서 한나라 군현에 대항하였다. 이때를 전후하여 이룩된 남북의 여러 부족국가는 부여, 고구려, 옥저, 동예, 마한, 진한, 변한 등이었다. 이들 부족국가는 한의 군현과 싸워 낙랑군을 제외한 세 군을 몰아내기에 성공하였다.[78]

삼국 중에서 가장 먼저 발전한 나라는 고구려였다. 고구려는 본시 압록강 유역에서 자라난 부족국가였는데, 중국의 군현을 내쫓기에 힘쓰는 가운데 국민의 단결이 굳어졌고 영토를 넓혀 강한 왕국을 건설하였다. 때로 중국의 침입을 받아 위태로운 지경에 이른 일도 있었으나, 억센 기풍을 가진 고구려 사람들은 이에 굽히지 않고 굳게 뭉쳐서 나라를 지키어 마침내 낙랑군을 없애고, 중국 세력을 우리 땅에서 몰아내어 민족의 자주를 이룩하였다.[79]

초등학교 사회(6-1), 문교부(국정교과서주식회사), 1965

'그 밖의 여러 부족국가' 항목에서는 마치 고대조선 전체가 다른 민족의 지배하에 들어갔으며, 그 지배는 고구려 때까지 계속된 것처럼 기술돼 있다. 특히 고구려가 낙랑군을 없애고 중국 세력을 우리 땅에서 몰아냄으로써 비로소 민족의 자주가 이룩된 것같이 착각하게 한다.

우리 역사에서 고대조선이 다른 민족의 지배하에 들어갔다는 설명은

---

[78] 초등학교 사회(6-1), 1965, 8쪽.
[79] 초등학교 사회(6-1), 1965, 10쪽.

위만이 고대조선 전체를 지배했다는 전제하에 성립할 수 있는 이론이며, 한사군의 위치를 평양으로 볼 때나 가능한 논리이다. 위만국이 고대조선의 변방인 난하 유역에 존재했고, 한사군 역시 같은 지역에 위치했다면 이 논리는 성립할 수 없다. 그럼에도 여기서는 만주 벌판과 한반도가 다른 민족의 지배하에 들어간 것처럼 설명하고 있다.

이는 '우리 민족 역사의 출발을 북쪽은 중국의 지배로부터, 남쪽은 일본의 지배로부터 시작된 것'으로 왜곡하고자 했던 식민사학과 같은 맥락의 설명으로 볼 수 있다.[80] 더욱이 고구려가 "중국 세력을 우리 땅에서 몰아내어 민족의 자주를 이룩하였다"는 설명은 2천여 년의 고대조선 역사에 대한 부정과 폄하라 할 수 있다. 또 같은 교과서의 '신라의 삼국 통일' 항목에서는 우리 민족이 국가를 세운 바탕이 서기 676년 신라가 당나라 세력을 몰아낸 때를 기준으로 보고 있는데, 이는 식민사학의 전형이라 할 수 있다.

고조선과 한나라의 침략

기원전 2세기에 위만이 세력을 잡게 되자 그는 고조선의 새 지도자가 되었다. 그 후 고조선은 세력을 더욱 넓혀 주변의 여러 부족사회를 거느렸다. 한편 중국 대륙에서는 오랫동안의 내란으로 흩어졌던 중국 민족이 '한'이라는 나라를 세웠다. 한나라는 세력이 강해지자 고조선을 쳐들어왔다. 한나라의 침략을 받은 고조선은 1년 이상이나 버티며 용감히 싸웠으나 그 지배하에 들어갔다(기원전 108). 한나라는 고조선을 무너뜨린 후 우리 땅에 군현제를 실시하였는데 우리 민족은 그들의 세력을 몰

---

80 졸저, 『일제의 역사 침략 120년』, 경인문화사, 2003, 147~158쪽.

리치기 위하여 계속 항쟁하였다.[81]

초등학교 국사(6), 문교부(국정교과서주식회사), 1972

여기서 '기원전 2세기'는 '서기전 2세기'로 고쳐 써야 한다. 서기전 2세기는 고대조선과 한나라의 국제 관계가 성립할 수 없는 시기이며, 위만이 고대조선의 새 지도자가 되었다는 논리 역시 있을 수 없다. 한나라가 침략하여 지배하게 된 나라는 고대조선이 아니라 '위만국(위만이 세운 나라)'이었다. 그리고 한나라가 군현제를 실시한 땅도 그곳이었다. 여기서 위만이 세운 나라가 멸망한 것을 마치 고대조선이 멸망한 것으로 표현하는 것은 한국 고대사를 근본적으로 흩트려놓는 결과로 이어진다고 볼 수 있다. 이 문제를 풀지 못하면 한국 고대사는 영영 미궁에서 헤어나지 못할 것이다.[82]

기자국, 위만국, 한사군의 위치와 성격

고조선의 변천

산둥반도와 중국 동북부 지방에까지 널리 분포하여 살던 예맥족들은 기원전 4세기를 전후하여 중국이 전국시대에 들어가 각 지방에서 정치적

---

[81] 초등학교 국사(6), 1972, 17~18쪽.

[82] 윤내현, 박선희, 하문식 공저, 『고조선의 강역을 밝힌다』, 지식산업사, 2005, 14~20쪽 ; 김정배 「위만조선의 국가적 성격」 『사총』 21·22집(강진철 교수 화갑 기념 한국사학논총), 57~73쪽 ; 윤내현, 「위만조선의 재인식」 『사학지』 19집, 1986, 2~14쪽 ; 이병도, 「위씨조선흥망고」 『서울대학교 논문집』 4집, 1956, 2~18쪽 ; 최몽룡, 「고대국가 성장과 무역 – 위만조선의 예」 『한국 고대의 국가와 사회』, 일조각, 1985, 65쪽 ; 김종서, 「단군조선의 영토 연구」 『기자·위만조선 연구』, 2004·『한사군의 실제 위치 연구』, 2005, 한국학연구원 참조.

변동이 일어나자 만주와 한반도로 이동해왔다. 이 시기에 땅을 파고 목관을 매장하는 토광묘가 나타났는데 부장품들을 보면 청동기문화와 철기문화가 복합되기 시작한 것을 알 수 있다.[83]

고등학교 국사(상), 문교부(국사편찬위원회), 1982

산둥반도와 중국 동북부 지방에까지 분포하여 서기전 4세기 전후까지 살았던 예맥족이 전국시대의 정치적 변동으로 만주와 한반도로 이동해왔다는 위 설명은 고대조선 변방의 정치적 변동 상황을 설명하려는 의도로 보인다. 그런데 실제로는 예맥족의 이동 상황을 설명하는 것처럼 되어 고대조선 변방의 정치적 상황을 이해하기 어렵다. 뿐만 아니라 예맥족과 고대조선과의 관계, 정치적 변동에 따른 중국 이주민 유입 등에 대한 언급이 모호하다.[84]

그 뒤 진(秦)·한(漢) 교체기에 또 한 차례의 정치적 변동이 일어나면서 이주민이 우리나라에 들어오게 되었다. 기원전 2세기 초, 고조선 북방에 와서 이주민 세력의 대표가 된 위만은 고조선의 준왕을 쳐서 왕위를 빼앗았다. 위만의 지배 세력은 발달한 철기문화를 가진 이주민 집단이었다. 이들은 아직 청동기문화에서 벗어나지 못한 부족장 세력들과 연맹을 맺으면서 성장하고, 중국과 우리나라 남방 사회와의 중계무역을 통하여 강성해졌다. 이때, 남쪽 한강 이남 지역에 있던 진(辰)은 한(漢)

---

[83] 고등학교 국사(상), 1982, 11쪽.
[84] 도유호, 「예맥조선에 관하여」 『문화유산』, 조선과학원 고고학 및 민속학연구소, 1962, 36~37쪽 ; 황철산, 「예맥족에 대하여」(1), 19~31쪽, 「예맥족에 대하여」(2), 19~24쪽, 『고고민속』, 조선과학원 고고학 및 민속학연구소, 1963 ; 신용하, 『한국 원민족의 형성과 역사적 전통』, 나남출판, 2005, 26~33쪽 ; 이 밖에 이병도·최남선·김정배 등의 이론 참조.

과 직접 교통하려고 하였으나 위만은 이를 막았다.[85]

고등학교 국사(상), 문교부(국사편찬위원회), 1982

위 글에서 '고조선의 준왕'이란 성립할 수 없는 표현으로 논의가 필요한 부분이다.[86] 또한 서기전 2세기 초인데 위만에 의해 부족장 세력들과 연맹을 맺으면서 강성해졌다는 표현은 국가로서 2천여 년 이어온 고대조선 역사의 실체를 인정하지 않는 논리로밖에 볼 수 없다. 더욱이 우리 민족의 철기문화가 마치 위만이 '고대조선의 준왕을 쳐서 왕위를 빼앗음'으로써 시작된 것처럼 설명하여 철기문화의 시작 연대와 배경에 대한 혼란을 야기하고 있다.

참고로 문교부에서 1972년에 발간한 국사(6) 16~17쪽 주석에는 "고조선의 발전과 관련하여 기자조선에 관한 기록이 있다. 중국의 『사기』, 『한서』 「지리지」, 그리고 『삼국유사』에는 중국의 기자가 조선 왕에 책봉되어 동래했다고 했으나, 기자동래설은 인정되지 않고 있다. 고조선의 발전 과정에서 사회 내부에 등장한 새로운 지배 세력으로 보아 이를 한씨(韓氏)조선이라는 견해와 동이(東夷)족의 이동 과정에서 기자(箕子)로 상징되는 어떤 부족이 중심이 되어 정치 세력을 잡은 것으로 보는 견해가 있다. 『제왕운기』에는 기자조선을 후조선이라 하고, 준왕 때 망했다는 기록이 있다"는 설명을 하고 있다.

한국 고대사의 올바른 해석은 이러한 논리들을 어떻게 수용하여 역

---

85 고등학교 국사(상), 1982, 11~12쪽.

86 도유호, 「고조선에 관한 약간의 고찰」 『문화유산』, 조선과학원 고고학 및 민속학연구소, 1960 ; 박시형, 「만조선 왕조에 관하여」·리상호, 「고조선 중심을 평양으로 보는 견해에 대한 비판」 『력사과학』 3호, 조선과학원 력사연구소, 1963 참조.

사적 진실을 밝히느냐에 달려 있다. 특히 기자의 활동 시기와 위치에 주목할 필요가 있다. 기자국과 위만국, 한사군의 위치에 관해 매우 다양한 견해들이 있는데, 이는 요서에 대한 정확한 연구가 뒷받침돼야 한다.

이에 대해 김종서는 "고대의 요수(遼水)는 영정하(永定河)이므로 현재의 영정하 서남쪽 지방이 전국시대 요서(遼西)와 전한(前漢)시대의 요서군이었음이 틀림없다"고 주장한다.[87] 이보다 앞서 리지린과 윤내현이 난하를 요수로 보고, 난하의 서쪽 지방 일부를 요서군으로 비정한 바 있다. 이 역시 논의가 필요한 부분들이다.[88]

> 이와 같이 고조선이 강성해져서 한의 침략 세력과 맞서게 되자 한이 대군으로 고조선에 침입해왔다. 고조선은 이에 대항하여 1년간이나 싸웠으나 왕검성이 함락되고 말았다(기원전 108). 한은 고조선의 일부 지역에 낙랑, 진번, 임둔, 현도의 4군을 두었다. 그러나 우리 민족은 이에 대항하여 이들을 축출하면서 계속 발전하였다.[89]
>
> 고등학교 국사(상), 문교부(국사편찬위원회), 1982

위만이 곧 고대조선의 지도자이며 위만국의 멸망이 곧 고대조선의 멸망인 것으로 설명하고 있다. 여기서 서기전 108년에 망한 나라가 고대조선인지, 아니면 위만이 세웠던 나라인지 분명히 밝히지 못하면 한국의 고대사는 바르게 정립될 수 없다는 차원에서 깊은 논의가 필요하다.[90]

---

[87] 김종서, 『단군조선의 영토 연구』, 한국학연구원, 2004, 304쪽.
[88] 리지린, 『고조선 연구』, 과학원출판사, 1963, 백산자료원 재판, 1997, 45~49쪽 ; 윤내현 『고조선 연구』, 일지사, 1994, 172~180쪽.
[89] 고등학교 국사(상), 1982, 12쪽.

발해와 황해로 흘러드는 주요 강들

고조선의 발전

고조선은 주변 지역에 정치와 문화적인 영향을 끼치면서 보다 발달된 국가로 성장하여갔다. 그리하여 고조선의 영토는 요령지방을 중심으로 하여 한반도까지 아우르고 있었다.[91]

중학교 국사(상), 문교부(국사편찬위원회), 1990

---

90 김정배「위만조선의 국가적 성격」『사총』 21·22집(강진철 교수 화갑 기념 한국사학논총), 57~73쪽 ; 윤내현, 「위만조선의 재인식」『사학지』 19집, 2~14쪽 ; 이병도, 「위씨조선흥망고」『서울대학교 논문집』 4집, 1956, 2~18쪽 ; 최몽룡, 「고대국가 성장과 무역-위만조선의 예」『한국 고대의 국가와 사회』, 일조각, 1985, 65쪽.

91 중학교 국사(상), 1990, 14~15쪽.

고대조선이 요령지방에서 출발하여 한반도로 확대된 것으로 설명하고 있다. 이 이론은 교과서 편찬 당시 대두된 '고대조선 중심지 이동설'의 반영으로 보인다. 그러나 이는 문헌과 고고학적으로 근거가 없는 잘못된 이론이라는 지적이 있다.[92]

> 서기전 4세기 중엽의 고조선은 매우 강성하여 중국의 연을 치려 한 일도 있었다. 그 이후에 고조선은 오히려 연의 침입을 받고 서쪽 2천 리의 땅을 빼앗겼다. 고조선은 연의 침입으로 일시나마 쇠약해졌지만 서기전 3세기 말엽까지 부왕과 준왕이 차례로 왕위에 오르는 등 강력한 국가의 모습을 지켜가고 있었다.[93]
>
> 중학교 국사(상), 문교부(국사편찬위원회), 1990

위 글에서 "서기전 3세기 말엽까지 부왕과 준왕이 차례로 왕위에 오르는 등 강력한 국가의 모습을 지켜가고 있었다"고 했는데, 부왕과 준왕은 고대조선의 왕이 아니었다는 연구 결과가 있어 논의가 필요한 부분이다.[94]

서기전 3세기 말엽에는 중국에서 진과 한이 교체되면서 일어난 혼란을 틈타 많은 사람들이 고조선으로 옮겨왔다. 그중 위만이라는 사람이 무

---

92 황순종, 『식민사관의 감춰진 맨 얼굴』, 만권당, 2014, 133·163쪽.
93 중학교 국사(상), 1990, 15쪽.
94 기자의 활동 위치를 알게 하는 기록들 : 『사기』 권6 「진시황본기」(동쪽은 조선과 국경을 … 그곳을 요동이라 부른다/秦二世皇帝·趙高·李斯 등이 갈석산(요동)에 다녀왔다)·『대명일통지(大明一統志)』 「영평부(永平府)」'古蹟'條(朝鮮城이 영평부 경내에 있는데 … 기자가 봉함을 받았던 땅이라 한다)/이와 반대되는 견해들 : 『세종실록』「지리지」(전조선-후조선-위만조선-한사군 체계)·『고려사』 「지리지」 '西京留守官平壤府'(전조선-후조선-위만조선-한사군 체계).

리를 이끌고 들어오자 고조선의 준왕은 그에게 서쪽 변방을 지키도록 하였다. 그러나 그는 무력으로 준왕을 쫓아내고 스스로 왕이 되었으며 주변 지역을 정복하여 세력을 크게 떨쳤다. 이러한 고조선의 발전에는 철기문화가 밑바탕을 이루었다. 즉, 철제 농기구의 사용으로 농업 생산이 증가하고 철제 무기의 사용으로 전투 능력이 강화되었다.[95]

중학교 국사(상), 문교부(국사편찬위원회), 1990

위 글에서 '고조선의 준왕'이라는 표현이나 위만이 "무력으로 준왕을 쫓아내고 스스로 왕이 되었으며"라는 내용들은 앞에서 여러 차례 지적한 바와 같이 고대조선사와 무관하며 논리적으로 성립할 수 없다. 왜냐하면 준왕은 기자의 후손이지 고대조선의 왕이 아니기 때문이다. 이 말이 성립하려면 기자가 고대조선의 대를 이어 통치했어야 한다. 위만이 빼앗고 왕이 된 것은 기자의 후손인 준왕이 지배하던 정권이지 고대조선이 아니다.

위만의 손자 우거왕 때에는 주변의 여러 지역이 한과 곧바로 교통하는 것을 막고 중계무역을 통하여 많은 이익을 차지하였다. 이것을 싫어한 한은 육군과 수군을 이끌고 고조선을 침략하였다. 이에 고조선은 한의 대군을 맞아 1년 가까이 군세게 싸웠으나 결국 서울인 왕검성이 함락됨으로써 멸망하고 말았다(서기전 108).[96]

중학교 국사(상), 문교부(국사편찬위원회), 1990

---

[95] 중학교 국사(상), 1990, 15쪽.
[96] 중학교 국사(상), 1990, 15쪽.

위 글은 "이에 고조선은 한의 대군을 맞아 1년 가까이 굳세게 싸웠으나"라는 표현이 이야기의 중심이 아니라, "결국 서울인 왕검성이 함락됨으로써 멸망하고 말았다(서기전 108)"에 초점을 맞춘 내용이다. 위만의 손자 우거는 위만국의 왕이었음에도 '위만의 손자 우거'의 멸망이 곧 고대조선의 멸망인 것처럼 설명하고 있는데, 그것은 위만을 우리 역사의 중심에 놓고 하는 설명이다. 깊이 들어갈수록 혼란이 심화된다 하겠다. 과연 위만이 우리 역사 중심에 설 수 있는 인물인지 논의가 필요한 부분이다.[97] 한나라와의 관계도 설명이 석연치 않다.

고조선의 사회

그 후 위만이 지배하면서 고조선은 보다 발전하였으며, 정치 조직도 상당히 정비되어갔다. 왕권은 부자가 세습할 수 있을 정도로 안정되어갔고, 왕 밑에는 나라 일을 나누어 맡은 여러 관직을 두었다. 이로 미루어보아 위만이 다스리던 고조선은 높은 수준에 이른 국가였다는 것을 알 수 있다.[98]

중학교 국사(상), 문교부(국사편찬위원회), 1990

"그 후 위만이 지배하면서 고조선은 보다 발전하였으며"라는 내용은 위만이 곧 고대조선의 지도자가 되었다는 의미인데, 이는 역사적 사실과

---

97 윤내현, 「위만조선의 재인식」, 『한국 고대사 신론』, 일지사, 1986, 263~272쪽 ; 유 엠 부찐 저, 이항재·이병두 역, 『고조선-역사·고고학적 개요』, 소나무, 1990, 3~10쪽 ; 다음은 앞 책에서 재인용. 리지린, 「고조선의 위치에 대하여」 1~94쪽·김석형, 「고조선의 연혁과 그 중심지들에 대하여」, 95~115쪽· 황철산, 「고조선의 위치와 종족에 대하여」, 117~136쪽· 정찬영, 「고조선에 관한 몇 가지 문제들에 대하여」, 137~171쪽· 림건상, 「고조선의 위치에 관한 고찰」, 289~324쪽, 『고조선에 관한 토론 논문집』, 평양, 1963.

98 중학교 국사(상), 1990, 16쪽.

다르다. 또 위만이 집권함으로써 "정치 조직도 상당히 정비되어갔다. 왕권은 부자가 세습할 수 있을 정도로 안정되어갔고"라고 했는데, 이는 고대조선이 건국 후 2천여 년간 역사의 가장 기본적인 틀을 갖추지 못한 상태로 지내오다가 위만 때에 와서 최소한의 기초가 다져졌다는 설명이다. 앞에서 고대조선 2천 년 역사의 설명이 전무한 채 갑자기 튀어나오는 이러한 설명들을 어떻게 해석해야 할 것인지 의아할 뿐이다. 보다 깊은 논의가 필요하다.

연나라 사람 위만의 고대조선 통치와 멸망

A 기록에 의하면 이 시기에는 사람들이 산림 지대에 거주하면서 농경을 하고 있었다. 이때 환웅 부족은 태백산의 신시를 중심으로 세력을 이루었고, 이들은 하늘의 자손임을 내세워 자기 부족의 우월성을 과시하였다. 또 농경의 발달과 함께 풍백, 우사, 운사를 두어 바람, 비, 구름 등 농경에 관계되는 것을 주관하게 하였으며 사유재산의 성립과 계급의 분화에 따라 지배계급은 농사와 형벌 등의 사회생활을 주도하였다. … 이러한 선진적 환웅 부족은 주위의 다른 부족을 통합하고 지배하여갔다. 곰을 숭배하는 부족은 결혼을 통하여 환웅 부족과 연합하게 되었으나, 호랑이를 숭배하는 부족은 연합에서 배제되었다. 이렇게 하여 환웅 부족과 곰 부족의 연맹으로 단군이 나타났다. 단군은 제정일치의 지배자로서 고조선의 성장과 더불어 주변의 부족을 통합하고 지배하기 위해 자신들의 조상을 하늘에 연결시켰다. 즉, 각 부족 고유의 신앙 체계를 총괄하면서 주변 부족을 지배하고자 하였던 것이다.[99]

고등학교 국사(상), 교육부(국사편찬위원회), 1990

위 글은 단군왕검사화에 대한 이해의 폭을 넓히는 데 필요한 내용이다. 국가사회 출현 배경과 함께 홍익인간에 대한 의미도 포함시키고 있으며, 곰과 호랑이가 단순한 곰과 호랑이가 아니라 곰과 호랑이를 숭배하는 부족을 의미함을 설명하고 있다. 다만 '신화는 한 민족의 사상과 역사적 체험을 시·공간을 초월하여 응축한 상징 체계'라는 차원에서 시·공간에 대한 사회인류학적인 접근이 보강되었으면 하는 아쉬움이 있다.[100] 그리고 다음과 같이 고대조선 말기에 관한 기록으로 이어진다.

B 그 후 고조선은 왕검성을 중심으로 독자적인 문화를 이룩하면서 발전하였다. 그리하여 B.C. 3세기경에는 부왕(否王), 준왕(準王)과 같은 강력한 왕이 등장하여 왕위를 세습하였으며 그 밑에 상(相), 대부(大夫), 장군(將軍) 등의 관직도 두었다. 또 요하를 경계선으로 하여 중국의 연과 서로 대립할 만큼 강성하였다. 그러나 고조선은 연의 침략으로 한때 쇠약해졌다.[101]

고등학교 국사(상), 교육부(국사편찬위원회), 1990

글 A와 B 사이에는 고대조선 건국에서부터 서기전 3세기경까지의 역사적인 내용이 들어가는 것이 정상이다. 그러나 전혀 어떤 역사적 사실에 대한 언급 없이 바로 고대조선 이후에 해당하는 서기전 3세기경 이야기로 이어진다. 또 교과서 주석은 기자를 다음과 같이 소개한다.

---

99 고등학교 국사(상), 1990, 17~18쪽.
100 이도상, 「단군왕검신화의 역사학적 의미」 『단군학 연구』 제6호, 2002 참조.
101 고등학교 국사(상), 1990, 18~19쪽.

고조선의 발전과 관련하여 기자조선에 대한 기록이 있다. 사서에는 주의 무왕이 기자를 조선에 봉하였다고 되어 있다. 그리고 그 연대를 B.C. 12세기경으로 추정하기도 한다. 그리하여 기자조선을 고조선의 발전 과정에서 사회 내부에 등장한 새로운 지배 세력을 가리키는 것으로, 또는 동이족의 이동 과정에서 기자로 상징되는 어떤 부족이 고조선의 변방에서 정치 세력을 잡은 것으로 보는 견해도 있다.

고등학교 국사(상), 교육부(국사편찬위원회), 1990

이러한 주석을 포함하여 위 글 자체도 고대조선에 관한 내용이 아니라는 데 문제가 있다. 즉, 부왕과 준왕은 기자의 대를 이은 인물들일 뿐 고대조선의 왕이라는 근거가 없음에도 굳이 부왕, 준왕과 같이 강력한 왕이 등장하여 고대조선의 왕위를 세습한 것으로 기술하고 있으며, 고대조선 2천여 년의 역사를 무시한 채 그때에 이르러서야 상, 대부, 장군과 같은 관직을 둔 것처럼 설명하고 있다. 또 중국과의 관계도 서기전 3세기경에 이르러서야 형성된 것 같은 착각을 하도록 설명하고 있다.[102]

위만의 집권

C 위만은 처음에는 준왕에게 고조선의 서쪽 변경에 거주할 것을 청하여 허락을 받았으며, 그 뒤 준왕의 신임을 받아 서쪽 변경을 수비하는 임무를 맡게 되었다. 이때 위만은 그곳에 거주하는 이주민 세력을 통솔

---

102 윤내현, 「고조선의 도읍 위치와 그 이동」『남북학자들이 함께 쓴 단군과 고조선 연구』, 지식산업사, 2005. 459~484쪽 ; 리지린, 『고조선 연구』, 과학원출판사, 1963(1997년 백산자료원에서 재발행), 21~44쪽 ; 이정훈, 「고조선은 중국 내몽고자치구에 있었다-고고학적 발굴과 중국 사료로 추적한 고조선의 비밀」『신동아』 2006-10, 268~291쪽.

하게 되었고, 그것을 기반으로 자신의 세력을 점차 확대하여나갔다. 그 후 위만은 수도인 왕검성에 쳐들어가 준왕을 몰아내고 스스로 왕이 되었다(B.C. 194). … 위만왕조의 고조선은 철기문화를 본격적으로 수용하였다. … 또 지리적인 이점을 이용하여 예(濊)나 남방의 진(辰)이 중국 한(漢)나라와 직접 교역하는 것을 막고 중계무역의 이득을 독점하려 하였다. 이러한 경제적·군사적 발전을 기반으로 고조선은 한과 대립하게 되었다.[103]

고등학교 국사(상), 교육부(국사편찬위원회), 1990

위 내용은 위만이 고대조선의 변방으로 망명해서 세력을 확대한 후 준왕을 몰아내고 왕권을 획득하는 과정을 소개하고 있다. 문제는 변방에서 일어난 이 사건이 갑자기 전체 고대조선으로 확대 해석되고 있다는 점이다. 준왕이 고대조선의 왕이었다는 근거도 없으며, 따라서 위만이 고대조선의 왕이 되었다는 것은 논리적으로 성립할 수 없음에도 위 글에서는 위만이 고대조선 역사의 중심에 서서 고대조선 말기의 역사를 주도한 것처럼 설명하고 있다.

더구나 교과서의 주석에서는 위만이 마치 조선인이었던 것처럼 모호한 설명을 덧붙이고 있다. 즉, "위만은 입국할 때에 상투를 틀고 조선인의 옷을 입고 있었던 것으로 보아 연나라에서 살던 조선인으로 생각된다. 위만은 나라 이름을 그대로 조선이라 하였고, 그의 정권에는 토착민 출신으로 높은 지위에 오른 자가 많았다. 따라서 위만의 고조선은 단군의 고조선을 계승한 것으로 볼 수 있다"는 내용이 바로 그것이다.

---

103 고등학교 국사(상), 1990, 19~20쪽.

D 이에 불만을 느낀 한 무제는 수륙 양면으로 대규모의 무력 침략을 감행하였다. 고조선은 1차의 접전에서 대승을 거두었고 이후 약 1년에 걸쳐 한의 군대에 완강하게 대항하였으나 마침내 왕검성이 함락되어 고조선은 멸망하였다(B.C. 108).[104]

고등학교 국사(상), 교육부(국사편찬위원회), 1990

앞의 **C**에서 위만을 고대조선 중심에 세우다 보니 **D**에서 보는 것처럼 위만이 세운 나라의 멸망이 곧 고대조선 멸망으로 이어지고 그곳에 한사군이 들어서게 된다. 고대조선의 멸망과 위만국의 멸망을 일치시키는 것은 역사적 사실로 인정하기 어렵다. 특히 "위만의 고조선은 단군의 고조선을 계승한 것으로 볼 수 있다"는 주석의 내용은 지나친 논리의 비약이다. 많은 논의가 필요하다.

성립할 수 없는 '위만왕조의 고조선'설

B.C. 3세기경에는 부왕(否王), 준왕(準王)과 같은 강력한 왕이 등장하여 왕위를 세습하였으며, 그 밑에는 상, 대부, 장군 등의 관직도 두었다. 또 요하를 경계선으로 하여 중국의 연(燕)과 대립할 만큼 강성하였다.[105]

고등학교 국사(상), 교육부(국사편찬위원회), 1996

위 글을 보면 서기전 2333년에 건국했다는 고대조선의 역사가 갑자기

---

104 고등학교 국사(상), 1990, 20쪽.
105 고등학교 국사(상), 1996, 29쪽.

서기전 3세기로 뛰어넘는다. 2천여 년의 역사가 사라진 것이다. 또 부왕, 준왕을 고대조선의 왕으로 볼 수 있는지 논의가 필요한 부분이다.

다음과 같은 '위만의 집권' 항을 보면 위만왕조가 곧 고대조선이 되고 만다. 서기전 2333년에 건국됐다는 고대조선은 명목뿐이고 위만이 사실상 고대조선을 대신하고 있다. 앞에서 여러 차례 지적한 바와 같이 적극적인 논의가 필요한 부분들이다.

위만의 집권

위만은 처음에 준왕에게 고조선의 서쪽 변경에 거주할 것을 청하여 허락을 받았으며 그 뒤에 준왕의 신임을 받아 서쪽 변경을 수비하는 임무를 맡게 되었다. 이때 위만은 그곳에 거주하는 이주민 세력을 통제하게 되었고, 그것을 기반으로 하여 자신의 세력을 점차 확대하여나갔다. 그후 위만은 수도인 왕검성에 쳐들어가 준왕을 몰아내고 스스로 왕이 되었다(B.C. 194).[106] 위만왕조의 고조선은 철기문화를 본격적으로 수용하였다. 철기를 사용함으로써 농업과 무기 생산을 중심으로 한 수공업이 더욱 성하게 되었고 그에 따라 상업과 무역도 발달하였다.[107]

고등학교 국사(상), 교육부(국사편찬위원회), 1996

위만은 고대조선 서쪽 변경에 거주할 것을 허락받았다. 그때 허락한

---

[106] 여기서도 친절하게 교과서에 주석을 달아 위만이 마치 조선인이었던 것처럼 유도하고 있다. 주석 내용은 "위만은 입국할 때에 상투를 틀고 조선인의 옷을 입었던 것으로 보아 연나라에서 살던 조선인으로 생각된다. 위만은 나라 이름을 그대로 조선이라 하였고, 그의 정권에는 토착민 출신으로 높은 지위에 오른 자가 많았다. 따라서 위만의 고조선은 단군의 고조선을 계승한 것으로 볼 수 있다"이다.

[107] 고등학교 국사(상), 1996, 29쪽.

주체가 누구였느냐에 따라 이야기가 달라진다. 고대조선 변방을 관할하던 제후국(기자의 후손)이었다면 위만국은 여전히 고대조선의 변방일 수밖에 없다. 그러나 허락한 주체가 고대조선의 왕이었다면 위 설명이 성립될 수 있다. 따라서 이 문제는 많은 논의가 이루어져야 할 사항이다.

또 위 문장에 쓰인 '위만왕조의 고조선'이라는 표현이 성립할 수 있는가도 문제이다. '고조선의 위만왕조'라고 썼다 하더라도 역시 성립할 수 없는 표현으로 논의가 필요한 부분이다. 더욱이 우리 민족의 철기시대 진입 시기는 서기전 5세기 이전인 데 비해 위만의 등장이 서기전 2세기임에도 "위만왕조의 고조선은 철기문화를 본격적으로 수용하였다"는 표현은 역사적 사실을 왜곡하는 결과로 이어지는 설명이다.[108]

> 고조선은 요령지방과 대동강 유역을 중심으로 독자적인 문화를 이룩하면서 발전하였다. 기원전 3세기경에는 부왕, 준왕과 같은 강력한 왕이 등장하여 왕위를 세습하였으며, 그 밑에는 상, 대부, 장군 등의 관직도 두었다. 또 요서지방을 경계로 하여 연나라와 대립할 만큼 강성하였다.[109]
> 고등학교 국사, 교육인적자원부(국사편찬위원회), 2002

"부왕, 준왕과 같은 강력한 왕이 등장하여 왕위를 세습하였으며…"

---

[108] 김정배, 「고조선과 비파형 동검의 문제」, 『남북 학자들이 함께 쓴 단군과 고조선 연구』, 지식산업사, 2005, 20~24쪽 ; 김영수, 「기자조선은 中國 蒙縣-東國朝鮮과는 異地同名일 뿐」, 『전북대학교 논문집』 3집, 1960, 17~28쪽(蒙縣은 기자의 분묘가 있는 지금의 하남성 상구현 내의 한 지명인 蒙澤) ; 박광용, 「기자조선에 대한 인식의 변천」, 『한국사론』 6, 1980, 252~254쪽 ; 윤내현, 「기자신고」, 『한국사 연구』 41, 한국사연구회, 1981, 48~50쪽 ; 정중환 「기자조선고」, 『동아논총』 제2집 상권, 동아대학교, 1964, 7~34쪽 ; 한영우, 「고려~조선 전기의 기자 인식」, 『한국문화』 3, 서울대학교 한국문화연구소, 1982, 54~56쪽 ; 이병도, 앞 논문 「위씨조선 흥망고」 참조.

[109] 고등학교 국사, 2002, 35쪽.

또는 "…요서지방을 경계로 하여 연나라와 대립할 만큼 강성하였다"는 설명이 역사적 사실인지, 또 그것이 논리적으로 합당한 것인지 논의가 필요함을 앞에서 여러 차례 지적한 바 있다.

위만의 집권

A 위만은 1천여 명의 무리를 이끌고 고조선으로 들어왔다. 위만은 준왕의 신임을 받아 서쪽 변경을 수비하는 임무를 맡게 되었다. 그는 그곳에 거주하는 이주민 세력을 통솔하면서 자신의 세력을 점차 확대하여 나갔다. 그 후 위만은 수도인 왕검성에 쳐들어가 준왕을 몰아내고 스스로 왕이 되었다(B.C. 194).[110]

고등학교 국사, 교육인적자원부(국사편찬위원회), 2002

모든 교과서에서 굳이 주석을 달아가면서 "위만조선(衛滿朝鮮)의 의미 : 위만은 고조선으로 들어올 때에 상투를 틀고 조선인의 옷을 입고 있었다. 그리고 왕이 된 뒤에도 나라 이름을 그대로 조선(朝鮮)이라 하였고, 그의 정권에는 토착민 출신으로 높은 지위에 오른 자가 많았다. 따라서 위만의 고조선은 단군의 고조선을 계승한 것으로 볼 수 있다"고 강조하는지 이해할 수 없다. 논리적으로 설득력이 없으며 전혀 증명되지 않은 내용이다. 또 A 문장만을 보면 문제가 없어 보이지만 다음의 B 문장과 연결해보면 위만이 곧 고대조선의 왕이 되고, 고대조선 역사의 중심에 위치하며, 그 뒤로는 그의 후손들에 의해 고대조선이 멸망하는 것으로 설명되고 있다.

---

[110] 고등학교 국사, 2002, 36쪽.

B 위만왕조의 고조선은 철기문화를 본격적으로 수용하였다. 철기의 사용은 농업과 무기 생산을 중심으로 한 수공업을 더욱 융성하게 하였고, 그에 따라 상업과 무역도 발달하였다. 이 무렵 고조선은 사회와 경제의 발전을 기반으로 중앙 정치 조직을 갖춘 강력한 국가로 성장하였다. 그리고 우세한 무력을 바탕으로 활발한 정복 사업을 전개하여 광대한 영토를 차지하였다. 또 지리적인 이점을 이용하여 동방의 예(濊)나 남방의 진(辰)이 직접 중국의 한(漢)과 교역하는 것을 막고 중계무역의 이득을 독점하려 하였다. 이러한 경제적·군사적 발전을 기반으로 고조선은 한과 대립하였다.

이에 불안을 느낀 한의 무제(武帝)는 수륙 양면으로 대규모 침략을 감행하였다. 고조선은 1차의 접전(패수)에서 대승을 거두었고, 이후 약 1년에 걸쳐 한의 군대와 맞서 완강하게 대항하였다. 그러나 장기간의 전쟁으로 지배층의 내분이 일어나 왕검성이 함락되어 멸망하였다(B.C. 108). 고조선이 멸망하자 한은 고조선의 일부 지역에 군현을 설치하여 지배하고자 하였으나 토착민의 강력한 반발에 부딪혔다. 그리하여 그 세력은 점차 약화되었고 결국 고구려의 공격을 받아 소멸되었다.[111]

고등학교 국사, 교육인적자원부(국사편찬위원회), 2002

여기서 논의가 필요한 부분들을 정리해보자. 첫째, '위만왕조의 고조선'이란 용어는 옳은 표현이 아니며, 둘째, "철기문화를 본격적으로 수용하였다"는 설명은 우리 민족의 철기문화 진입 시기를 수세기 늦춰보는 시각으로 이는 사실과 다르다. 셋째, "이 무렵 고조선은 … 중앙 정치

---

[111] 고등학교 국사, 2002, 36쪽.

조직을 갖춘 강력한 국가로 성장하였다"는 내용도 고대조선 2천여 년 역사를 부정하는 표현으로 재고되어야 한다. 넷째, "이러한 경제적·군사적 발전을 기반으로 고조선은 한과 대립하였다. 이에 불안을 느낀 한의 무제는 수륙 양면으로 대규모 침략을 감행하였다"는 내용들이 모두 논리의 비약이다. 다섯째, "장기간의 전쟁으로 지배층의 내분이 일어나 왕검성이 함락되어 멸망하였다(B.C. 108)"는 내용도 "고조선이 멸망하자 한은 고조선의 일부 지역에 군현을 설치하여…"의 내용과 연결시켜보면 논리적인 모순을 안고 있다. 즉, 위만국의 멸망이 곧 고대조선의 멸망을 의미하는 것으로 설명하고 있기 때문이다.

결론적으로 제목은 고대조선으로 설정해놓고 내용은 위만이 건국하고 또 멸망해가는 과정을 소개함으로써 위만국은 곧 고대조선이라는 인식을 심어주고 있다. 이는 한국 고대사가 아니라 중국의 변방사라는 표현이 적절할 것 같다.

고조선의 성장과 변천

고조선은 청동기문화의 발전에 따라 점차 정치·문화의 중심 역할을 하면서 세력을 확장해갔다. 그리하여 기원전 4세기경에는 요령지방을 중심으로 만주와 한반도 북부를 잇는 넓은 지역을 통치하는 국가로 발전하였다.[112]

---

[112] 위 교과서(중학교 국사, 2007) 19쪽에 실린 주석 내용으로 기자와 위만에 대한 견해를 읽을 수 있는 부분이다. 즉, "문헌에 나타나는 고조선은 단군조선-기자조선-위만조선으로 정치적 변화를 거친다. 이러한 변천과 아울러 고고학적 문화도 청동기시대에서 철기시대로 변화가 이루어진다. 문헌 사료가 부족하므로 고조선의 영토를 알기 위해서는 고고학적 자료를 이용해야 한다. 고조선시대의 청동기문화를 대표하는 유물·유적으로는 비파형 동검, 미송리식 토기, 고인돌 등을 들 수 있다. 이 중 비파형 동검의 가장 큰 특징은 비파형으로 생긴 칼날과 손잡이가 따로 주조된 조립식이라는 점이다. 비파형 동검은 한반도를 비롯하

중학교 국사, 교육인적자원부(국사편찬위원회), 2007

위 글을 보면 서기전 2333년 고대조선 건국 이후 서기전 4세기경까지 2천 년의 기간을 "고조선은 청동기문화의 발전에 따라 점차 정치·문화의 중심 역할을 하면서 세력을 확장해갔다"는 한 문장으로 채우고 있다. 그리하여 서기전 4세기경에 만주와 한반도 북부를 잇는 넓은 지역을 통치하는 국가로 발전했다는 것이다. 만주와 한반도 북부를 잇는 넓은 지역을 통치하는 국가로 발전하기까지 2천 년 역사치고는 빈약한 정도가 아니라 전혀 없는 역사다. 과연 그럴까. 논의가 필요한 부분이다. 또 1996년도 교과서에 표기되었던 'B.C.'를 슬그머니 '기원전'으로 바꿔 써놓았다.

> 기원전 2세기경, 서쪽 지방에서 세력을 키운 위만이 준왕을 몰아내고 고조선의 왕이 되었다(기원전 194). 이 시기에 철기문화가 확산되면서 고조선은 이를 바탕으로 주위의 여러 부족을 통합하여 세력을 크게 확장하였다. 또 한반도 남부지방에 위치한 진의 여러 나라와 중국의 한 사이에서 중계무역을 하면서 경제적인 이익을 얻어 부강해졌다.[113]
>
> 중학교 국사, 교육인적자원부(국사편찬위원회), 2007

위만이 고대조선의 왕이 되었다는 내용으로, 앞에서 여러 번 지적하였기에 생략한다.

여 랴오허 강을 중심으로 요동과 요서에 주로 분포하고 있으며, 허베이 성 일대에서도 그 존재가 확인되고 있다. 비파형 동검과 고인돌(탁자식)의 분포 지역으로 고조선의 세력 범위를 짐작할 수 있다"고 서술하고 있다.

[113] 중학교 국사, 2007, 19쪽.

고조선이 강성해지면서 한에 대항하는 세력으로 커가자 한은 대군을 보내어 수도인 왕검성을 포위, 공격하였다. 위만의 손자인 우거왕은 막강한 한의 대군을 맞아 1년 동안 버티면서 잘 싸웠으나 결국 왕검성이 함락되고 고조선은 멸망하였다(기원전 108).[114]

중학교 국사, 교육인적자원부(국사편찬위원회), 2007

역시 위만이 고대조선 역사의 중심에 서 있다. 또 그의 후손(손자)에 의해 고대조선이 멸망한 것으로 설명하고 있다. 결국 우리 민족은 연나라에서 망명해온 위만의 후손으로 전락하고, 그 지역에 한사군이 설치되는 것으로 설명되고 있다. 이는 우리 역사의 출발이 중국의 식민지로부터였다는 논리로서 역사적 진실로 볼 수 없으며 많은 논의가 필요한 부분이다.

고대조선(위만국)이 멸망한 위치에 들어선 한사군의 위치에 대해 김종서는 "염난수(鹽難水)와 마자수(馬訾水)에 대한 학자들의 잘못된 인식과 주장으로 인하여 현재의 난하(灤河)인 고대의 염난수가 현재의 압록강(鴨綠江)으로 날조되어 하북성(河北城)에 있었던 한사군(漢四郡)의 하나인 현도군(玄菟郡)을 압록강 남쪽에 그려넣고 나머지 임둔(臨屯)·진번(眞蕃)·낙랑(樂浪)군 또한 한반도 중부와 북부 안에 그려넣고 있다"고 지적한다. 특히 이병도가 시라토리 구라키치(白鳥庫吉)의 학설에 따라 염난수를 압록강으로, 마자수를 혼강(渾江)으로 하여 한사군의 위치를 압록강 남쪽으로 비정한 점을 신랄히 비판한다.[115]

---

114 중학교 국사, 2007, 19쪽.
115 김종서, 「중국에 팔아먹은 단군조선 영토 연구」, 한국학연구원, 2004, 314쪽 ; 이병도, 『한국 고대사 연구』, 박영사, 1985, 184~185쪽.

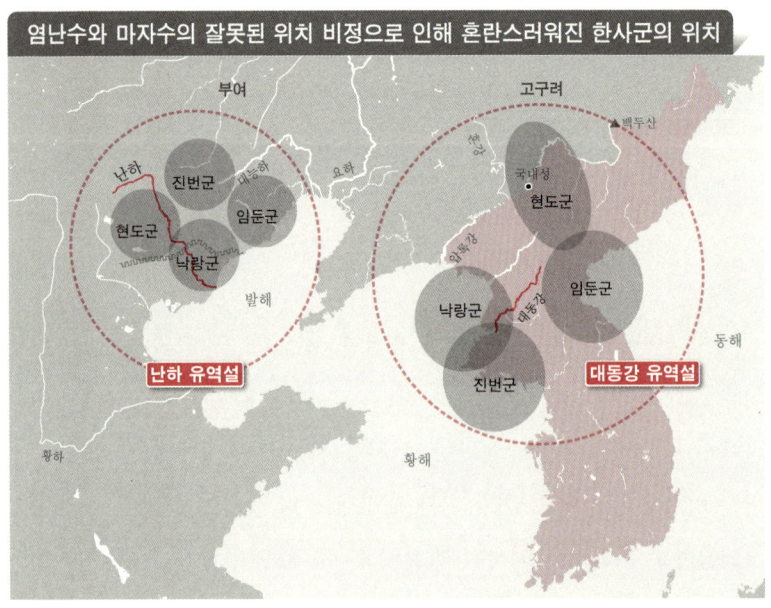

고조선은 요령지방과 대동강 유역을 중심으로 독자적인 문화를 이룩하면서 발전하였다. 기원전 3세기경에 부왕, 준왕 같은 강력한 왕이 등장하여 왕위를 세습하였으며 그 밑에 상, 대부, 장군 등의 관직도 두었다. 또 요서지방을 경계로 하여 연나라와 대립할 만큼 강성하였다.[116]

고등학교 국사, 교육인적자원부(국사편찬위원회), 2007

앞에서 여러 차례 지적했지만, 이 교과서 역시 서기전 2333년에 건국된 고대조선 2천 년 역사에 대해서는 침묵한 채 요령지방과 대동강 유역을 중심으로 독자적인 문화를 이룩하면서 발전하다가 갑자기 서기전 3

---

116 고등학교 국사, 2007, 33쪽.

세기경 부왕, 준왕 등이 왕위를 세습한다. 부왕과 준왕이 우리 민족의 조상이라는 근거는 없다. 그럼에도 그들이 고대조선의 왕위를 세습했다는 것은 논의가 필요한 부분이다.[117]

위만의 집권

중국이 전국 시대 이후로 혼란에 휩싸이면서 유이민이 대거 고조선으로 넘어왔다. 고조선은 그들을 받아들여 서쪽 지역에 살게 하였다. 그 뒤 진·한 교체기에 또 한 차례의 유이민 집단이 이주해왔다. 그중에서 위만은 1천여 명의 무리를 이끌고 고조선으로 들어왔다. 위만은 준왕의 신임을 받아 서쪽 변경을 수비하는 임무를 맡았다. 그는 그곳에 거주하는 이주민 세력을 통솔하면서 자신의 세력을 점차 확대하여나갔다. 그 후 위만은 수도인 왕검성에 쳐들어가 준왕을 몰아내고 스스로 왕이 되었다(기원전 194). 위만왕조의 고조선은 철기문화를 본격적으로 수용하였다.[118]

고등학교 국사, 교육인적자원부(국사편찬위원회), 2007

위 글을 보면 위만은 진(秦)·한(漢) 교체기에 유이민 집단을 이끌고 이주해온 사람이다. 그럼에도 교과서의 주석에서 "위만은 고조선으로

---

[117] 위의 글을 읽다 보면 한사군의 위치는 자연스럽게 한반도 안으로 들어오게 된다. 이를 대표하는 이들은 이병도(『한국 고대사 연구』, 박영사, 1985), 이기백(『한국 고대사론』, 탐구당, 1987), 김철준(『한국 고대사 연구』, 서울대학교 출판부, 2000), 노태돈(편저, 『단군과 고조선사』, 사계절, 2000), 송호정(『한국 고대사 속의 고조선사』, 푸른역사, 2003) 등이다. 이에 대해 윤내현(『고조선 연구』, 일지사, 1994), 김종서(『한사군의 실제 위치 연구』, 한국학연구원, 2005) 등과 리지린을 포함한 북한 학자들, 그리고 최근 요서지역의 청동기문화(광의의 홍산문화)에 주목하는 학자들은 이와는 반대의 입장에 서 있다.

[118] 고등학교 국사, 2007, 34쪽.

들어올 때 상투를 틀고 조선인의 옷을 입고 있었다. … 따라서 위만의 고조선은 단군의 고조선을 계승한 것으로 볼 수 있다"고 하여 위만이 조선인이었다고 강조하면서 그가 고대조선의 왕이 되었다고 했다. 조선사편수회의 시각과 일치하는 논리이다. 특히 '위만왕조의 고조선'이라는 표현은 성립할 수 없다. 준왕도 근거가 분명치 않은 사람이다. "위만왕조의 고조선은 철기문화를 본격적으로 수용하였다"는 설명도 역사적 사실과 거리가 멀다. 최근의 중국 동북공정과 관련해 논의가 필요한 부분들이다.[119]

---

[119] 서길수, 「중화인민공화국 동북공정 5년의 성과와 전망」, 70~74쪽(그는 결론에서 중국의 동북공정에 대해 주목할 만한 범국가적·국민적 장기 대응 방안을 주문하고 있다) ; 우실하, 「통일적 다민족 국가론의 전개와 적용」, 153~154쪽, 『동북공정과 한국학계의 대응 논리』, 여유당, 2008.

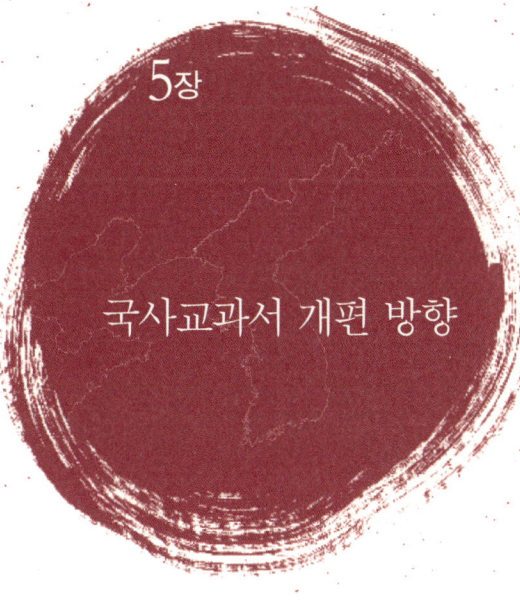

5장

국사교과서 개편 방향

국사교과서 고대사 부분 검토 결과

청소년들이 우리 역사에 대해 처음 학습하게 되는 국사교과서야말로 그들이 국가의 주역이자 한국인으로서 바르게 살아나갈 수 있도록 육성한다는 차원에서 그 역할이 매우 중요하다. 그런 의미에서 현행 국사교과서가 과연 민족의 기원, 사상과 문화의 원형을 제대로 밝혀 청소년들의 자아 형성과 한국인으로서의 정체성 확립에 기여할 수 있게 편집돼 있는지 살펴보았다.

국사교과서가 국정교과서로 편찬되기 이전인 1960년대 초등학교 사회과 교과서에서부터 2010년 고등학교 국사교과서까지 고대사 관련 부분을 폭넓게 검토한 결과 얻은 결론은 매우 부정적이다.

따라서 검토 과정에서 발견된 제반 문제들을 다음과 같이 정리했다. 이는 국사교과서가 반드시 개편돼야 한다는 전제하의 문제 제기로서 개편 방향 설정에 도움을 주기 위함이다.

첫째, 고대조선 건국과 그 역사적 실재성에 대해 시종 모호한 태도로 접근하고 있다. 즉, "고대조선은 단군왕검이 건국하였다고 한다"는 식의 남의 나라 이야기를 전하는 것 같은 태도가 지속되어왔다. 이는 국사교과서로서 신뢰성 상실 차원을 넘어 고대조선 역사 전체에 대한 믿음을 떨어뜨림으로써 민족사의 정체성 차원에서 혼란을 가중시키는 결과로 이어지고 있다.

다행히 2007년도 국사교과서부터 "고조선은 단군왕검에 의해 건국되었다"로 바뀌었다. 그러나 "…고 한다"의 세 글자를 없애는 데 반세기가 넘는 세월이 걸렸다. 뿐만 아니라 내용 면에서는 크게 바뀐 것이 없는데도 아직도 이에 대한 반대와 비판의 소리들이 있다. 이는 우리 고대사 인식 체계상의 잘못이 아무리 많이 지적되더라도 시정하는 것이 결코 쉽지 않은 일임을 말해준다. 즉, 역사학계 스스로 문제를 풀어나가는 데 한계가 있다는 이야기이자, 학교 교육을 책임지고 있는 교육부서의 할 일이 산적해 있음을 의미한다.

이제는 단군왕검이 고대조선을 건국한 사실을 명확히 밝히고, 이를 뒷받침할 수 있는 역사적 사실을 정리하여 보충해야 한다. 이에 앞서 단군왕검의 고대조선 건국 사실 자체의 역사적 진실 여부를 밝혀야 한다.

고대조선의 최초 국가 명칭이 '고조선'이었는지도 의문이다. 따라서 최초의 나라 이름을 밝히고 그 이름이 '조선'으로 변했다면, '근대조선(1392~1910)'과 시대적으로 구분하기 위한 국가 명칭으로서 '고대조선'에 관한 논의도 필요하다.

둘째, 근거가 분명치 않은 위만을 고대조선의 중심에 위치시켜 민족의 정체성에 대한 의혹을 야기하고 있다. 위만은 연나라 사람이지 우리 민족의 직접 조상이 아니다. 그가 고대조선 말기에 변방에서 활동한 인물임에도 고대조선의 중심에 위치시킴으로써 우리의 역사 인식에 혼란을 부추기고 있다. 즉, 위만이 고대조선을 지배한 것으로 정리하여 서기 전부터 우리 민족은 중국인의 지배를 받기 시작한 것으로 오해를 불러일으키고 있는 것이다. 이는 조선사편수회가 한국인의 의식 속에 심고자 했던 논리의 연장으로 볼 수 있다. 위만이 굳이 우리 역사의 중심에 위치해야 한다면 그 당위성과 근거가 명확하게 제시되어야 하며, 그렇지 못할 경우 이는 시정되어야 한다. 이는 중국의 동북공정 논리를 극복하기 위해서도 절대적으로 필요하다.

셋째, 위만 문제보다 먼저 풀어야 할 과제가 기자의 문제이다. 기자의 활동 위치와 역할이 가려져야 위만의 활동 위치와 역할이 분명해진다. '기자조선'이나 '위만조선'이라는 용어는 역사 인식상의 오류에서 비롯된 것으로 후세에 잘못 붙여진 명칭이다. 이처럼 기자를 지금의 평양으로 불러들이니까 위만이 평양으로 왔고, 위만이 평양으로 오다 보니 한사군이 평양에 놓이게 된 것이다. 실제 한사군이 평양과 그 주변에 위치했다는 것은 기록상으로나 지리적 위치, 유적 등으로 봐도 논리의 비약이라는 연구 결과들이 이미 수없이 나와 있다.

넷째, 2007년 교육인적자원부에서 펴낸 고등학교 국사교과서 28쪽에는 "우리나라에서는 기원전 5세기경부터 철기시대로 접어들었다"고 쓰여 있다. 그리고 같은 책 34쪽에서는 "위만왕조의 고조선은 철기문화를 본격적으로 수용하였다"고 설명한다. 34쪽 내용은 우리나라 철기문화의 시작이 마치 위만에 의해 이루어진 것 같은 설명으로, 앞의 28쪽 내용을 뒤집는 것일 뿐 아니라 그 시기를 수세기 끌어내리는 결과로 이어져 있다. 앞뒤 내용의 모순과 불합리한 용어의 사용, 역사적 사실의 왜곡 등은 반드시 시정되어야 한다.

다섯째, 주체성이 결여된 용어의 사용이다. 역사학은 본질적으로 자아 형성과 애국심 고취에 필요한 학문이다. 기본을 지키지 못하여 자아를 상실케 하는 교육은 한국사 교육의 본래 목적에서 이탈하는 교육일 수밖에 없다. 교과서에서는 '서력기원'을 '기원'으로, '서기전'을 '기원전'으로 사용하고 있다. 1990년대에 들어서서 서기전을 '서기전'(중학교 국사교과서)과 'B.C.'(고등학교 국사교과서)로 고쳐 썼으나, 2000년대에 들어와서 어떤 이유에서인지 다시 종전대로 환원돼버렸다. 주체성이 결여된 용어 사용의 대표적인 예이다. '기원전'은 '서기전'으로 고쳐 쓰는 것이 옳다.

여섯째, 과학적 방법에 의한 고고학 발굴 성과들이 역사학에 반영되지 못하는 경향이 있다. 예컨대 역사학계는 방사선탄소연대측정법에 의한 조사 결과 나타난 연대의 반영을 꺼리거나 기피하는 경향이 있고, 고고학계는 밝혀진 발굴 성과를 소신 있게 주장하지 않는 경향이 있다. 그 결과 우리나라의 청동기시대 진입 연대를 지나치게 늦게 산정하여 결과적으로 고대조선 역사의 실재성에 대한 의혹으로 연결되고 있다.

지난 반세기 동안 우리 국사교과서에는 고고학적 연구 성과들이 조심스럽게 반영돼왔고 자주적인 입장에서 우리 역사를 설명하려는 노력도 있었지만, 그것이 본질을 간과한 채 지엽적인 사항에 치중하거나 지나치게 신중을 기하다가 위와 같은 문제를 안고 여기까지 올 수밖에 없었다. 이런 문제들은 앞으로 정확한 근거 확보를 통해 역사적 사실의 확인과 진위를 가리는 연구 성과들을 축적하고 충분한 논의 과정을 거쳐 합의를 봐야 하는 사항들이다. 교육과학기술부와 국사편찬위원회의 주도적인 역할을 기대해본다.

· 4부 ·

한민족의 기원, 단군왕검사화

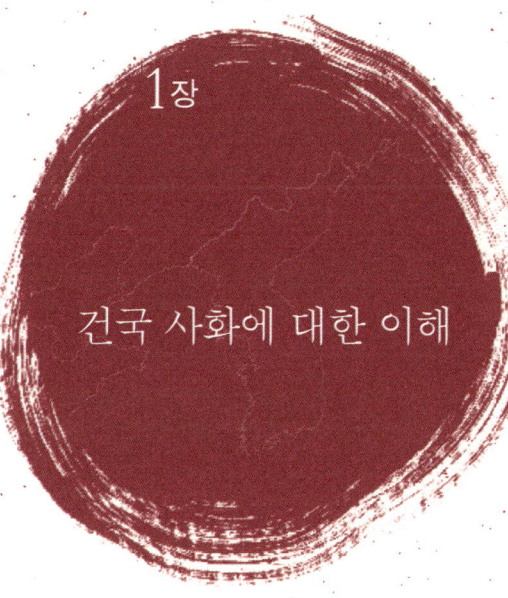

1장

건국 사화에 대한 이해

건국 사화는 민족 구성원 모두의 보편적 상식

"단군은 신인가, 역사적 인물인가"라는 질문에 다양한 대답이 나올 수 있을 것이다. 어떤 이는 민족 신앙 차원에서 신이라고 주장하는가 하면, 어떤 이는 신으로 볼 때 그것은 우상숭배라는 쪽으로 비방하면서 역사적 인물쯤으로 이해하려 할 것이다.[1] 그러나 이러한 견해는 모두 옳지 않다. 왜냐하면 단군은 신도 아닐뿐더러 역사적 인물도 아니기 때문이다.

그렇다면 단군은 무엇이란 말인가? 단군은 직책이다. 그리고 단군왕검이 초대 단군이며, 그는 신이 아니라 역사적 인물인 것이다. 이처럼 간단한 문제를 놓고도 단군상 훼손 시비를 벌이고 있는 민족적 비애를 어떻게 설명해야 하는 것인가? 이것이 우리 역사교육의 현주소임에 주목하면서 이 기회에 단군왕검사화에 대한 생각을 정리해보자.

우리는 반만년의 유구한 역사를 가지고 있는 문화민족이라 자부하면서도 막상 민족의 기원에 대한 합의된 역사 논리를 세우지 못한 채 아직도 논란을 계속하고 있다. 이는 역사가 오래된 민족들 사이에서는 그 유래를 찾아보기 힘든 부끄러운 현상이다. 우리 민족사를 복원하는 데 가장 큰 논란의 대상은 민족의 기원과 고대조선의 실재성에 관한 인식상의 갈등이다.

그 원인은 첫째, 민족의 건국 사화에 대한 이해는 그 민족 구성원 모두의 보편적 상식이어야 함에도 그에 대한 본질적 속성을 간과함으로써 비롯된 인식과 해석상의 오류를 들 수 있다. 둘째, 사화나 신화를 고고학과 인류학 등 인접 학문과 접목시키지 못하고 문헌상의 근거에만 집착해

---

[1] 이도상, 「'단군상 분쟁' 부끄러운 일」, 동아일보, 1999년 10월 26일자 발언대.

기존 고정관념의 틀에서 벗어나지 못하는 역사학계의 보수적인 태도 때문으로 보인다.[2]

이에 필자는 우리 민족의 기원을 말하는 단군왕검사화가 마땅히 한국인 모두의 보편적 상식이어야 한다는 전제하에 그것이 인류 문명의 발전 과정에서 어떤 역사학적 의미를 가지고 있는가를 살펴봄으로써 민족의 기원과 고대조선의 역사적 실재성을 구명해보고자 한다. 이는 단군왕검사화를 새로운 각도에서 조명해봄으로써 이를 역사화하는 방향 제시 차원의 문제 제기가 될 것으로 본다.[3]

단군왕검사화의 역사학적 의미를 이해하기 위해서는 우선 인류 문명의 변천 과정에 대한 이해가 선행되어야 한다. 따라서 2장에서 기존 학설을 종합하여 인류 문명의 변천 과정을 개략적으로 정리하고, 이를 기초로 3장에서는 『삼국유사』가 전하는 단군왕검사화 내용을 학문적으로 분석하여 인류 문명사적 관점에서 단군왕검사화가 갖는 역사적 의미를 확인할 것이다.

---

[2] 이러한 인식의 차이는 일연(1206~1286)과 김부식(1075~1151) 이래 거의 달라진 것이 없다. 일연은 『삼국유사』에서 『고기(古記)』에 기록된 단군왕검사화를 정리하여 국사의 첫머리에 실은 반면, 김부식은 『삼국사기』에서 아예 불문에 부쳐버렸던 것이다. 이러한 양극적 태도가 오늘에 이르러 더욱 복잡한 양상을 보이고 있다. 불자(佛者)인 승(僧) 일연의 뒤를 이은 계통은 두 갈래로 발전했는데, 하나는 선불(仙佛)이 조화를 이루어 종교화의 경향을 띠고 민족 신앙으로까지 발전했고, 또 하나는 민족의 원류를 밝히려는 역사학적 입장을 유지하고 있다. 유자(儒者)인 김부식의 태도를 계승한 일파는 실증사학 또는 합리주의 철학의 명분으로 이를 부정하거나 비판적 태도를 버리지 않고 있다(이을호, 「단군설화의 기본 과제」 『단군신화 연구』, 온누리, 1994, 287~292쪽).

[3] 단군왕검사화에 대한 최근의 연구물로는 노태돈의 「역사적 실체로서의 단군」, 서영대의 「신화 속의 단군」, 서영수의 「고조선의 대외 관계와 강역의 변동」, 조인성의 「단군에 관한 여러 성격의 기록」, 박광용의 「단군 신앙의 어제와 오늘」, 김두진의 「단군에 대한 연구의 역사」, 이기동의 「북한에서의 단군 연구와 그 숭앙 운동」, 이종욱의 「한국 초기 국가의 형성 신화(설화)」 등이 있다(『한국사 시민강좌』 27집, 일조각, 2000 ; 『동양학』 29집, 단국대 동양학연구소, 1999 ; 이종욱, 『한국 고대사의 새로운 체계』, 소나무, 1999 참조).

여기서 필자는 이 글의 성격을 분명히 하기 위해 먼저 다음과 같은 의문을 제기하고 문제에 접근하고자 한다.

첫째, 이 사화의 명칭은 왜 '단군신화'나 '단군사화'가 아닌 '단군왕검사화'여야 하는가?

둘째, 단군왕검이 건국한 나라 이름은 왜 '고조선'이 아닌 '고대조선'이어야 하는가?

셋째, 단군왕검사화는 인류 문명의 발전 과정에서 어느 시기를 반영하고 있는가?

넷째, 단군왕검사화는 순수하게 일연의 창작품으로서 당시의 시대 상황 속에서 나온 것인가, 아니면 그때까지 전해오던 내용을 일연이 체계적으로 정리한 것인가?

다섯째, 단군왕검사화가 우리 민족의 역사 발전 과정에서 갖는 의미는 무엇인가?

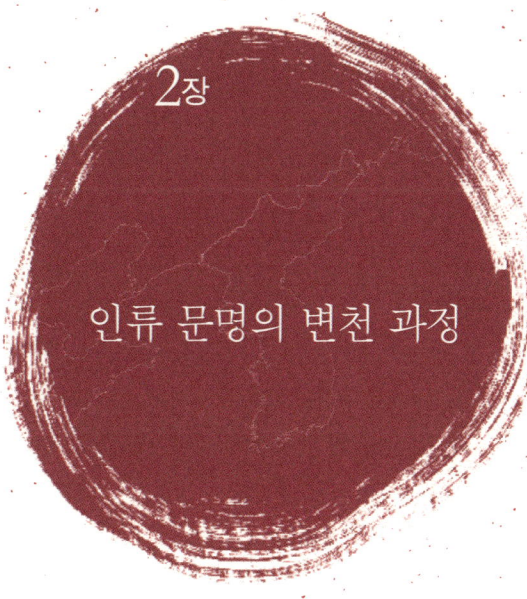

2장

인류 문명의 변천 과정

1. 신화와 인류 문명의 관계

　인류 문명은 그 자체가 역사라 할 수 있지만 문자가 없던 시대의 역사는 구전을 통해 후대에 전해지는 과정에서 신화가 되는 속성이 있다. 즉, 입에서 입으로 이어지던 이야기가 신화의 형식으로 변해 후대에 전해지는 것이다. 이를 '역사의 신화화'라 한다. 따라서 신화는 고대인들의 사고 구조에 따라 그들의 논리로 과거를 설명하는 것이다. 그러므로 신화에 반영된 역사적 사실을 찾기 위해서는 이를 성립시킨 사람들의 사고와 논리를 이해하는 작업이 선행돼야 한다. 그리고 이를 역사로 정리하는 일이 따라야 한다. 이를 '신화의 역사화'라 할 수 있다.[4]

　단군왕검사화에 반영된 역사적 사실들은 문자가 없던 시대에 신화의 형식으로 구전되다가 이후 문자로 정리되고, 이것이 일연에 의해 사화로 정리됐다고 볼 수 있다. 여기서 인류 문명의 변천 과정에 대한 이해가 선행되어야 함을 강조하는 이유는 이를 다시 역사화하는 작업을 위해 꼭 필요하기 때문이다.[5]

---

[4] 이에 대해 서영대는 "신화적 코드를 우리가 사용하는 역사적 코드로 변환시키는 작업"이라고 표현하고 있다(서영대, 「신화 속의 단군」 『한국사 시민강좌』 27집, 25~26쪽 참조).
[5] 이 장은 학자들의 기존 학설들을 논문 체계에 맞춰 정리한 것이다. 그럼에도 별도의 장으

인류 문명을 발전시킨 주체는 바로 사람이다. 그러므로 시대의 분류도 이를 중심으로 해야 할 것이다.[6] 인류의 사회생활을 중심으로 시대를 구분해보면 원시시대와 역사시대로 구분해볼 수 있다. 원시시대는 다시 '무리사회(Bands) → 마을사회(Tribes) → 마을연맹사회(Chiefdoms)'로 구분된다.[7] 민족의 기원에 대한 사화나 신화는 보편적으로 원시시대에 있었던 내용으로 시작되는 것이 그 특징이며, 역사시대는 초기 국가사회(States)로부터 시작된다. 우리가 이에 주목하는 것은 동서양의 신화, 특히 단군왕검사화를 이해하는 데 필요하기 때문이다.

로 삽입한 것은 논문의 흐름 속에서 단군왕검사화의 합리적인 해석에 필요한 전제가 되기 때문이다. 또한 일반 독자들의 이해를 돕기 위한 목적도 있다.

[6] 인류 사회의 발전 단계에 대한 구분은 학자에 따라 다양하다. G. 비코에 의하면 이집트인들은 '신들의 시대 → 영웅의 시대 → 인간의 시대'로 구분했으며, 윌리엄 로버트슨(William Robertson, 1721~1793)은 '야만 단계 → 미개 단계 → 문명 단계'로 구분했다. 몽테스키외(Monte-squieu, 1689~1755)도 인류 역사의 세 발전 단계를 '수렵 혹은 야만 단계 → 목축 혹은 미개 단계 → 문명 단계'로 구분했는데, 이는 19세기에 크게 인기를 끌게 되었다. 20세기에 차일드는 인간이 사용한 도구를 중심으로 '석기(구석기·신석기)시대 → 청동기시대 → 철기시대'로 구분하고 구석기시대와 중석기시대를 '야만 단계(Savagery)'로, 신석기시대를 '미개 단계(Barbarism)'로, 도시의 출현을 '문명 단계(Civilization)'로 하여 자신의 시대 구분 방법과 대비시키고 있다(G. 비코, 이원두 역, 『새로운 학문』, 동문선, 1997, 39쪽 ; 가바리노 저, 한경구·임봉길 공역, 『문화인류학의 역사』, 일조각, 1994, 23~24쪽, 120쪽).

[7] 스튜어드(Steward)는 처음에는 'Family level → Multi-family level → State level'로 구분했다가 이를 'Band → Tribe → Chiefdom → State 단계'로 수정했다. 윤내현은 이를 '무리사회 → 마을사회(처음에는 부락사회로 번역했으나 뒤에 부락은 일본인들이 마을을 비하해서 사용한 용어라는 이유로 마을사회로 수정했음) → 고을나라 → 국가사회 단계'로 번역했다. 여기서 고을나라는 마을과 고을의 구분이 모호하고 나라는 국가를 의미하므로, 아직 국가사회 단계에 진입하지 않은 단계를 고을나라로 부르는 것보다는 마을연맹사회라고 하는 것이 더 적합하다고 판단하여 필자는 '마을연맹사회'로 쓰고자 한다. 윤내현은 그의 저서(『새로운 한국사』, 삼광, 1989)에서 '마을연맹사회'라는 용어로 번역해 쓴 일이 있지만, 이후 이를 다시 '고을나라'로 고쳐 쓰고 있다(윤내현, 『고조선 연구』, 일지사, 1994, 115~118쪽 ; 가바리노, 앞의 책, 141쪽).

2. 남북한 지역의 무리사회 유적

무리사회(Bands)[8]는 인류가 아직 정착 생활에 들어가지 못하고 떠돌이 생활(이동 생활)을 하던 시기를 말한다. 이때는 수십 명의 혈연 집단으로 구성된 완전한 평등 사회였다. 따라서 재산의 공유를 전제로 하는 이 사회에 신분상의 계층이나 빈부의 차이는 존재할 수 없었다. 그들의 경제활동은 채집 경제(Food gathering)로서 사냥이나 자연에서 얻을 수 있는 식물의 채집, 고기잡이 등이 주를 이루었다. 이를 위해 그들은 돌, 나무, 뼈, 뿔 등으로 조잡하게 가공된 도구를 사용했다.

그런데 돌을 제외한 도구들은 썩어서 그 흔적을 찾아보기 어렵지만 석기만은 아직도 남아 있어 당시 그들이 사용한 상태를 알아볼 수 있다. 그렇기 때문에 고고학에서는 인류가 도구로 사용했던 돌의 형태에 따라 구석기, 중석기, 신석기로 시대를 구분한다.

무리사회는 구석기와 중석기시대에 해당된다. 매우 장기간에 걸친 구석기시대에 인류는 타제석기(打製石器, 깬돌)를 사용했는데, 인류의 석기 제작 기술이 발달함에 따라 구석기시대는 전기(20만 년 전까지)·중기(5만

---

[8] 군집(群集)사회로 번역하여 쓴 일이 있었으나 지금은 보편적으로 쓰이지 않고 있다.

년 전까지)·후기(1만 2000년 전까지)로 구분한다. 그리고 세석기(細石器, 잔돌)가 사용된 시기는 구석기와 신석기시대 사이에 있었다 하여 중석기(서기전 1만 년~서기전 8000년경)라 한다.[9]

1960년대 초까지 우리나라에는 무리사회가 존재하지 않았던 것으로 인식되고 있었다. 그것은 그때까지 남북한 지역에서 구석기 유물이 발견되지 않아서 우리나라에 구석기시대는 없었다고 여겨졌기 때문이다. 그러다가 일제 강점기였던 1933년 일본인 고고학자 지키로우 신후(直郞信夫)가 함경북도 종성(동관진)에서 홍적세 동물 화석과 함께 사람에 의해 가공된 구석기 유물로 보이는 석기와 골각기 등을 발견했다. 이는 그때까지 남북한 지역에 구석기시대가 없었다는 설을 뒤엎을 수 있는 큰 사건이었다. 그러자 일본인 학자들은 그 주변에 많이 흩어져 있던 신석기 유물과 섞였을 가능성이 많으므로 구석기 유적으로 단정할 수 없다고 일축하고, 더 이상 발굴이나 발표를 하지 못하도록 금지시켰다.[10]

남북한 지역에서 구석기 유적의 존재가 확인됨으로써 무리사회가 실재했음이 밝혀진 것은 1963년 이후이다. 북한지역에서는 1962~1963년에 걸쳐 두만강 하구 남쪽인 함북 웅기군 굴포리에서 긁개, 새기개, 외날찍

---

9 차일드(V. Gorden Childe, 1892~1957)는 그의 초기 연구에서 석기시대, 청동기시대, 철기시대로 구분했다가 그 후 석기시대를 다시 구석기시대와 신석기시대로 구분했다(가바리노 원저, 한봉구·임봉길 공역,『문화인류학의 역사』, 일조각, 1994, 120쪽 ; 安志敏,「關於我國中石器時代的幾個遺址」,『考古通訊』, 1956년 第二期, 74쪽 ; 손보기,『구석기 유적』(한국·만주) 한국선사문화연구소, 1990 ; 임효재·이준정,『오산리 유적』, 서울대학교 박물관, 1988 참조).

10 일본인들은 남북한 지역에는 구석기시대가 없었다고 했다. 그뿐 아니라 청동기시대를 부정하고 석기시대에서 철기시대로 바로 넘어갔다고 했다. 소위 '금석병용기(金石竝用期)'라는 것이 그것이다(森爲三,「豆滿江沿岸發掘의 洪績期動物化石及人類遺品とむべきそのに就ご」『地質學誌』42, 1935, 364~385쪽 ; 藤田亮策,「朝鮮の石器時代」『朝鮮考古學研究』, 고동서원, 1948 ; 윤내현·박성수·이현희,『새로운 한국사』, 삼광, 1989 참조).

개, 쌍날찍개, 박편석기(剝片石器) 등 석영암 석기들이 발견되었다. 한편 남한지역에서는 1964년부터 금강 북안에 위치한 충남 공주군 석장리에서 12개의 유물 포함층(文化層)으로 구성된 구석기 유적이 발굴, 조사되었다.

 이로써 남북한 지역에 무리사회가 존재했음이 확인되었고, 이후 구석기문화에 대한 연구가 본격화되어 구석기와 중석기 유적이 남북한과 만주 전역에 걸쳐 널리 분포되어 있음이 사실화되었다.[11]

---

[11] 한우근, 『한국통사』, 을유문화사, 1989, 4쪽.

3. 정치권력의 등장과 초기 고대국가 형성

마을사회(Tribes)[12]는 인류가 정착 생활에 들어가는 신석기시대(서기전 8000년경)부터 시작된다. 인류 문명에서 하나의 혁명이라 할 수 있는 신석기문화는 농경과 가축의 사육이 가장 큰 특징이다.[13] 이에 따라 인류의 정착 생활이 시작되고 토기(土器, 질그릇)와 마제석기(磨製石器, 간돌)가 발달했다. 이 사회는 한 마을이 형성된 후 이웃 마을과 통혼 관계 등으로 결합되어 혈연 집단을 형성하게 된다. 또 마을의 수장을 중심으로 질서가 유지되는 평등 사회였으며, 아직 신분상의 계층 분화나 재산상의 빈부 격차가 발생하지 않았다.

이러한 상황은 신석기 후기가 되면 달라진다. 마을사회에서는 힘 있는 자들에 의한 부의 축적으로 사유재산제가 출현했고, 이에 따라 빈부의 격차와 사회적 계층 분화가 일어났다. 즉, 재산이 공유제에서 사유제로 변환됨과 동시에 완전 평등 사회에서 불평등 사회로 전환된 것이다.

---

12 'Tribes'를 부족사회로 번역하는 학자도 있다.
13 차일드에 의하면 구석기시대와 신석기시대의 구분은 단순히 석기의 제조 기술을 기준으로 한 것이 아니라 식물과 동물의 재배 및 사육에 기초를 둔 식량 생산의 시작과 정착 생활의 등장을 기초로 한 것이다(가바리노, 앞의 책, 120쪽).

이 시대를 마을연맹사회(Chiefdoms)라고 하는데, 추방사회(酋邦社會) 또는 군장사회(君長社會)로 번역하는 학자도 있다.[14] 이 시기에는 어느 정도 분업이 발전하고 사회 계급의 초기적인 형태가 발생했다. 즉, 혈연적 조직에 기초를 둔 정치 지도자가 출현하며 일반인의 사회적 지위는 정치 지도자와의 관계에 의해서 결정되었다.[15]

초기 정치권력의 등장은 군사력이나 물리적 강제력을 갖추었음을 의미한다. 그러나 이것은 매우 초보적인 단계이며, 오히려 경제적인 면에서 재분배가 그 특징이라 할 수 있다. 이때 서양에서는 노예제도가 발달하는 경우도 있었다.[16] 또한 마을연맹사회에서는 샤먼(Shaman)·제사장·점복인(占卜人) 등 신과 가까운 지위에 있는 종교적 지도자도 출현하며, 경제적으로 전문 기능인의 출현과 함께 장거리 교역이 행해지는 경향이 생기고, 또 다른 마을연맹사회 간의 전쟁도 일어났다.

유물론 사학자들은 인류 사회의 발전 단계를 '원시 공동체 사회 → 고

---

14 최광식은 "족장사회는 Chiefdom을 번역한 것인데 이것은 명백한 오류이다. 족장사회는 사실 부족사회로서 청동기시대 이전인 신석기시대의 평등 사회를 의미하는 것이다. 청동기시대가 되면서 계급이 발생하고 그에 따라 지배자인 Chief가 등장하는 것이 특징이다. 따라서 Chiefdom은 수장사회라고 번역하는 것이 가장 적합하며, 군장사회나 추장사회로도 번역할 수 있지만 족장사회로 번역하는 것은 명백한 오류이다"라고 말한다. 그러나 윤내현은 Chiefdoms를 군장사회로 번역할 경우 국가사회 단계에서도 사용되므로 적당하지 않고, 추방(酋邦)이라는 말은 우리에게 생소하다 하여 고을사회 또는 고을나라로 번역했다. 여기서 필자는 마을과 고을을 분명히 가르는 것이 다소 모호하므로 '마을연맹사회'로 번역하는 것이 좋겠다는 생각을 갖고 있다(최광식, 「고대사에 대한 바람직한 교육 방안」, 『단군학 연구』 5호, 단군학회, 2001, 11쪽 ; 윤내현, 『고조선 연구』, 일지사, 1994, 118쪽 ; 김광억, 「국가 형성에 관한 인류학 이론과 모형」, 『한국사 시민강좌』 2집, 일조각, 1988, 183쪽).

15 레비스트로스(Lévi-Strauss)는 그의 결연(結緣) 이론(Alliance theory)에서 기본적인 친족 관계란 무엇보다도 여성의 교환을 규제하는 수단이며, 또한 집단 간의 동맹을 창조하는 수단이라고 주장했다(가바리노, 앞의 책, 134쪽).

16 노예는 마을연맹사회에서부터 전쟁과 함께 존재한 것으로 생각되며, 그 종류도 전쟁 포로 노예, 체벌 노예, 세습 노예, 매매 노예, 부채 노예 등 그 발생 원인이 다양하다(가바리노, 앞의 책, 141쪽).

대 노예 사회→중세 봉건 사회→근대 자본주의 사회→사회주의·공산주의 사회'로 구분하고, 최초의 국가사회 단계인 고대 노예 사회에 와서 권력이 출현하며, 전쟁이 발생한 것처럼 설명하고 있다.[17] 그러나 실제로는 국가사회 단계 이전인 마을연맹사회 단계에서 이미 권력이 형성되고 전쟁이 발생했다.

 초기 국가사회는 청동기의 시작과 함께 출현했다. 혈연 조직에 기초했던 마을연맹사회 단계의 권력과는 달리 국가사회 단계의 권력은 법에 의해 뒷받침되었다. 따라서 법이 존재했으면 그 사회는 국가사회 단계에 진입했다고 보는 것이 일반적인 인식이다. 다만 당시 법의 존재 여부는 기록이 없으면 확인이 불가능하다. 그러나 고고학계에서는 일반적으로 청동기시대는 세계 어느 지역에서나 국가사회로 진입했다고 간주하기에 고고학적으로 청동기문화 단계 진입 여부는 국가사회 단계 진입 여부와 밀접한 관계가 있다.[18]

---

17 F. 엥겔스(Friedrich Engels) 저, 김대웅 역, 『가족 사유재산 국가의 기원』, 아침, 1991, 231쪽.

18 서양에서는 서기전 3000년을 계기로 이집트 및 메소포타미아에서 통일 왕조 밑에 국가가 성립되었는데 이것은 대략 청동기의 발달과 일치한다. 특히 메소포타미아 및 이집트권의 청동기 문명은 인더스·수메르(서기전 2600년)·이란(서기전 2500년)·근동의 시리아와 팔레스티나(서기전 3200년)·소아시아(서기전 2600년)와 트로이 및 동 지중해 문화권과 연결되어 있는 것으로 나타난다. 중국에서는 은(殷)·주(周)시대의 청동기가 뛰어나다(『세계백과대사전』 18, 학원, 1987, 163쪽 참조).

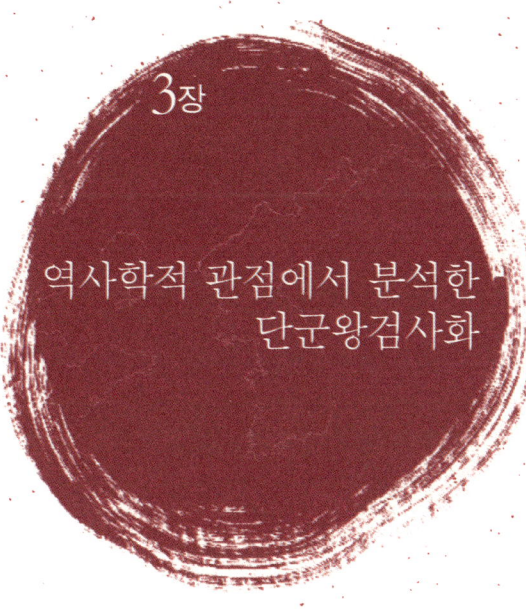

3장

역사학적 관점에서 분석한
단군왕검사화

1. 단군왕검사화 형성 시기에 대한 논란

현재 지구촌에는 220여 개에 달하는 나라들이 존재한다. 그 수많은 나라들 중 민족 신화나 사화가 없는 나라는 거의 없을 것이다. 그리고 그들의 민족 신화는 동서양을 막론하고 예외 없이 절대자(神)와 연결되어 있다.[19] 대표적인 예를 들면, 이스라엘 민족의 경우 토라 공부를 통해 이를 후손들에게 철저히 전수하고 있다. 즉, 모든 유대인이, 어릴 때부터, 죽는 날까지, 매일, 의무적으로 해야 하는 것이 토라 공부인 것이다.[20]

---

[19] 이탈리아의 철학자 비코(Giambattista Vico)는 민족의 신화·전설을 역사와 관련시켜 다음과 같이 말하고 있다. "태고(太古) 이교(異教) 민족의 창시자는 헤라클레스였다(각 민족에게는 각자의 헤라클레스가 있었기 때문에). 그 수는 바로에 의하면 40 이상이며, 이집트인은 자신들의 헤라클레스가 최고라고 주장한다. … 고대 이집트인의 지혜가 정점까지 높여진 것은 알렉산더 대왕이 해변에 건설한 도시 알렉산드라에서이다. 거기서는 아프리카의 예리함과 그리스의 정밀함이 맺어짐으로 해서 탁월한 철학자들이 배출하게 되었던 것이다. … 이집트 최고의 성직자 마네토(서기전 280년 무렵, 이집트 헤리오폴리스의 신관, 『Aigyptiaka·이집트지』를 저술)가 출현한 것도 이 무렵이었다. 그는 이집트 전사(全史)를 장중한 자연 신학 형태로 고쳐 썼다. 이는 마치 지난날 그리스 철학자들이 그들의 신화·전설에 대해 취한 태도와 동일한 것이다. … 신화·전설은 그들의 최고의 역사였던 것이다. 여기서 독자들은 이집트 상형문자에서도, 그리스 신화·전설에서도 같은 것이 일어났음을 이해하게 될 것이다"(G. 비코, 이원두 역, 『새로운 학문(The New Science of Giambattista Vico)』, 동문선, 1998, 17쪽·39~41쪽).

[20] 조셉 텔루슈킨 저, 김무겸 역『죽기 전에 한 번은 유대인에게 물어라』, 북스넛, 1994, 323·384쪽 ; 소강석, 『신정주의 교회를 회복하라』, 쿰란출판사, 2006, 60쪽. ; 서일성, 『이스라

우리 민족은 단군왕검사화를 가지고 있다.[21] 그것은 고려 이전부터 전해오던 것을 일연이 정리한 것으로 볼 수 있다. 왜냐하면 일연이 "『고기』에 이르기를(古記云)"이라고 말한 점으로 보아 일연의 창작이 아님이 분명하기 때문이다. 다만 그 『고기』가 신라의 고문헌들인 『해동고기(海東古記)』, 『삼한고기(三韓古記)』, 『신라고기(新羅古記)』 등 고유한 서적들을 가리킴인지, 아니면 단순히 옛 기록이라는 일반적인 용어인지는 분명하지 않으나, 이 기사는 『구삼국사(舊三國史)』 본기(本紀)에도 있었음을 『제왕운기』에서 지적하고 있다.[22]

그런데 일본인 학자들은 우리의 단군왕검사화에 불교적인 용어와 도교적인 요소가 보인다는 이유로 몽고가 침입할 당시 민족정신을 고취하기 위해 만들어진 이야기일 뿐이라고 주장했다.[23] 즉, 1890년대 중반부터 일본의 역사학계가 한국 고대사를 부정하려는 의도로 단군을 부인하기 시작했고, 조선총독부가 설치된 이후에는 본격적으로 고대조선의 건국 역사를 '단군신화'로 규정하며 고대조선의 존재 자체를 부정했다. 그리고 『조선사』 편찬 사업 과정에서 이를 체계적으로 반영했다. 그 영향이 아직까지도 가시지 않고 있는 것이다.[24]

엘 역사와 민족혼』, 육군종합행정학교, 1983, 97~112쪽.

21 『삼국유사』, 「기이」 '古朝鮮' / 우리 민족의 건국 사화는 서양의 신화(「창세기」·「희랍신화」 등)와는 달리 국토 생성에 대한 창세 신화나 개벽 신화가 없다. 단군왕검사화에서는 이미 만들어진 하늘로부터 땅(삼위태백)에 천제의 아들 환웅이 하강하는 데서부터 시작된다. 일본 민족의 기원설인 아마테라스 오미카미(天照大神) 설화도 우리와 같은 방법으로 설명되고 있다. 이에 비해 중국의 삼황오제설은 지상에서부터 출발하고 있음이 특이하다(조지훈, 「동방개국설화고」, 219쪽 ; 이을호, 「단군설화의 기본 과제」 『단군신화 연구』, 온누리, 1994, 288쪽).

22 이상호 역, 『북역 삼국유사』, 신서원, 1990, 57쪽 주에서 재인용.

23 那珂通世, 「朝鮮古史考」 『史學雜誌』, 1984, 4~5쪽.

24 임재해, 「단군신화로 본 고조선문화의 기원 재인식」 『고조선 탐색』(고조선학회 제1회 학

이에 대해 노태돈은 "신화는 생성된 이후 입에서 입으로 전해져오다가 어느 시기에 문자로 정착된다. 그때 신화는 문자화된 시기의 용어와 표현 양식으로 기술되어진다. 이런 속성을 이해한다면 반드시 표기된 단어가 후대적인 것이라고 하여 신화 자체가 뒤 시기의 것이라고 단정하는 것은 잘못이다"라고 지적하고 있다.[25] 이는 단군왕검사화가 일연의 창작품이 아닐 뿐 아니라 일연이 『삼국유사』를 쓸 당시의 시대 상황을 극복하기 위해 지어냈다는 일본인 학자들의 주장이 옳지 않음을 바르게 지적한 것이다.

사화나 신화는 과학이나 역사가 제시하지 못하는 사실, 즉 가장 근원적인 진실을 보여주는 것이라 할 수 있다. 이는 사화 또는 신화가 단순히 오랜 옛날에 있었던 일, 즉 과거에 대한 지식을 알려준다는 뜻이 아니라 오히려 과거 이상으로 현재와 미래에 연결되어 있다는 의미이다. 즉, 과거와 현재 그리고 미래에 걸쳐서 인간의 생활을 양식화한 근원적 동기를 이해할 수 있게 하는 것이 사화와 신화의 기능인 것이다.[26]

황패강은 "신화는 '신화화하는 일' 그것으로서 원초적인 질서를 회복하는 것이 되고, 그것이 행동화될 때 제의가 된다. 신화는 문학·미술·체육·음악 … 그 밖의 다른 형식으로도 존재가 가능한 것이다. 20세기는 … 이와 같은 신화의 의미를 발견한 시대로서 후대에 기록될 것이다"라

술발표회), 고조선학회, 2008, 99쪽 ; 최남선, 「檀君否認의 妄-'文敎의 朝鮮'의 狂論」, 동아일보, 1926년 2월 11~12일자 ; 『육당 최남선 전집』 2, 현암사, 1973, 77쪽. 여기서 최남선은 "檀君 否認의 論이 日本 學界에 出現하기는 이미 30년의 歲月을 經하였고, 그 端緖는 那珂·白鳥 輩의 少年 好奇하고 立異 衒能하자는 데서 생긴 것"으로 지적하고 있다(임재해 위 논문에서 재인용).

[25] 노태돈, 「역사적 실체로서의 단군」 『한국사 시민강좌』 27, 일조각, 2000, 5쪽.
[26] 황패강, 『한국의 신화』, 단국대학교 출판부, 1988, 7쪽.

며 신화의 의미를 함축성 있게 표현하고 있다.[27]

이은봉도 "우리에게 민족의 뿌리를 알게 해주는 단군신화가 있다는 것이 얼마나 다행스럽고 고마운 일인지 모른다. 만약 이 신화가 없었다면 우리 민족의 기원 및 역사적 시점을 가늠하는 데 있어서도 그 이정표를 잃고 헤매지 않을 수 없었을 것이다. 그런데 우리의 일연은 주옥 같은 많은 신화들과 함께 이 신비스럽고 의미가 풍부한 단군신화를 우리 역사의 첫머리에 실어놓음으로써 역사의 시점을 밝혔음은 물론이요, 앞으로의 역사의 방향까지도 제시해주었다"[28]고 하며 단군왕검사화의 존재 의의를 높이 평가하고 있다. 다만 아쉬운 것은 이들이 단군왕검사화를 사화가 아닌 신화의 수준에서 이해하고 있다는 점이다.

---

[27] 황패강, 앞의 책, 8쪽.
[28] 이은봉 엮음, 『단군신화 연구』, 온누리, 1994, 머리말.

2. 국사교과서에 실린 단군왕검사화 내용

민족의 기원과 역사의 출발을 밝히는 데 민족의 신화나 사화에 대한 정확한 해석만큼 중요한 것은 없다. 그럼에도 최근까지 고등학교 국정 국사교과서에서는 고대조선이 과연 우리 민족이 최초로 세운 초기 국가사회였는지 의문을 갖게 하는 다음과 같은 모호한 내용을 담고 있어 혼란을 초래해왔다.

A 『삼국유사』에서는 하느님의 아들인 환웅과 곰의 변신인 여인 사이에서 출생한 단군왕검이 고조선을 건국하였다는 내용이 실려 있다(기원전 2333년). 단군은 제사장을 뜻하고 왕검은 정치적 지배자를 뜻한다. 따라서 단군왕검은 곧 제정일치 시대의 족장이었음을 알 수 있다.[29]

B 고조선은 단군왕검에 의해 건국되었다고 한다(B.C. 2333). 단군왕검이란 당시 지배자의 칭호였다. 고조선은 요령지방을 중심으로 성장하여 점차 인접한 군장사회를 통합하면서 한반도까지 발전하였다. 이와 같은

---

[29] 국사편찬위원회, 고등학교 국사(상), 문교부, 1989, 10쪽.

사실은 출토되는 비파형 동검의 분포로 알 수 있다.[30]

C 고조선은 단군왕검에 의해 건국되었다고 한다(B.C. 2333). … 고조선의 건국 사실을 전하는 단군 이야기는, 우리 민족의 시조 신화로 널리 알려져 있다. 단군 이야기는 오랜 세월을 거치면서 전승되어 기록으로 남겨진 것이다. … 이 기록은 청동기문화를 배경으로 한 고조선의 성립이라는 역사적 사실을 반영하고 있다.[31]

위의 내용들을 보면 우리나라 국사교과서라고 보기 어려운 모호한 표현을 쓰고 있다. 학문적인 언급을 일체 생략한 채 남의 나라 신화를 전하는 것 같은 인상을 지울 수가 없다. 즉, 신화나 사화가 갖는 역사적 의미라든가, 단군왕검사화의 구체적인 내용이 우리에게 무엇을 전하고자 하는지 알려주려는 노력이 전혀 보이지 않는다. 그로 인해 학생들은 단군왕검 통치시대인 고대조선이 마치 신화시대인 것 같은 오해를 할 수밖에 없었다. 그러나 단군왕검사화는 고대조선 이전의 역사적 체험과 민족의 사상을 상징화한 것이지 고대조선이 신화시대라는 뜻이 아니다.

교육계를 더욱 혼란스럽게 하는 것은 국사편찬위원회에서 고등학교 국사 교사들을 위해 교육부의 이름으로 출간한 교사용 지도서에 실린 다음과 같은 내용이다.

---

[30] 국사편찬위원회, 고등학교 국사(상), 교육부, 1992, 16~17쪽.
[31] 국사편찬위원회, 고등학교 국사(상), 교육부, 1997, 27~28쪽.

고대사회의 의미

고구려, 백제, 신라의 3국이 존재했던 때의 사회를 고대사회라고 한다. 고대사회란 가까운 시대가 아닌 먼 옛날의 사회란 뜻이다. 사회 발전 단계에서 보면 고대사회는 선사시대의 원시 공동체 사회가 해체되어 국가가 성립되고 생산 활동이 본격화되면서 시작되어, 중세 사회가 수립될 때까지의 시기를 말한다. … 인간은 청동이나 철과 같은 쇠붙이를 사용할 줄 알게 되면서 보다 정교하고 예리한 연모를 만들었고, 이를 가지고 생산 활동을 활발히 펴 잉여 생산물이 생겨나게 되었다.[32]

이 책이 교사들의 지도 지침서라는 점에 주목하면서 위의 내용을 보면, 마치 우리 역사에서 고대사회는 고구려, 백제, 신라 등 3국으로부터 시작되는 것처럼 서술되어 있다. 즉, 고구려, 백제, 신라 이전의 사회가 선사시대의 원시 공동체 사회였다는 논리인데, 이는 삼국 이전의 역사와 나라들을 전부 부정하는 표현으로 볼 수 있다. 뿐만 아니라 이때 청동기 시대가 시작됐다는 것인지 아니면 청동기와 철기가 혼재하는 시대였다는 것인지조차 모호하다. '금석병용기(金石竝用期)'를 의식하고 이러한 서술을 한 건 아닌지 의심스럽다.[33]

이에 비해 국사편찬위원회가 최근 발간한 고등학교 국사교과서(상·하 합본)에는 다음과 같은 내용이 실려 있다.

---

[32] 국사편찬위원회, 고등학교 국사(교사용 지도서), 교육부, 1999, 41쪽.
[33] 만일 이러한 의도에서 쓰여진 것이라면 이는 "한국에 청동기시대가 없었고, 석기시대에서 바로 철기시대로 넘어갔기 때문에 석기와 철기를 혼용했던 금석병용기가 있었다"는 일본인들의 주장과 같다고 볼 수 있다.

청동기문화의 발전과 함께 족장이 지배하는 사회가 출현하였다.[34] 이들 중에서 강한 족장은 주변의 여러 족장사회를 통합하면서 점차 권력을 강화해갔다. 족장사회에서 가장 먼저 국가로 발전한 것은 고조선이었다. 『삼국유사』의 기록에 따르면 고조선은 단군왕검이 건국하였다고 한다(B.C. 2333). 단군왕검은 당시 지배자의 칭호였다.

… 고조선의 건국 사실을 전하는 단군 이야기는 우리 민족의 시조 신화로 널리 알려져 있다. 단군 이야기는 오랜 세월을 거치면서 전승되어 기록으로 남겨진 것이다. 그러는 사이에 어떤 요소는 후대로 가면서 새로 첨가되기도 하고 때로는 없어지기도 하였다.

신화는 그 시대 사람들의 관심이 반영되는 것으로 역사적인 의미가 담겨져 있다. 이것은 모든 신화에 공통되는 속성이기도 하다. 단군의 기록도 마찬가지로 청동기시대의 문화를 배경으로 한 고조선의 성립이라는 사실을 반영하고 있다.[35]

위의 내용은 이전의 교과서들에 비해 보다 구체적이고 적극적으로 단군왕검사화를 수용하려는 자세를 보이고 있다. 그러나 아직 단군왕검사화의 역사적 의미를 정확하게 인식시키는 데는 미흡하다. 오히려 단군왕검을 신화 속 이야기의 대상으로, 고대조선을 신화 속의 국가로 오인케 할 소지를 남겨두고 있다. 뿐만 아니라 청동기문화의 발전과 함께 족장이 지배하는 사회가 출현했다는 내용은 납득할 수 없다.

---

34 최광식은 Chiefdom을 '족장사회'로 번역하는 것에 대해 명백한 오류라고 지적한다(최광식, 「고대사에 대한 바람직한 교육 방안」, 『단군학 연구』 5호 참조).
35 국사편찬위원회, 고등학교 국사, 교육인적자원부, 2002, 34~35쪽.

3. 도표로 보는 단군왕검사화

단군왕검사화는 단군왕검이 태어나서 나라를 세우게 된 배경에 관한 설명이다. 즉, 단군왕검사화의 초점은 단군왕검시대의 역사적 사실들에 대한 이야기보다는 그 이전 시대의 사실들을 이야기하려는 데 있다. 따라서 단군왕검사화는 서기전 2333년 이전 내용이 포함된다. 그렇기 때문에 단군왕검사화는 한국 고대사가 시작되기 이전의 인류 문명을 포함하고 있을 뿐만 아니라 한국 고대사에 해당하는 고대조선의 시작과 끝을 포괄적으로 이야기하는 것이라고 할 수 있다.

먼저 고고학적인 측면에서 보면 단군왕검사화는 구석기시대부터 중석기시대를 거쳐 신석기시대 전기와 후기, 그리고 청동기시대를 포괄한다. 다음으로 인류학적인 측면에서 보면 무리사회로부터 마을사회와 마을연맹체사회를 거쳐 국가사회 단계까지를 포괄한다.

이들을 도표로 그린 다음 요하문명을 대입해보면, 다음 도표에서와 같이 광의의 홍산문화[소하서(서기전 7000~6500), 흥륭와(서기전 6200~5200), 사해(서기전 5600~), 부하(서기전 5200~5000), 조보구(서기전 5000~4400), 홍산(서기전 4500~3000)] 시기가 마을사회 단계에 해당되며, 협의의 홍산문화(서기전 4500~3000)에 이은 소하연문화(서기전 30~서기전

24세기) 시기가 마을연맹체사회 단계에 해당된다. 그리고 청동기문화 시기인 하가점 하층문화(서기전 24~서기전 15세기)와 하가점 상층문화(서기전 14~서기전 7세기) 시기가 국가사회 단계인 고대조선시대에 해당된다.

｜단군왕검사화 도표

구분	60만~1만 2000년 전	-8000	-4000	-3000	-2400	-1500	-5~-4세기
고고학	구석기	중석기	신석기(전)	신석기(후)		청동기	철기
요하문명			홍산(광의)	홍산(협의)-소하연		하가점(상~하)	
인류학	무리사회		마을사회	마을연맹사회		국가사회	
신화학	환국		환웅·웅·호족	환웅+웅족		고대조선	

※ -는 서기전 연대 표시

    이를 다시 신화학적인 측면에서 살펴보면 단군왕검사화는 크게 네 구획으로 구분할 수 있다.

    사화의 첫 번째 이야기는 환웅의 출자를 나타내는 것으로서, 이 부분은 특정 시대를 상징하기보다는 환웅이 지상에 내려오기 이전의 모든 시대상이 포괄된 것으로 보아야 한다. 여기서 환웅을 하느님의 아들로 묘사하여 민족이 천손(天孫)족임을 강조하면서 더불어 인류 공영을 추구하는 민족의 사상이라 할 수 있는 홍익인간 이념도 함께 표방하고 있다.

    두 번째 이야기는 환웅시대에 관한 이야기로 마을사회 단계에 해당한다. 한민족은 한족과 맥족과 예족이 결합하여 주류를 형성했다는 연구 결과들이 많이 나와 있다. 여기서는 한족의 이야기를 통해 마을사회 단계의 상황을 전하고 있다. 이 시기는 서기전 4000년 이전이다.[36] 고고학적

---

[36] 예족은 원래 고대조선을 구성하고 있던 대부족 가운데 하나로서 지금의 난하 동부 연안에 거주하고 있었는데 위만이 고대조선의 서부를 잠식하는 과정에서 예족의 거주지역도 위만국에 복속되었다(윤내현, 「위만국의 재인식」 『사학지』 19집, 1986, 43쪽).

유적으로는 홍산문화 유적이 이에 해당한다고 할 수 있다.

세 번째 이야기는 환웅과 웅녀가 결합하는 이야기를 통해 마을사회들(韓族, 熊族, 虎族)이 상호 결합해가는 과정을 묘사하고 있다. 서기전 25세기 이전의 신석기시대 후기에 해당한다. 고고학적으로는 소하연문화를 이에 대입할 수 있다.

마지막 이야기는 단군왕검이 나라를 세워 다스렸다는 이야기로, 이것은 국가사회 단계로의 진입 이후를 설명하는 것이다. 이는 서기전 2333년부터 시작해 1908년이 지난 서기전 425년까지의 기간을 말하는 것으로, 고고학적으로는 하가점 하층문화와 하가점 상층문화 시기에 해당된다고 할 수 있다.[37]

여기서 고대조선의 역년을 서기전 2333년부터 서기전 425년까지 1908년으로 본 것은 '後還隱於阿斯達爲山神'과 '壽一千九百八歲'에 근거한 것이다. 먼저 '단군의 나이가 1,908세였다'는 것은 역대 단군이 1908년간 존속하며 나라를 다스렸다는 뜻으로 보며, '뒤에 돌아와 아사달에 숨어 산신이 되었다'는 것은 국가의 멸망을 뜻하는 죽음으로 표현하지 않은 것으로 보아, 제천 행사를 포함한 정치적 주도권을 상실한 채 군소 국가로 전락했다는 뜻으로 해석이 가능하다.

---

[37] 고대조선 강역은 가장 넓었을 경우를 기준하면 전 요하문명 지역과 남북한 지역을 포괄했을 것으로 판단된다.

4. 단군왕검사화의 체제 분석

앞에서 단군왕검사화 형성 시기에 대한 논란, 국사교과서에 실린 단군왕검사화 내용, 도표로 보는 단군왕검사화 등을 두루 살펴보았다. 이제 이를 기초로 단군왕검사화의 체제를 분석하여 그 역사학적인 의미를 학문적으로 정리해보자.

민족 사화는 그 민족의 사상과 역사적 체험을 시간과 공간을 초월해 응축시켜 상징화한 것이라 할 수 있다. 이러한 사화는 완전한 역사로 정리되기 이전에 이야기 형식으로 조상들의 역사를 정리하여 후대에 전해진다. 따라서 단군왕검사화 속에는 우리 민족의 사상과 역사적 체험이 응축돼 있다.[38] 필자는 『삼국유사』「기이」편에서 이를 찾아보기로 했는데, 이는 『삼국유사』가 고대조선의 건국 사실을 최초로 실은 역사서이기

---

[38] 조선조에서는 단군왕검사화를 기초로 단군왕검을 국조로 인식하고 있었음이 『세종실록』을 비롯하여 한백겸·허목·이익·이종휘·안정복 등 여러 학자들의 문헌에 보인다. 그러나 이때는 아직 고고학과 인류학이 발달하기 이전이었으므로 인접 학문과 연계하여 합리적으로 설명하는 수준에는 이르지 못했다. 현재 우리 역사학계에서 고대조선을 부정하는 학자는 없는 것 같으나 고대사를 전공하지 않은 학자들 중에는 확신을 갖지 못하거나 개국 시기를 훨씬 낮추어 잡으려는 경향이 있는 것 같다. 그런 가운데 윤내현이 『고조선 연구』에서 비교적 합리적으로 인접 학문과 연계하여 이를 잘 설명하고 있다. 다만 고대조선 강역의 비정에는 다소의 이론이 있을 수 있겠다. 북한 학계에서는 단군릉 발견을 선전하면서 오히려 개국 연대를 올려 잡음으로써 정치적 이용이라는 의혹을 사고 있다.

때문이다.

　단군왕검사화에 대한 연구와 그 평가는 일연 이래 수많은 학자들에 의해서 긍정적 혹은 부정적으로 이어져왔다. 20세기 이전 학자들의 의견은 일반적으로 "허황하다", "정당하지 못하다", "무리하다"는 쪽이 지배적이었으나 최근에는 이 사화의 역사적·지리적 배경과 그 구조적·사상적 성격까지 규명한 연구가 진행되고 있다.[39] 이러한 견해들을 종합적으로 검토한 결과를 기초로 필자의 견해를 정리했다. 『삼국유사』에 실린 내용은 다음과 같다.

魏書云 乃往二千年載 有壇君王儉 立都阿斯達 開國號朝鮮 與高同時 〔『위서』에 이르기를, 지나간 2천 년 전에 단군왕검이 있어 아사달에 도읍을 정하고 나라를 세워 국호를 조선이라고 불렀다. 이것은 요 임금과 같은 시기였다.〕[40]

古記云(『고기』에 이르기를)

① 昔有桓國(謂帝釋也) 庶子桓雄 數意天下 貪求人世 父知子意 下視三危太白 可以弘益人間 乃授天符印三箇 遣往理之 〔옛날 환국의 여러 아들 중 환웅이라는 이가 있어 천하의 인간 세상을 구하고자 탐하였다. 그 아버지가 아들의 뜻을 알아차려 삼위태백을 내려다보니 인간들을 널리 이롭게 해줄 만했다. 이에 천부인 세 개를 주어 보내어 이를 다스리게 하였다.〕

---

39 이을호, 「단군설화의 기본 문제」 『단군신화 연구』, 온누리, 187~306쪽 참조.
40 『위서』가 존재했던 시기를 전후해서 2천 년 전에 단군이 존재했고, 또 '開國號朝鮮'했다는 뜻이므로 역사적 사실을 그대로 투영하는 것이 순리이다(김정배, 「고조선과 비파형 동검의 문제」 『단군학 연구』 제12호).

② 雄率徒三千 降於太白山頂 神壇樹下 謂之神市 謂桓雄天王也 將風伯雨師 雲師 而主穀主命主病主刑主善惡 凡主人間三百六十餘事 在世理化 時有一熊 一虎 同穴而居 〔환웅은 무리 3천 명을 거느리고 태백산 마루에 있는 신단수 밑에 내려왔다. 이곳을 신시라 하며 이분을 환웅천왕이라고 이른다. 그는 풍백·운사·우사를 거느리고 곡식·수명·질병·형벌·선악 등을 주관하고, 모든 인간사 360여 가지 일을 다스리며 세상을 교화하였다. 이때 범 한 마리와 곰 한 마리가 같은 굴속에서 살고 있었다.〕

③ 常祈于神雄願化爲人 時神遺靈艾一炷蒜二十枚曰 爾輩食之見不日光百日 便得人形 熊虎得而食之忌三七日 熊得女身而虎不能忌而不得人身 熊女者無與爲婚 故每於神壇樹下呪願有孕 雄乃假化而婚之 〔그들은 항상 신웅(환웅)에게 빌어 사람이 되기를 원했다. 이때 신웅이 신령스러운 쑥 한 줌과 마늘 스무 개를 주면서 말하기를 "너희들이 이것을 먹고 백날 동안 햇빛을 보지 않으면 곧 사람이 될 것이다"라고 했다. 곧 곰과 범이 이것을 받아서 먹고 삼칠일(스무하루) 동안 삼가해 곰은 여자의 몸이 되고, 범은 삼가하지 못하여 사람의 몸으로 변하지 못했다. 웅녀는 더불어 혼인할 사람이 없으므로 날마다 신단수 아래서 아기 배기를 축원하였다. 환웅이 마침내 잠시 사람의 몸으로 변하여 그녀와 혼인하였다.〕

④ 孕生子號曰 壇君王儉 以唐高(堯)卽位五十年庚寅 都平壤城始稱朝鮮 又移都於白岳山阿斯達 又名弓(一作方)忽山又今彌達 御國一千五百年 周虎(武)王卽位己卯 封箕子於朝鮮 壇君乃移於藏唐京 後還隱於阿斯達爲山神 壽一千九百八歲 〔잉태하여 아들을 낳고 이름을 단군왕검이라 하였다. 단군왕검은 당고가 즉위한 지 50년인 경인년에 평양성에 도읍하여 비로소 조선이라 일

컬었다. 또 도읍을 백악산 아사달로 옮기니 궁홀산이라고도 하고 금미달이라고도 한다. 그는 1500년 동안 나라를 다스렸다. 주나라 호왕이 즉위한 기묘년에 기자를 조선에 봉했다. 이에 단군은 장당경으로 옮기었다가 뒤에 돌아와서 아사달에 숨어서 산신이 되니 나이는 1908세였다.]⁴¹

위의 본문은 도입부(魏書云~ / 古記云~) 외에,
① 昔有桓國 ~ 遣往理之까지는 하늘에서 있었던 일
② 雄率徒三千 ~ 時有一熊一虎 同穴而居까지는 환웅이 지상에 내려와 세상을 다스리며 그 뜻을 펴는 내용과 환웅족·웅족·호족이 같은 시대에 공존하는 내용
③ 常祈于神雄願化爲人 ~ 雄乃假化而婚之까지는 환웅족과 호족, 환웅족과 웅족 간 상호 연맹의 성패 관계에 관한 이야기
④ 孕生子號曰 壇君王儉 ~ 壽一千九百八歲까지는 단군왕검이 태어나서부터 아사달로 들어가 산신이 될 때까지의 내용을 담고 있다.

위 사화를 분석하기 전에 먼저 몇 가지 의문을 해결해야 한다.

첫째, 고조선을 나라 이름으로 볼 것인가 하는 문제이다. 본문에는 '시칭조선(始稱朝鮮)'이라 했지 '시칭고조선(始稱古朝鮮)'이라 하지 않았다. 이는 처음에 나라 이름을 '조선'이라 했다는 뜻으로, 우리 민족이 최초로 세운 나라 이름은 '조선'이라는 것이다. 그러나 우리 민족이 최초로 세운 나라 이름이 조선은 아니었을 것이다. 그것은 조선이라는 명칭이 한자로

---

41 『삼국유사』 권1 「기이」 '古朝鮮'.

되어 있기 때문이다. 순수한 우리말로는 '아사달'이었다는 주장이 있다.[42] 최초의 명칭이 '아사달'이었던 것이 한자가 들어온 후 한자 명칭으로 바뀌었다 하더라도 그 명칭이 '조선'이었지, '고조선'이 아니었음을 일연은 말하고 있는 것이다.

그런데 우리의 의식 속에는 '조선'이라는 나라 이름이 많이 자리 잡고 있다. 즉, 단군조선(壇君朝鮮 또는 檀君朝鮮)·기자조선(箕子朝鮮)·위만조선(衛滿朝鮮)·근대조선(近代朝鮮)[43]·이씨조선(李氏朝鮮)·북조선(북한, 北朝鮮·朝鮮民主主義人民共和國) 등이 모두 조선이라는 이름을 쓰고 있다. 이에 대한 구체적인 논의는 주제에서 벗어나므로 피하겠으나, '조선'이라는 호칭을 공식적으로 바르게 쓰고 있는 나라는 북한을 국가적 실체로 인정한다는 전제하에 '근대조선'과 '북한' 두 나라뿐이라 할 수 있다.[44] 따

---

42 서영수는 "고조선은 세계의 유수한 고대 문명 국가와 마찬가지로 초기에는 '아사달'로 불리어진 성읍국가로부터 출발하여 중국의 통일 제국과 정면으로 맞섰던 '대고조선왕국(大古朝鮮王國)' 시대로 발전한 생동하는 구체적 실체이다"라고 주장한다(서영수, 「고조선의 대외 관계와 강역의 변동」『동양학』, 29집, 단국대학교 동양학연구소, 1999, 95쪽). 그는 또 아사달이 '조선(朝鮮)'으로 바뀐 이유에 대해 '아사달'은 '아침의 땅'을 의미하는 우리말로 이를 한역한 것이 조선이 되었다는 견해(이병도, 「아사달의 위치 문제와 그 명칭의 의의」『한국 고대사 연구』, 박영사, 1976)와 고조선인들이 濕水와 汕水가 합류하는 洌水에 살았기 때문에 朝鮮이란 명칭이 생겼다는 견해(『史記集解』에 인용된 張晏의 설)를 예로 들면서 "우리들은 현재 어느 가정이 옳은지 단정할 수 없으나 분명한 것은 '서라벌→徐羅伐→新羅'와 같이 '아사달→阿斯達→朝鮮'으로 바뀌었으며, 고조선인들이 후대에 朝鮮으로 불리던 洌水 유역에 살았다는 사실이다"고 설명한다. 특히 조선이란 명칭이 생긴 시기에 대해 "관중(管仲)의 저서로 알려진 『관자(管子)』에 조선의 명칭이 나타나는 것으로 보아 늦어도 서기전 7세기경에는 조선이라는 국호가 성립하였을 것으로 생각된다"고 주장한다(서영수, 「고조선의 위치와 강역」『한국사 시민강좌』 2, 일조각, 1988, 21쪽).

43 일본인들은 근대(近代)라는 용어 대신에 근세(近世)라는 용어를 썼다. 그것은 중세(中世)에 이은 또 하나의 시대 구분 용어로서 사용한 것이다. 그러나 시대를 구분하는 데는 일관성이 결여되며 서양인들의 시대 구분을 일본인들이 자의적으로 번역하여 쓴 것을 그대로 수용하기는 곤란하다. 왜냐하면 서양의 중세라는 개념이 중국이나 한국의 역사에는 그대로 적용하기 곤란한 개념이라는 입장이기 때문이다.

44 기자국과 위만국은 고대조선 변방에서 일어난 사건과 관련된 나라들로서 우리 역사의 중심에 위치시킬 수 없다는 주장이 있어 논의가 분분하다. 필자는 이 나라들을 조선으로

라서 일연의 논지에 따르면, 우리 민족이 세운 최초의 국가 명칭은 '고조선'이 아니라 '조선'이다.

그럼에도 '고조선'을 고유명사로 인식하는 경향이 일반화되어 있다. 그러나 엄밀히 따져보면 국가 명칭으로서 '고조선'은 없었다. '조선'이 고대에 있었을 뿐이다. 따라서 '고대-근대-현대'라는 시대 개념에 익숙해 있는 현대인들에게는 고유명사인 '조선'을 수식하는 시대 개념으로서 '고대'를 붙여서 '고대조선'으로 부르는 것이 좋을 것이다.

둘째, 왜 '단군왕검사화'여야 하는가 하는 문제이다. 본문에서 '孕生子 號曰 壇君王儉'이라 했다.[45] 즉, 잉태하여 아들을 낳고 이름을 '단군왕검'으로 불렀다는 것이다. '단군'으로 이름을 지었다고는 하지 않았다.[46] "御國一千五百年(나라를 1500년 다스렸다) … 壽一千九百八歲(1908세까지 살았다)"라는 내용은 신화 속에서도 있을 수 없는 일이며, 더욱이 역사적 사실의 반영으로 볼 수 없다. 그렇다면 단군은 어떻게 해석해야 하는가.

부를 수 없고, '기자국'·'위만국'이라 해야 옳다는 입장이다. 이에 대해 윤내현은 "중국인들은 古朝鮮(檀君朝鮮)·箕子朝鮮·衛滿朝鮮·漢四郡의 朝鮮縣 등을 그냥 朝鮮이라 불렀다. 그러므로 중국 문헌에 조선이라는 명칭이 등장하면 그것이 어느 조선을 의미하는지 먼저 확인해보아야 한다"고 강조한다. 그 이유는 『사기』가 비록 가치 있는 역사서이지만 「조선열전」은 고대조선에 관한 기록이 아니므로 『사기』 「조선열전」은 고대조선을 연구하는 데 기본 사료가 될 수 없기 때문이라는 것이다(윤내현, 『고조선 연구』, 일지사, 1994, 23~24쪽 참조). 또한 이씨조선(李氏朝鮮, 李朝)은 일본이 근대조선을 비하시킬 목적으로 붙인 이름이므로 사용해서는 안 될 것이다.

[45] 단군왕검은 한자식으로 쓰인 이름일 것이다. 그렇다면 한자를 사용하기 이전에 고유한 우리식의 이름이 있었을 것이다. 그러나 현재 이를 확인할 길이 없다. 학자에 따라 다양한 논지를 펴고 있기는 하지만 아직은 합의된 바가 없으므로 '단군왕검'을 그대로 인정할 수밖에 없다.

[46] '단군'의 한자식 표기는 『삼국유사』에서는 '壇君'으로, 『제왕운기』와 『세종실록』에서는 '檀君'으로 쓰고 있다.

단군은 신인가, 인간인가.[47] 인간이라면 민족의 조상인가, 아니면 역사적 인물인가. 신도 인간도 아니라면 어떻게 해석해야 하는가.

단군은 직책이었다는 견해가 가장 합리적인 해석일 것이다.[48] 즉, 왕검은 고유명사지만 단군은 고유명사가 아니라 보통명사로 보아야 한다. 그리고 이 사화는 역대 단군의 고대조선 통치에 관한 내용이 아니라 단군왕검이 태어나서 고대조선을 세우기까지의 배경을 설명하는 사화임에 주목해야 한다. 따라서 이 이야기는 '단군신화'가 아니라 '단군왕검사화'가 바른 명칭이라 할 수 있다. 이를 '단군왕검사화'로 하지 않고 종전대로 '단군신화'로 부를 경우, 특정인을 대상으로 엮어진 사화로서의 본래 취지가 희석될 뿐 아니라 역대 단군들에 의해 통치되었던 고대조선의 전 기간이 신화시대가 되고 만다.[49]

셋째, 이 사화 속에 함축되어 있는 사상은 무엇인가 하는 문제이다. 이 사화의 전체 줄거리를 보면 하늘(환웅이 지상에 내려오기 이전)·땅〔지상에 내려온 환웅과 땅의 웅(熊)·호(虎)〕·사람(환웅과 웅녀 사이에서 태어난 단군왕

---

[47] 단군을 신으로 보고 이를 신앙화하려는 경우가 있는가 하면, 이를 우상숭배라고 비판하는 경우도 있어 양자 간에 갈등을 빚고 있음을 볼 수 있다. 그러나 이는 양쪽 모두 단군의 개념을 잘못 이해한 데서 비롯한 현상이라 할 수 있다. 이에 대해 노태돈은 "단군은 자연인의 이름이라기보다 고조선 시기에 임금을 나타낸 칭호였다고 보는 것이 옳을 듯하다"고 풀이한다(노태돈, 「역사적 실체로서의 단군」, 『한국사 시민강좌』 27집, 일조각, 2000, 9쪽).

[48] 권람은 『응제시주(應製詩註)』 '명제십수지일(命十首之一)'에서 "始古開闢東夷主 … (중략) … 傳世不知幾歷年曾過千…"이라 하여 조선이 몇 대를 이었는지는 모르겠지만 햇수는 1천 년을 훨씬 넘었을 것이라 했다. 이에 대해 안정복(『동사강목』)과 한치윤(『해동역사(海東繹史)』)도 다같이 권근이 명 태조 앞에서 지었다는 이 시의 내용을 인용하여 고조선의 역사가 1천 년을 훨씬 넘은 것으로 인식함이 옳을 것이라고 했다.

[49] 한국이 2002년 한·일 월드컵 축구 경기에서 4강에 진출하자 '단군 이래 최대의 경사'라는 표현으로 이를 축하했다. 그러나 이는 올바른 표현으로 볼 수 없다. 왜냐하면 단군은 직책이므로 특정 시점을 가리킬 수 없기 때문이다.

검)을 골격으로 하고 있다. 즉, 천지인(天地人) 세 가지 요소를 환웅을 통해 결합시킴으로써 천지인 합일사상(天地人合一思想)을 이끌어내고 있다. 그리고 하늘에서 하강한 환웅에게 순응한 웅녀를 택해 단군왕검을 잉태케 한 사실에서 단군왕검은 환웅의 피를 이어받은 천손족임을 나타내고 있다. 이는 우리 민족이 스스로 천손족을 자처한 데서 하늘을 숭배하고 있었음을 알 수 있게 한다.[50] 또한 재세이화 홍익인간(지상에서 하늘의 뜻을 교화함으로써 널리 인간을 이롭게 한다)이야말로 우리 민족이 꾸준히 추구해온 민족 사상의 근간이며, 앞으로 추구해나가야 할 홍익민족주의 이념의 바탕이라 할 수 있는 것이다.

넷째, 이 사화 속에 함축되어 있는 역사적 체험이란 무엇인가 하는 문제이다. 명칭이 말해주듯이 이 사화는 단군왕검의 탄생과 고대조선의 건국 과정을 설명하는 사화이다. 따라서 단군왕검의 탄생과 고대조선 건국 이전의 설명들(①, ②, ③)은 우리 민족의 기원과 국가사회 단계 진입의 배경 설명인 것이다. 즉, 원시시대(무리사회~마을연맹사회)에서 역사시대(국가사회)로 넘어가는 과정을 소개하고 있다. 그럼에도 이를 분명히 이해하지 않으면 마치 고대조선이 역사시대의 시작이 아니라 원시시대의 신화에 불과한 것 같은 착오를 일으키게 된다. 또한 단군왕검도 원시시대 신화 속의 한 이야깃거리가 되어버림으로써 민족사가 시작된 상한 연대가 수천 년이나 낮춰지게 된다.[51]

---

[50] 노태돈은 "단군신화에서는 환웅 등의 천신이 거주하는 신계와 곰이나 호랑이로 대표되는 자연계, 그리고 인간계가 서로 교류하여 이상적인 조화의 세계를 추구하며, 여러 세계와의 교류에 산(태백산)과 우주목(宇宙木)인 신단수 같은 매개체가 등장하는 등 전형적인 샤머니즘 문화와 세계관을 보여준다. 이 역시 단군신화가 고조선 당대의 산물임을 방증하는 한 근거가 된다"고 평가하고 있다(노태돈, 앞의 논문, 7쪽).

위에서 제기한 의문들을 바르게 이해하기 위해서는 이 사화 속에 함축되어 있는 민족의 역사적 체험이 합리적으로 설명되어야 한다. 따라서 사화 속의 시간과 공간을 초월해 응축되어 있는 역사적 체험을 다시 확장하여 시대별로 구분해볼 필요가 있다. 그럴 경우 단군왕검사화는 ① 하늘의 환국시대, ② 환웅족·곰족·범족의 공존시대 ③ 환웅과 웅녀의 결합시대 ④ 단군왕검의 탄생과 그 이후 역대 단군의 통치시대 등 네 단계로 구분해볼 수 있다.

우선 사화의 첫머리에 나오는 환국시대를 어떻게 볼 것인가 하는 문제인데, 이는 민족의 기원과 관련이 있다고 생각한다. 즉, 이 부분은 특정 시대를 상징하기보다는 환웅의 출자를 나타내는 것으로서, 환웅을 하느님의 아들로 묘사해 민족이 천손족임을 강조한 것으로 볼 수 있다. 이렇게 볼 경우 단군왕검사화는 환웅의 출자로부터 인류 문명의 발전 과정과 연계시켜 해석이 가능하다.

다음은 환웅시대인데, 필자는 이 시기를 마을사회 단계로 본 윤내현의 견해에 동의한다.[52] 또한 환웅시대에는 곰족과 범족이 공존하면서 각기 다른 마을사회를 형성했다고 할 수 있다. 이 시대는 인류가 농경과 목축을 기초로 최초로 정착 생활에 들어간 시대이다. 환웅이 신시에 강림했을 때 거느리고 온 풍백(風伯)·우사(雨師)·운사(雲師) 등이 농경에 절

---

[51] 최근 빚어지고 있는 '단군왕검상 건립과 훼손'을 둘러싼 갈등의 원인은 바로 '단군왕검'에 대한 인식의 잘못에서 비롯한 것으로 볼 수 있다.

[52] 필자는 환인시대를 무리사회 단계로 본 윤내현의 견해에는 동의하지 않는다. 그러나 환웅시대를 마을사회 단계로, 환웅과 웅녀의 결합 시기를 마을연맹사회 단계로(윤내현은 고을나라로 표현), 단군왕검의 출현을 국가사회 단계의 진입으로 보는 견해에는 전적으로 동의한다. 그것은 현재까지 나와 있는 이론 중에서 인류 문명의 발전 과정과 단군왕검사화를 접목시켜 해석할 경우 이 견해가 가장 합리적이라고 보기 때문이다(윤내현, 『고조선 연구』, 일지사, 1994, 제1편 2장 참조).

대 필요한 기후와 관계가 있고, 환웅이 주관한 일도 곡물을 주관하는 일을 포함한 인간사 360여 가지 일이었음은 이 시대가 신석기 초기로서 마을사회 단계에 진입했음을 말해준다.

환웅과 웅녀의 결합시대는 마을연맹사회 단계로 볼 수 있다. 곰과 호랑이는 고대 마을사회의 상징이며 수호신들이었다.[53] 환웅과 웅녀의 결합은 두 마을사회의 연맹이 성립한 것을 의미하며, 호랑이를 숭배하던 마을사회는 연맹을 추진하다가 실패한 것으로 보인다.

마을연맹사회 단계는 신석기 후기에서 청동기로 넘어가기 직전까지이므로 이때 이미 정치적 권력과 빈부의 격차가 있었으며, 마을의 생존을 위해서 강력한 마을과 연맹을 맺거나 아니면 전쟁을 해야 하는 시대였다. 따라서 호랑이를 숭배하는 종족(濊族)과 곰을 숭배하는 종족(貊族)이 하늘을 숭배하는 종족(韓族)과 경쟁적으로 접근을 시도한 것으로 보아 환웅족(韓族)은 당시에 가장 강력한 마을사회를 형성하고 있던 세력으로 보는 것이 타당하다.[54]

---

[53] 곰에 대해 신성시한 흔적은 일본어에도 아직 남아 있다고 한다. 재일 역사학자 김달수는 近畿 지방에서 일본 언어학자들과 대화하는 가운데 '日前'을 히마에(ひまえ)로 발음하지 않고 히노쿠마(ヒノクマ)로, '日神'을 히노카미(ヒノカミ)로 발음하는 이유를 확인한 결과 '日前'은 태양신을, '쿠마(クマ)'는 하느님을 가리키는데, 한국어로는 곰(熊, ㄱㅅ)이었음을 확인했다고 한다. 즉, 한국의 신은 코무(ㄱㅅ)인데 그것이 일본에서는 캄(カス)이 되고 다시 카미(神, カミ)가 되었다는 것이다. 곧 ヒノクマ는 태양신 ヒノカミ(日神)로서 그 기원은 한국어의 곰에서 온 것이라는 것이다. 곰이 언제부터인지 クマ가 되었고, クマノ(熊野)라는 지명과 쿠마노 신사가 일본 각지에 널려 있는데 그 가운데 유명한 것은 쿠마노산산(熊野三山) 등이다. 『일본 지명학 연구』에 의하면 고대의 野는 國이라는 의미로 쓰였다 한다. 그렇다면 쿠마노(熊野)란 神國이 되는 것이다(김달수 저, 배석주 역, 『일본 속의 한국 문화를 찾아서』, 대원사, 1995, 70~72쪽 참조).

[54] 신용하는 한웅족은 한족, 웅족은 맥족, 호족은 예족이라 전제하고 "한·맥·예의 세 부족이 서기전 30세기경에 부족연맹에 의거하여 고조선 국가를 세우자 그 고조선 국가는 그 영역 안의 한·맥·예 세 부족을 하나의 민족으로 형성시키는 강력한 사회력으로 작용했다. 고조선 국가가 단군조선(전조선)만도 1500년이나 지속되는 동안에 한·맥·예족과 그 밖의

그리고 가장 강력한 세력인 환웅족, 이와 연맹에 성공한 곰족의 후원 하에 등장한 단군왕검이 사회 발전 추세에 따라 국가사회 단계로 전환할 수 있었던 것은 자연스러운 현상으로 볼 수 있다. 이러한 과정을 거쳐 단군왕검이 고대조선을 건국했으므로 이때부터 우리 민족이 초기 국가사회 단계에 진입했다고 보는 것이다. 이를 역사적 사실로 확인하기 위해서는 이때가 청동기시대로 진입해 있었다는 사실이 증명되어야 한다.

이에 참가한 부족은 하나의 고조선 민족을 형성하게 되었다. 이 고조선 민족이 한국 민족의 원민족인 것이다"고 하여 이 세 부족의 공존과 연맹 관계를 설명하고 있다(신용하, 『한국 원민족 형성과 역사적 전통』, 나남출판, 2005, 26~33쪽 ; 신용하, 「고조선 국가의 형성과 영역」 『고조선 탐색』, 고조선학회 제1회 학술발표집, 고조선학회, 2008 참조).

5. 고대조선의 역사적 실재성

법의 존재 여부

지금부터는 이러한 문제의식을 가지고 앞에서 살펴본 사화의 내용과 그것이 전하고자 하는 의미를 기초로 고대조선의 역사적 실재성과 그 의의를 살펴보자.

고대조선이 실제로 국가사회 단계에 진입했으며, 그 시기는 언제인지를 확인하기 위해서는 두 가지 문제가 해결되어야 한다. 하나는 법의 존재 여부를 확인해야 하고, 다른 하나는 고대조선의 건국 연대가 청동기시대 진입 연대와 일치하거나 그 이후여야 한다.

법의 존재 여부는 고대조선의 기록이 거의 없는 상황하에서 명확하게 단정할 수 없다. 중국 문헌인 『한서』 「지리지」에 조선의 낙랑지역에서는 '범금8조(犯禁八條)'라는 법으로 살인·상해·절도 등을 처벌하고 있음을 소개하고 있으나, 이것으로 고대조선에 법이 존재했다고 단정하기는 어렵다. 특히 여기서 말하는 조선이 어떤 조선을 지칭하는지도 명확하지 않다.

청동기시대 진입 여부

우리 민족의 청동기시대 진입 연대가 단군왕검사화의 고대조선 건국 연대와 일치하거나 그 이후로 확인되면 고대조선이 초기 국가사회 단계에 진입했다고 할 수 있다.[55] 고고학적으로 국가사회 단계는 청동기시대였던 것으로 보고 있기 때문이다. 종전까지 우리 민족의 청동기시대 진입 연대는 비파형 동검의 제작 연대를 기준으로 하여 서기전 10세기로 보아왔다.[56]

이 관점은 두 가지 사실을 간과하고 있다.

첫 번째는 비파형 동검같이 정밀한 청동기가 제조되기까지는 매우 긴 청동기 제조 기술의 발달 과정이 있어야 한다는 사실이다. 즉, 우리 민족의 청동기시대 진입 연대는 비파형 동검이 제작된 서기전 10세기보다 훨씬 빨라야 한다는 점에 주목해야 한다.

두 번째는 요서와 요동을 포함한 만주지역이 고대조선의 활동 무대였음을 간과하고 있다. 우리 민족의 청동기시대 진입 연대는 남북한 지역뿐 아니라 만주지역까지 포함해 확인해야 한다. 그것은 학계에서 고고학적 발굴 결과를 기초로 고대조선의 강역이 만주지역을 포함하고 있었다고 보기 때문이다.

그런데 만주지역의 청동기시대 진입 연대는 최근의 발굴 성과에 의하면 서기전 2400년경으로 확인되고 있다.[57] 뿐만 아니라 우리나라에서도

---

[55] 여기서 말하는 '국가사회'란 '국가연맹'이나 '중앙집권적 국가'라는 의미가 아니라 국가의 초기 형태를 의미한다.

[56] 김원룡, 『한국 고고학 개설』 제3판, 일지사, 1986, 67쪽 ; 이기백, 「고조선의 국가 형성」 『한국사 시민강좌』 제2집, 일조각, 1988, 12쪽 ; 국사편찬위원회 편, 앞의 책, 2002, 29쪽.

[57] 中國社會科學院考古研究所, 『新中國的考古發現和研究』, 1984, 339쪽. 이에 대해 국사편찬위원회 편 고등학교 국사교과서에서는 "신석기시대를 이어 한반도에서는 기원전 10세기경

최근 경기도 양평군 양수리와 전남 영암군 장천리 등에서 서기전 2400
년경의 청동기 유적이 발굴됨으로써 우리 민족의 청동기시대 진입 연대
를 서기전 2400년경으로 잡아야 한다는 주장이 제기되고 있다.[58]

이러한 연구 성과와 주장들이 사실로 확인될 경우 『삼국유사』에 기록
된 단군왕검의 고대조선 개국 연대와 우리 민족의 청동기시대 진입 연대
가 거의 일치하게 된다. 그리고 대체로 청동기시대에 국가사회 단계로 진
입했다는 일반론적인 측면에서 고대조선의 개국 연대를 서기전 2333년
으로 기록한 『삼국유사』의 단군왕검사화는 민족의 역사적 체험을 합리
적으로 설명해주는 것으로 볼 수 있다.[59] 즉, 고대조선은 석기시대를 벗
어나 청동기문화 단계로 발전하면서 초기 국가사회로 진입해 역사시대
를 열어나감으로써 서기전 24세기경 우리 민족의 기원을 열었으며, 민족
의 사상과 문화의 원형이 이로부터 형성돼나왔다고 할 수 있다.[60]

여기서 서기전 2333년이라는 숫자는 학문적으로 정확하게 입증할 수
없다. 뿐만 아니라 역사적으로 그 정확성을 고집할 이유도 없다.[61] 다만

에, 만주에서는 이보다 앞서는 기원전 15~13세기경에 청동기시대가 전개되었다"고 기록하
고 있다(국사편찬위원회 편, 고등학교 국사, 2002, 29쪽).

58 윤내현, 「한국 고대사 체계의 복원」 『동양학』 17, 단국대학교 동양학연구소, 1987, 13~14쪽.

59 홍만종(洪萬宗, 1643~1723)은 일찍이 우리의 역사 서술에서 단군기원을 사용했다. 그는
『동국역대총목(東國歷代總目, 1705)』에서 고려 최후의 역년을 단군 이래 3725년(서기 1392
년)으로 표기함으로써 우리 역사의 기원을 단군기원(서기전 2333년)에서부터 산정하고 있
다. 그리고 이종휘(李種徽, 1731~1797)는 그의 『동사(東史)』에서 역사상 처음으로 단군조선
(고대조선-필자 주)을 본기(本紀)로 서술했다.

60 한국인이라면 누구나 하나같이 우리 역사를 '반만년의 역사' 또는 '5천 년의 역사'로 인
식하고 이를 자랑스럽게 말한다. 그 논거는 위의 사실에 기초하고 있다 하겠다. 따라서 위의
사실이 부정되면 바로 그 논거가 기초를 상실하게 된다.

61 이종욱은 "고조선의 국가 형성은 서기전 12세기 또는 그 이후가 되어야 한다"고 하면서
그 이유로 "고조선 지역의 토착 세력인 곰 집단이 은나라로부터 온 이주민 집단 중 환웅 집
단과 결탁해 다른 이주 집단을 물리치고 고조선의 건국 세력인 단군 세력을 형성했을 가능

비슷한 시기에 청동기시대가 열렸고, 고대조선도 같은 시기에 건국되었을 거라는 개연성이 있다는 점과 민족의 정서 속에 자리 잡고 있는 '반만년의 역사'를 굳이 부정할 근거나 이유 또한 없다는 점을 말하고자 하는 것이다.[62]

성은 아주 크다"고 했다. 그는 기자를 단군왕검과 거의 같은 시대에 존재한 것으로 보았다. 이러한 그의 논거는 『삼국유사』 '고조선' 조의 "周虎(武)王卽位己卯 封箕子於朝鮮 檀君乃移於藏唐京"에 기초하고 있다. 그러나 환웅 집단을 은나라로부터 온 이주 집단으로 볼 수 있느냐 하는 의문이 있고, 더욱이 기자에 관한 이야기는 고대조선 후기의 이야기인데 이를 고대조선의 건국과 관련시켜 해석하는 것은 지나친 논리의 비약으로 보인다(이종욱, 『한국 고대사의 새로운 체계』, 소나무, 1999, 155~165쪽 참조).

[62] 유적이나 유물이 계속 나타나고 있는 상황에서 아직 발굴되지 않았다는 것은 전혀 없는 것과는 본질적으로 다르다. 앞으로 발굴될 수도 있는 개연성이 있는 것이다. 따라서 고대조선의 역사적 실재성을 구명하는 데 고고학자들의 역할이 크게 기대된다.

4장

단군왕검사화의
역사적 의의

1. 민족 사화의 역사화 작업

우리 민족의 건국 사화인 단군왕검사화는 민족의 기원에 관한 담론으로 한국인이라면 누구나 집안에서는 할아버지와 할머니, 아버지와 어머니로부터, 밖에 나가면 선생님과 어른들로부터 자연스럽게 들어 알고 있는 생활 속의 보편적 상식이어야 한다. 그것은 그 속에 우리 민족의 역사적 체험뿐만 아니라 사상과 문화의 원형이 함축되어 있기 때문이다. 그래서 이를 다시 역사화하는 작업이 필요한 것이다.

문자가 없던 시대에 역사는 이야기 형식으로 입에서 입으로 후대에 전해지는 과정에서 신화로 엮어지고, 문자가 사용되면서 다시 사화로 다듬어져 오늘에 전해지고 있다. 즉, 역사가 신화로 되었다가 다시 사화로 다듬어지는 현상으로, 이를 '역사의 신화화' 또는 '역사의 사화화'라 할 수 있다. 따라서 한 민족의 신화나 사화는 그 민족의 사상과 역사적 체험이 시간과 공간을 초월해 응축되어 상징적으로 표현되는 것이다.

그러므로 신화화됐거나 사화로 전해지는 그 민족의 사상과 역사적 체험을 다시 역사화하는 작업, 즉 '신화 또는 사화의 역사화'는 민족의 자아 형성과 정체성 확립을 위해 반드시 거쳐야 할 작업이라 할 수 있다. 다시 말해 민족 사화의 역사화 작업은 민족의 기원을 밝히고 민족의 사상과 문화의 원형을 찾는 작업인 것이다. 따라서 그 속에 함축된 내용이 의미하는 대상과 시기를 정확히 파악하는 일로부터 시작된다. 이제 단군왕검사화를 정확히 이해하기 위해서는 그 내용이 의미하는 시기가 언제이며, 대상이 무엇인가를 먼저 파악해야 한다.

2. 민족의 기원이자 사상과 문화의 원형

단군왕검사화는 고대조선이 신화시대 나라이자 단군왕검이 신화시대 인물이라는 이야기가 아니라, 고대조선 건국과 그 배경을 설명하는 역사로서 단군왕검이 고대조선을 세웠다는 사실과 함께 그때까지 있었던 역사적 사실들을 함축적으로 설명하고 있다. 이것이 바로 우리 민족의 기원에 대한 설명이자 고대조선 건국 이전의 역사적 체험들이다.

이를 정리해보자는 뜻에서 앞에서 제시한 도표를 참조하면서 다시 한 번 인류 사회 발전 과정과 연계시켜 살펴보자.

단군왕검사화 도표

구분	60만~1만 2000년 전	-8000	-4000	-3000	-2400	-1500	-5~-4세기
고고학	구석기	중석기	신석기(전)	신석기(후)		청동기	철기
요하문명			홍산(광의)	홍산(협의)-소하연	하가점(상~하)		
인류학	무리사회		마을사회	마을연맹사회		국가사회	
신화학	환국		환웅·웅·호족	환웅+웅족		고대조선	

※ -는 서기전 연대 표시

단군왕검사화에 의하면 단군왕검이 태어나기 이전에 우리 민족은 무리사회 단계와 마을사회 단계를 거쳐 마을연맹사회 단계를 겪었다. 환웅족(桓雄族, 韓族), 곰족(熊族, 貊族), 범족(虎族, 濊族)의 공존시대를 거쳐 환웅족과 곰족이 연맹하는 과정에 관한 설명이 바로 그것들이다. 그리고 단군왕검이 태어나서 요 임금과 같은 시기인 서기전 2333년에 고대조선을 세웠다는 것은 그때 이미 우리 민족이 초기 국가사회 단계에 진입했음을 말해주는 것이다.

여기서 필자는 단군왕검사화의 역사적 의미를 이해하기 위해서는 인류 문명의 변천 과정에 대한 이해가 선행되어야 한다는 전제하에 이를 2장에서 정리했고, 이를 기초로 3장에서는 『삼국유사』가 전하는 단군왕검사화가 무엇을 의미하는지를 분석하여 인류 문명사적 관점에서 고대조선의 실재성과 단군왕검사화가 갖는 역사적 의미를 확인했다. 이 과정에서 필자는 이 글의 성격을 분명히 하기 위해 다음과 같은 의문을 먼저 제기하고 문제에 접근했다.

첫째, 이 사화의 명칭은 왜 '단군신화'가 아닌 '단군왕검사화'여야 하는가? 그것은 단군을 고유명사가 아닌 직책을 말하는 보통명사로 보았고, 이 사화는 일연에 의해 정리되기 이전에 이미 신화의 단계를 넘어 문자가 존재하던 시기에 사화로 정리되어 전해져왔다고 보았기 때문이다.

둘째, 단군왕검이 건국한 나라 이름은 왜 '고조선'이 아닌 '고대조선'이어야 하는가? 단군왕검이 최초로 세운 나라는 '조선'이었지 '고조선'이 아니었다. 그것을 '근대조선'과 구별하기 위한 시대 구분 용어로 사용하고자 한다면 '고대'라는 용어를 붙여 '고대조선'으로 해야 한다는 생각이다.

셋째, 단군왕검사화는 인류 문명의 발전 과정에서 어느 시기를 반영하고 있는가? 그것은 무리사회로부터 마을사회, 마을연맹사회를 거쳐 국가사회 단계에 진입하는 전 과정의 역사적 체험을 시공간을 초월하여 상징적으로 체계화한 것으로 볼 수 있다.

넷째, 단군왕검사화는 순수하게 일연의 창작품으로서 당시의 시대 상황 속에서 나온 것인가? 아니다. 일연은 『위서』와 『고기』를 인용했음을 분명히 밝히고 있다.

다섯째, 단군왕검사화가 우리 민족의 역사 발전 과정에서 갖는 의미는 무엇인가? 고대조선은 석기시대를 벗어나 청동기문화 단계로 발전하면서 초기 국가사회로 진입해 역사시대를 열어나감으로써 우리 민족의 기원을 열었고, 민족의 사상과 문화의 원형을 형성해나가는 뿌리를 내렸다는 측면에서 그 역사적 의의를 찾을 수 있다.

역사가는 진실만을 말해야 한다고 하지만 그것은 쉬운 일이 아니다. 더구나 한 번 진실에서 멀어지면 다시 돌아오기 어렵다. 그 대표적인 예가 우리 민족의 기원에 관한 문제이다. 일선동조론(日鮮同祖論)을 기초로 우리 민족에 대한 식민지 지배의 정당화 논리를 폈던 일본에게 가장 큰 걸림돌은 한·일 간의 역사시대 진입 연대상의 큰 격차였다. 이는 우리나라에 대한 일본의 식민지 지배가 마치 역사의 복원인 것처럼 주장했던 그들의 입장에서 보면 완전히 모순되는 허구의 지배 논리가 될 수밖에 없었기 때문이다.

따라서 그들은 역사 속에서 우리 민족의 기원을 지워버리려고 체계적인 노력을 기울였다. 1차적으로 1916년 '조선반도사편찬위원회'에서 한국사의 시작을 '상고삼한(上古三韓)'이라는 제목으로 얼버무려 우리 민족의 기원을 모호하게 정리하려고 했다.[63] 그리고 1922년 '조선사편찬위원회'

---

[63] 이도상, 「일본의 한국 침략 논리와 식민주의 사학」, 단국대학교 박사학위 논문, 2000, 156쪽 ; 『朝鮮半島史編成の要旨及順序』, 4~5쪽 ; 『朝鮮史編修會事業槪要』, 7쪽·47쪽.

에서는 '상고삼한'이라는 제목을 없애고 그 대신 '삼국 이전'이라는 제목으로 시대를 끌어내림과 동시에 삼국(고구려·백제·신라) 이외의 나라들은 마치 우리의 역사가 아닌 것처럼 만들어놓았다. 1925년 '조선사편수회'에서는 또다시 이를 '통일신라 이전'으로 하향 조정해 그 어디에서도 우리 민족의 기원을 논할 수 있는 여지를 없애버렸다.[64]

박성수는 "위당(정인보)에게 있어서 단군(왕검)은 우리 역사와 우리 문화의 시작이요, 모태였다. 단군(왕검)의 역사와 문화를 부정하여 빼고 나면 남는 것은 대륙 강토를 잃어버린 소한(小韓)의 역사와 우리 것이 없는 외래문화의 세계뿐인 것이다. 다시 말해 단군(왕검)이라는 존재는 우리 민족사의 과거와 장래에 있어서 사활이 걸린 문제였던 것이다"[65]라며 정인보가 단군왕검사화의 중요성을 강조한 절실한 이유를 설명하고 있다.

이렇듯 우리가 민족의 기원에 대해 관심을 기울여야 하는 이유는 민족의 사상과 문화의 원형을 바르게 인식하는 일이 민족의 정체성 확립과 자아 형성의 출발점이 되기 때문이다. 그러나 광복 70주년을 맞는 지금까지도 민족의 기원에 대해 우리 역사학계가 합의를 이루기는커녕 오히려 실증이라는 명분에 묶여 부정적인 견해만을 제기하는 것은 올바른 학문적 자세가 아닐 것이다.[66]

---

64 이도상, 앞의 논문, 159~162쪽. '삼국 이전'을 '통일신라 이전'으로 하향 조정했을 때 600년이 훨씬 넘는 간격이 생긴다. '삼국 이전'이라는 제목하에서는 어떤 형태로든 민족의 기원에 대한 논의가 이뤄질 소지가 있었으나, '통일신라 이전'이라는 제목하에서는 단지 삼국(고구려, 백제, 신라)의 경쟁관계가 어떻게 종식되고 통일로 이어졌는가에 초점이 맞춰질 수밖에 없는 것이다.

65 박성수 편역, 『정인보의 조선사 연구』, 서원, 2000, 5쪽 '편역자의 말' 중에서.

66 방사선탄소연대측정법 등 과학적인 방법에 의해 우리 문화 유적의 연대가 상향 조정되는 것을 두려워할 것이 아니라, 기왕의 고정관념을 버리고 과학적인 방법에 의해 측정된 결과를 기초로 역사를 해석하는 것이 올바른 학문적 자세일 것이다.

> 맺음말

식민사학 속에 감춰진 한국 고대사를 복원하다

　민족의 사상과 문화의 원형은 민족의 기원에 그 뿌리를 두고 있다. 그러므로 한민족으로서 자아 인식과 정체성 확립을 위해서는 한국 민족사에 대한 올바른 인식을 필요로 한다. 이를 위한 민족사 연구는 오늘의 우리를 있게 해준 과거의 우리, 앞으로 우리를 이어나갈 미래의 우리, 그리고 그 중심에 서 있는 현재의 우리에 대한 존재 의미를 사색하면서 정체성을 확립해나가는 학문이라 할 수 있다.

　따라서 민족사 연구는 통상 '나'와 '우리'를 그 품에 안고 있는 민족과 국가를 중심 소재로 하며, '나는 누구인가'라는 화두로부터 출발하는 것이 합리적이라 하겠다. 그리고 나는 우리의 일부임과 동시에 그 중심이자 주체라는 인식하에 우리들에 대한 감사와 배려가 민족과 나라 사랑으로 이어지고 더 나아가 홍익민족주의로 승화될 때 진정한 학문적 의미를 찾을 수 있다.[67]

---

67 여기서 말하는 우리의 개념은 공간적으로는 나를 둘러싸고 있는 가정으로부터 학교, 지역사회, 국가, 세계로 확대되어가는 수평적 우리, 그리고 시간적으로는 나를 있게 해준 조상과 나를 이어나갈 후손들을 포괄하는 수직적 우리, 즉 지난날의 우리와 미래의 우리를 의미한다. 민족사 연구는 이러한 우리 속에서 나의 존재 의미와 역할을 찾아나가는 사유의 과정으로 볼 수 있다.

이러한 맥락에서 한국 고대사 부분에 초점을 맞춰 사서에 대한 학자들의 다양한 견해와 비교하면서 초등학교와 중고등학교 국사교과서를 검토했다. 다음 내용은 그 결과로서 국사교과서 개편을 위한 문제 제기이자 한국 고대사에 뒤얽혀 있는 문제를 풀어나가기 위한 방향 제시 차원에서 정리한 것이다.

　한국 고대사 부분은 우리 역사의 시작에서부터 합의가 이루어지지 않고 있다. 특히 민족의 기원, 사상과 문화의 원형에 대한 해석이 모호할 뿐만 아니라 논란의 핵심이 고대조선 역사의 부정과 영역의 축소로까지 이어지고 있다. 땀 흘려 이룩한 성장에도 불구하고 시민의식이 따라주지 못하는 것은 이와 같은 부정적 역사 인식의 부작용 때문일 것이다. 광복 70주년을 맞는 지금까지도 우리 역사의 출발을 우리 시각에서 바르게 엮어 해석하지 못하고 있는 것이다. 놀랍고 부끄러운 현상이다.

　민족의 기원에 대한 인식상의 혼란은 심리적으로 민족에 대한 부정적인 정서를 형성한다. 역사 교육은 민족 구성원 개개인의 자아 형성과 직결된다는 차원에서도 그에 대한 반성과 함께 국사교과서 개편이 절실한 시점이다.

　역사학계는 한국 고대사의 세 가지 문제를 풀어 다시 정리해야 한다.
　첫째, 고대조선사에 대한 인식상의 갈등을 극복해야 한다.
　둘째, 청동기시대 진입 연대를 규명해야 한다.
　셋째, 기자국과 위만국, 한사군의 성격과 활동 위치를 밝혀야 한다.
　이러한 문제들이 합리적으로 설명되지 못하고 뒤얽혀서 한국 고대사 해석을 혼란스럽게 하고 있음에 주목하면서 다음과 같이 4부로 나눠 검토하고 문제를 제기했다.

1부는 식민사학의 실체가 무엇이며, 그것이 왜 문제인가를 밝혀 독자들이 자신도 모르는 사이에 함몰되어왔던 역사왜곡의 함정을 정확히 이해한 후, 그로부터 벗어나 자신의 시각으로 우리 역사를 바르게 해석해 나갈 수 있도록 방향을 제시했다.

2부는 선학들의 서로 다른 문헌 해석들을 비교하면서 고대조선 관련 사료들을 살펴보고, 이를 고고학 연구 성과들과 접목시켜 한국 고대사 체계 도표를 작성했다.

| 한국 고대사 체계

-2333		-1122			-425				668
고대조선(전기)		고대조선(후기)			조선			열국시대	
		기자국			위만국		한사군		
		-1122			-194	-108		303	
하	상	주	춘추	전국	진	전한	후한	삼국	위진남북조
-1766	-1122	-770	-403	-221	25	220	265		589

여기서 필자는 우리 역사의 기원이 한민족 최초의 국가인 고대조선에서 비롯하는 것으로 정리했다. 고대조선은 『위서』와 『고기』에 근거한 『삼국유사』가 분명한 기록을 전하고 있고, 고고학적으로도 유적과 유물이 뒷받침하고 있기 때문에 우리 민족 최초의 국가로서 실재한 역사라는 전제하에 그 역사적 진실을 구명해나가는 작업이 계속돼야 한다는 생각에서이다.

3부는 우리 국사교과서가 민족의 기원, 사상과 문화의 원형을 바르게 설명하고 있는가, 그를 통해 한국인의 자아 인식과 정체성 확립에 얼마나 도움이 되고 있으며, 그것들이 역사적 진실이라고 말할 수 있는가에 초점을 맞춰 고대조선 관련 내용들을 검토했다.

여기서 종합한 결과들은 교과서 개편과 보완 방향이 될 수 있다는 차원에서 다음과 같이 요약, 국사편찬위원회에 정중히 문제를 제기한다.

첫째, 고대조선 건국과 그 역사적 실재성에 대한 분명한 입장을 밝히고, 이를 뒷받침할 수 있는 역사적 사실들을 정리해 보충해나가야 한다.

둘째, 근거가 불분명한 위만국을 고대조선 중심에 위치시켜 민족의 정체성에 대한 의혹을 야기하는 역사 서술은 시정되어야 한다.

셋째, 기자국의 활동 위치와 역할을 분명히 가려, 그로 인해 민족사가 1천 년 가까이 단절되는 역사 해석상의 오류는 극복되어야 한다.

넷째, 서력기원이 민족 역사의 기원인 것처럼 혼란을 부추기는 주체성 없는 역사 용어의 사용은 지양되어야 한다.

다섯째, 고고학적 연대와 문헌 사학의 해석을 결합시켜 새로운 관점에서 한국 고대사 체계를 작성하는 노력이 필요하다.

4부는 간접적으로 2, 3부의 논의를 보완하려는 뜻에서 학술지에 발표했던 단군왕검사화에 관한 필자의 연구 논문을 재편집해 실었다. 이는 단군왕검사화가 우리 민족의 기원을 밝히는 담론으로서 한국인이라면 누구나 알고 있는 보편적 상식이어야 한다는 차원에서 독자들의 체계적인 이해를 돕기 위한 것이다. 이를 위해 인류문명사적 관점에서 단군왕검사화가 갖는 역사적 의미가 무엇인가, 단군왕검사화에서 본 고대조선은 우리 민족사에서 어떤 의의가 있는 것인가를 확인했다.

정체성의 혼란 속에서 날로 악화되어가는 한국인의 심각한 민족사 인식 오류 현상은 무엇보다도 일제가 『조선사』 35권을 펴내 식민사학을 체계화하여 퍼뜨린 결과가 치명적이라 할 수 있다. 특히 이 시기의 역사해석은 오직 문헌 사료에만 의존할 수밖에 없었던 연구 환경과도 무관하지 않다.

이러한 역경 속에서도 일부 역사학자들은 우리 역사를 바르게 정리하기 위해 힘겹게 노력해온 것이 사실이다. 그럼에도 불구하고 본문에서 지적한 바와 같은 수많은 오류와 곡해가 버젓이 우리 국사교과서에 자리하고 있는 것은, 광복 이후 새 출발을 해야 할 시점에서 역사학계가 일제의 한국사 왜곡에 종사했던 학자들이 주도한 틀 속에 갇힌 이후 아직까지도 이를 벗어나지 못했기 때문이라 할 수 있다. 그리고 소위 '실증'이라는 명분과 '정설'이라는 이름으로 포장된 특정 학풍과 인맥의 주장이 너무 오랫동안 역사학계를 지배하면서 여기까지 왔다.

그러나 이제는 바뀌어야 한다. 반드시 그 틀을 깨야 하는 것이다.
이제 우리 역사는 우리 시각으로 엮어 재해석해나가야 한다. 다가오는 통일한국시대를 이끌어나갈 젊은이들에게 올바른 역사의식을 심어주기 위해 국사교과서에서 사대주의와 식민사학의 잔영을 제거하는 개편 작업이 반드시 이뤄져야만 한다.

지금이라도 역사학계와 책임 있는 교육부서들이 침묵을 깨고 여기서 제기하는 문제들에 대한 적극적인 논의를 통해, 한국인들의 역사 인식을 혼란스럽게 하고 있는 문제들을 슬기롭게 풀어서 이를 국사교과서 개편 작업으로 이어나가길 바란다. 우리 자녀들의 올바른 자아 형성을 위해 조상들의 이야기를 있는 그대로 당당하게 들려줄 수 있는 그날을 기대해본다.

참고문헌

교과서
문교부(국사편찬위원회) 편, 사회(6-1)(6-2), 1965 / 국사(6), 1972 / 고등학교 국사(상)(하), 1982 / 중학교 국사(상)(하), 1991 / 고등학교 국사(상), 1992.
문교부검정, 고등학교 세계사, 교학사, 1983.
교육부(국사편찬위원회) 편, 고등학교 국사(상)(하), 1996 / 고등학교 국사 교사용 지도서, 1996.
교육인적자원부(국사편찬위원회) 편, 고등학교 국사, 2002 / 중학교 국사, 2007 / 고등학교 국사, 2007.
교육과학기술부, 고등학교 국사, 중학교 국사, 2009.
전국역사교사모임, 『살아 있는 한국사 교과서』 1 「민족의 형성과 민족문화」, 휴머니스트, 2002.
금성출판사, 『고등학교 한국 근·현대사』, 2003.
교과서포럼, 『대안교과서 한국 근·현대사』, 기파랑, 2008.
(주)미래엔 컬처그룹, 『고등학교 한국사』, 2010.

사서류
『三國遺事』·『帝王韻紀』·『高麗史』·『三國史記』·『朝鮮王朝實錄』·『東國通鑑』·『魏略』·『史記』·『管子』·『魏書』·『史記索隱』·『山海經』·『三國志』·『舊唐書』·『新唐書』·『漢書』·『後漢書』·『淮南子』·『逸周書』 등

단행본
가바리노 저, 한경구·임봉길 역, 『문화인류학의 역사』, 일조각, 1994.
고구려연구재단, 『고조선·고구려·발해 발표 논문집』, 2005 ; 『고조선·단군·부여』 상·중·하, 2004 ; 『만주-그 땅, 사람 그리고 역사』, 2005.
고구려연구회, 『동북공정과 한국 학계의 대응 논리』, 여유당, 2008.
구자봉, 『고고학에의 초대』, 학연문화사, 1991.
今西龍(이마니시 류), 『朝鮮古史の研究』, 近澤書店, 1937.
김경수 역주, 『제왕운기』, 역락, 1999.
김성환, 『고려시대의 단군 전승과 인식』, 경인문화사, 2002.
김용만·김준수, 『지도로 보는 한국사』, 수막새, 2004.

김원룡, 『한국 고고학 개설』, 일지사, 1986.
김정배, 『한국 민족문화의 기원』, 고려대학교 출판부, 1973.
김정학, 『한국 고대사 연구』, 범우사, 1990.
김종서, 『단군조선 영토 연구』, 한국학연구원, 2004 ; 『기자·위만국 연구』, 한국학연구원, 2004 ; 『한사군의 실제 위치 연구』, 한국학연구원, 2005.
김철준, 『한국 고대사 연구』, 서울대학교 출판부, 1990.
노태돈, 『단군과 고조선사』, 사계절, 2000.
단군학회, 『남북 학자들이 함께 쓴 단군과 고조선 연구』, 지식산업사, 2005.
도유호, 『조선 원시 고고학』, 사회과학출판사, 1960.
리쉐친 지음·심재훈 옮김, 『중국 청동기의 신비』, 학고재, 2005.
리지린, 『고조선 연구』, 백산자료원, 1963.
리지린·김석형·황철산·리상호 외, 『고조선에 관한 토론 논문집』, 과학원출판사, 1963.
문정창, 『한국 고대사』, 인간사, 1988 ; 『단군조선 사기 연구』, 백문당, 1966.
박선희, 『한국 고대 복식 그 원형과 정체』, 지식산업사, 2002 ; 『우리 금관의 역사를 밝힌다』, 지식산업사, 2008.
박성수 편, 『정인보의 조선사 연구』, 서원, 2000.
박성수·이이화 외, 『한국인의 원형을 찾아서』, 일념, 1987.
박진욱, 『조선 고고학 전서』-고대편, 과학백과사전종합출판사, 1988.
복기대, 『요서지역의 청동기시대 문화 연구』, 백산자료원, 2002.
사회과학연구원, 『고조선사·부여사·고려사·진국사』, 백산자료원, 1991 ; 『조선 원시사』, 백산자료원, 1991.
서대석, 『한국 신화의 연구』, 집문당, 2001.
서영대 편, 『북한 학계의 단군신화 연구』, 백산자료원, 1995.
서일성, 『이스라엘 역사와 민족혼』, 육군종합행정학교, 1983.
성삼제, 『고조선, 사라진 역사』, 동아일보사, 2005.
소강석, 『신정주의 교회를 회복하라』, 쿰란출판사, 2006.
손보기, 『한국 구석기학 연구의 길잡이』, 연세대학교 출판부, 1988.
손진태, 『한국 민족사 개론』, 을유문화사, 1948.
송호정, 『한국 고대사 속의 고조선사』, 푸른역사, 2002 ; 『단군, 만들어진 신화』, 산처럼, 2004.
신용하, 『한국 원민족 형성과 역사적 전통』, 나남출판, 2005.
심백강, 『조선왕조실록 중의 단군 사료』, 민족문화연구원, 2001 ; 『단군 고기록 4종』, 민족문화연구원, 2001 ; 『사고전서 중의 단군 사료』, 민족문화연구원, 2002.
심백강 편, 오명제 저, 『조선세기』, 민족문화연구원, 2001.
우실하, 『동북공정 너머 요하문명론』, 소나무, 2007.

유 엠 부찐 저, 이항재·이병두 역, 『고조선 역사·고고학적 개요』, 소나무, 1990.
윤내현, 『고조선 연구』, 일지사, 1994 ; 『상주사』, 민음사, 1984 ; 『중국의 원시시대』, 단국대학교 출판부, 1982 ; 『사료로 보는 우리 고대사』, 지식산업사, 2007 ; 『우리 고대사』-상상에서 현실로, 지식산업사, 2003 ; 『동아시아의 지역과 인간』, 지식산업사, 2005.
윤내현·박선희·하문식, 『고조선의 강역을 밝힌다』, 지식산업사, 2006.
윤명철, 『단군신화, 또 다른 해석』, 백산자료원, 2008.
윤병무, 『한국 청동기문화 연구』, 예경산업사, 1996.
윤이흠 외, 『단군-그 이해와 자료』, 서울대학교 출판부, 1994.
이기백 편, 『단군신화논집』, 새문사, 1988 ; 『한국 고대사론』, 탐구당, 1975 ; 『한국사 신론』, 일조각, 1967.
이덕일·김병기, 『고조선은 대륙의 지배자였다』, 역사의 아침, 2006.
이덕일, 『한국사 그들이 숨긴 진실』, 역사의 아침, 2009 ; 『우리 안의 식민사관』, 만권당, 2014.
이도상, 『일제의 역사 침략 120년』, 경인문화사, 2003.
이병도, 『한국 고대사 연구』, 박영사, 1976.
이성규 외, 『동북아시아 선사 및 고대사 연구의 방향』, 학연문화사, 2004.
이성재, 『잃어버린 나라 낙랑』-낙랑군의 그늘에 가려진 낙랑국의 숨겨진 역사, 어드북스, 2007.
이신복, 『고고학 이야기』, 가서원, 1996.
이영화, 『최남선의 역사학』, 경인문화사, 2003.
이은봉, 『단군신화 연구』, 온누리, 1986.
이종욱, 『한국 고대사의 새로운 체계』, 소나무, 1999.
이주한, 『한국사가 죽어야 나라가 산다』, 역사의 아침, 2013.
이청규 외, 『요하문명의 확산과 중국 동북지역의 청동기문화』, 동북아역사재단, 2010.
이형구, 『한국 고대문화의 기원』, 까치, 1991.
이형석·이종호, 『고조선, 신화에서 역사로』, 우리책, 2009.
林泰輔, 『朝鮮通史』, 進光社書店, 昭和19年(1944).
임효재, 『한국 고대문화의 흐름』, 집문당, 1992.
전용신 역, 『일본서기』, 일지사, 1989.
조갑제 외, 『고등학교 한국사 교과서의 거짓과 왜곡 바로잡기』, 조갑제닷컴, 2011.
조셉 텔루슈킨 저, 김무겸 역, 『죽기 전에 한 번은 유대인에게 물어라』, 북스넛, 1994.
조현설, 『동아시아 건국 신화의 역사와 논리』, 문학과지성사, 2003.
존 A. J. 가우레트 저, 배기동 역, 『문명의 여명』-옛 인류의 고고학, 범양사, 1987.
천관우 편, 『한국 상고사의 쟁점』, 일조각, 1975 ; 『고조선사·삼한사 연구』, 일조각, 1989.
최몽룡, 『한국 고고학·고대사의 신연구』, 주류성출판사, 2006.

최성락, 『고고학 입문』, 학연문화사, 2005.
최재인, 『상고 조선 3천년사』, 정신문화사, 1998 ; 『우리 국사 왜곡 어떻게 할 것인가?』, 정신문화사, 2002.
최태영, 『한국 고대사를 생각한다』, 눈빛, 2003.
최형주 해역, 『산해경』, 자유문고, 2004.
하문식, 『고조선 지역의 고인돌 연구』, 백산자료원, 1999.
한국고고학회 편, 『국가 형성의 고고학』, (주)사회평론, 2008.
한영우, 『우리 역사와의 대화』, 을유문화사, 1991 ; 『다시 찾는 우리 역사』, 경세원, 1997.
황순종, 『식민사관의 감춰진 맨 얼굴』, 만권당, 2014.

논문

강인국 저, 이형구 엮음, 「단군의 출생지에 대하여」 『단군과 단군조선』, 살림터, 1995.
강인숙, 「고조선 건국 년대와 단군조선의 존재 기간」 『력사과학』 1995-1.
고고학연구소, 「두만강 유역의 청동기시대 문화」 『고고학 민속 논문집』 2, 사회과학출판사, 1970.
靳楓毅, 「論中國東北地區含曲刃青銅短劍的文化遺存」 下 『考古學報』 1983年 1期.
今西龍, 「檀君考」·「箕子朝鮮考」·「洌水考」 『朝鮮古史の研究』, 近澤書店, 1937.
기수연, 「중국 문헌에 보이는 동이와 조선」 『단군학 연구』 4호, 2001.
김광수, 「한의 고조선 침정 시 패수·왕검성의 위치에 대한 소고」 『학예지』 3집, 1988.
김광억, 「국가 형성에 관한 인류학적 이론과 모형」 『한국사 시민강좌』 2집, 일조각, 1988.
김남중, 「위만국의 영역과 왕검성」 『한국 고대사 연구』 22집, 2001.
김상기, 「한(韓)·예(濊)·맥(貊) 이동고」 『사해(史海)』 창간호, 조선사연구회, 단기 4281(1948) ; 『동방사논총』, 서울대학교 출판부, 1984.
김성한, 「전통시대의 단군묘 인식」 『고조선 연구』 1호, 2008.
김영수, 「기자조선은 中國 蒙縣 – 東國朝鮮과는 異地同名일 뿐」 『전북대학교 논문집』 3집, 1960.
김유철, 「고조선의 중심지와 영역」 『단군과 고조선 연구』, 단군학회, 2005.
김정배, 「예맥족에 관한 연구」 『백산학보』 5호, 1968 ; 「위만국의 국가적 성격」 『한국사학논총』, 고려대학교 사학회, 1977 ; 「고조선 연구의 현황과 과제」 『단군학 연구』 9호, 단군학회, 2003.
김정학, 「청동기의 전래」 『한국사론』 13, 국사편찬위원회, 1983.
김정희, 「중국 동북지방 지석묘 연구의 최근 동향」 『가야통신』 17집, 1988.
김철준, 「고조선 사회의 정치 세력의 성립」 『한국사』 2, 국사편찬위원회, 1973.
김한규, 「기자와 한국」 『진단학보』 92, 진단학회, 2001.

나희라,「단군에 대한 인식-고려에서 일제까지」,『역사비평』19, 역사비평사, 1992.
남일룡,「평양 일대에서 새로 발굴된 고인돌 무덤과 그 의의」,『단군과 고조선 연구』, 단군학회, 2005.
노태돈,「한국 민족 형성 과정에 대한 이론적 고찰」,『한국 고대사논총』1, 1991.
도유호,「왕검성의 위치」,『문화유산』1962-5.
류병흥,「고조선의 문화 발전에 대한 고고학적 편년에 대하여」,『조선 고고 연구』99, 1996-2.
리상호,「단군설화의 연대 문제」,『력사과학』1962-3·4호.
리지린,「예족과 맥족에 관한 고찰」,『고조선 연구』, 1963.
박광용,「기자국에 대한 인식의 변천」,『한국사론』6, 서울대 인문대학 국사학과, 1980.
박선희,「복식 자료를 통해 본 고조선의 영역」,『백산학보』61호, 백산학회, 2001 ;「유물 자료로 본 고조선 이전 시기의 복식문화 수준」,『단군학 연구』19호, 2008 ;「평양 낙랑 유적 복식 유물의 문화 성격과 고조선」,『단군학 연구』20호, 2009.
박원길,「북방공정의 논리와 전개 과정 연구」,『북방문화와 한국 상고문화의 기원』-국제학술대회 발표문, 단국대북방문화연구소, 2008.
박정학,「한민족의 형성과 얼에 대한 연구」, 강원대학교 박사학위 논문, 2009.
박준형,「예맥의 형성 과정과 고조선」,『학림』22, 연세대학교 사학과, 2001.
박진욱,「단군릉 발굴 정형에 대하여」,『북한의 단군릉 발굴 관련 자료』, 북한문제조사연구소, 1993.
백련행,「부조예군의 도장에 대하여」,『문화유산』1962년 4호.
복기대,「중국 요서지역 청동기시대 문화의 역사적 이해」,『단군학 연구』5호, 단군학회, 1999 ;「한국사 연구에서 고고학 응용의 몇 가지 문제에 관하여」,『고조선 연구』1호, 2008 ;「소하연문화에 관하여」,『단군학 연구』21호, 단군학회, 2009 ;「임둔태수장 봉니를 통해 본 한사군의 위치」,『백산학보』61호, 2001.
三上次男,「衛氏朝鮮國の政治·社會的 性格」,『中國古代史の諸問題』, 東京大學出版會, 1954.
서국태,「최근에 발굴된 단군조선 초기의 유적과 유물」,『단군과 고조선 연구』, 단군학회, 2005.
서길수,「중화인민공화국 동북공정 5년의 성과와 전망」,『동북공정과 한국학계의 대응 논리』, 여유당, 2008.
서영대,「단군 관계 문헌 자료 연구」,『단군-그 이해와 자료』, 서울대학교 출판부, 1994.
서영수,「고조선의 위치와 강역」,『한국사 시민강좌』2, 일조각, 1988.
손영종,「고조선 3왕조의 시기 구분에 대하여」,『단군과 단군조선』, 살림터, 1999.
송호정,「요동지역 청동기문화와 미송리형 토기에 관한 고찰」,『한국사론』24, 1991.
신용하,「한민족의 형성과 단군에 대한 사회사적 고찰」,『단군과 고조선 연구』, 단군학회, 2005 ;「고조선 국가의 형성과 영역」,『고조선 탐색』, 고조선학회, 2008 ;「고조선의 통치 체제」

『고조선 연구』 1호, 2008.
오강원, 「서요하상 유역 청동 단검과 그 문화에 관한 연구」 『한국 고대사 연구』 12, 1997.
우실하, 「최근 중국의 역사 관련 국가 공정들과 한국의 과제」 『단군학 연구』 12호 2005 ; 「요하 문명론의 초기 전개 과정에 대한 연구」 『단군학 연구』 21호, 단군학회, 2009.
윤내현, 「고조선의 도읍 위치와 그 이동」 『단군과 고조선 연구』, 단군학회, 2005 ; 「고조선의 사회 성격」 『한국 고대의 국가와 사회』, 역사학회, 일조각, 1985 ; 「위만국의 재인식」 『사학지』 19집, 1986 ; 「고조선의 서변경계고」 『남사 정재각 박사 고희 기념 동양학 논총』, 고려원, 1984 ; 「중국 문헌에 나타난 고조선 인식」 『한국사론』 14, 1984 ; 「고대 문헌에 보이는 한국 고대사의 두 가지 체계」 『고조선 연구』 1호, 2008 ; 「기자신고」 『한국사 연구』 41, 한국사 연구회, 1981.
윤무병, 「요령지방의 청동기문화」 『한국 상고사의 제문제』, 한국정신문화연구소, 1987.
윤이흠, 「단군신화와 한민족의 역사」 『단군-그 이해와 자료』, 서울대학교 출판부, 1994.
이기동, 「한국사 시대 구분의 여러 유형과 문제점」 『한국사 시대 구분론』, 소화, 1995.
이도상, 「단군왕검신화의 역사학적 의미」 『단군학 연구』 제6호, 단군학회, 2002 ; 「일본의 한국 침략 논리와 식민주의 사학」, 단국대학교 박사학위 논문, 2000.
이병도, 「단군설화의 해석과 아사달 문제」 『서울대학교 논문집』 인문사회과학 2, 1955 ; 「위씨 조선 흥망고」 『논문집』, 서울대학교, 4289(1956) ; 「삼한 문제의 신고찰」 『진단학보』 3권, 1935.
이병두, 「요동·현도군의 위치」 『백산학보』 37호, 1990.
이성규, 「선진 문헌에 보이는 동이의 성격」 『한국 고대사논총』 1, 1991.
이재원, 「남한과 북한 문학사에 서술된 단군신화 고찰」 『단군학 연구』 9호, 2003 ; 「교과서에서의 단군사화 수용 고찰」 『단군학 연구』 19호, 2008.
이청규, 「청동기를 통해 본 고조선」 『국사관논총』 42집, 1995.
이형구, 「대능하 유역 고죽문화(孤竹文化)」 『中國東北新石器時代及靑銅器時代之文化』, 1978 ; 「발해 연안 북부 요서·요동지방의 고조선」 『단군과 고조선 연구』, 단군학회, 2005.
이호관·조유전, 「양평군 양수리 지석묘 발굴 보고」 『팔당·소양댐 수몰지구 유적 발굴 종합 조사 보고』, 문화재관리국, 1974.
임재해, 「고대조선 본풀이의 역사 인식과 본풀이 사관의 수립」 『단군학 연구』 21, 단군학회, 2009.
정영훈, 「남과 북의 단군 인식과 단군 숭앙」 『단군학 연구』 12호, 2005.
정중환, 「기자조선고」 『동아논총』 2집, 동아대학교, 1964 ; 「속기자조선고」 『동아논총』 8집, 동아대학교, 1971.
천관우, 「난하 하류의 조선」 『사총』 21·22합집, 고려대학교 사학회, 1977 ; 「기자고」 『동방학지』 15, 1974.
최광식, 「상고사에 대한 바람직한 교육 방안」 『단군학 연구』 9호, 단군학회, 2003.

최남선,「불함문화론」『檀君及朝鮮民族』1, 1927.
최몽룡,「북한의 단군릉 발굴과 그 문제점」1·2『단군-그 이해와 자료』, 서울대학교 출판부, 2001 ; 고대국가 성장과 무역」『한국 고대의 국가와 사회』, 역사학회, 일조각, 1985.
최복규,「한국과 시베리아의 중석기시대 유적과 문화」『손보기 박사 정년 기념 고고인류학 논총』, 지식산업사, 1988.
최성락,『영암 장천리 주거지』2, 목포대학교 박물관, 1986.
하문식,「고조선의 무덤 연구」『단군과 고조선 연구』, 단군학회, 2005 ;「한국 상고사 연구의 경향과 성과」『단군학 연구』19호, 2008.
한영우,「고려와 조선 전기의 기자 인식」『조선 전기 사회사상 연구』, 지식산업사, 1983.
한창균,「고조선의 성립 배경과 발전 단계 시론」『국사관논총』, 국사편찬위원회, 1992.
허종호,「조선의 대동강 문화는 세계 5대 문명의 하나」『력사과학』1998-4.
황기덕,「료서지방의 비파형 단검 문화와 그 주민」『비파형 단검 문화에 대한 연구』, 과학·백과사전출판사, 1987.
황철산,「고조선의 종족에 대하여」『고고민속』, 1963-1.
황패강,「단군신화의 한 연구」『백산학보』3집, 1967.

찾아보기

ㄱ

가야(伽倻) 29, 164
갈석(碣石) 108~109, 111
갈석산(碣石山) 109, 124, 231
갑오경장 180
강하(康河) 123
개마고원 103
거친무늬 거울 204, 210, 212~214
고구려(高句麗) 5, 29, 40, 51, 59, 61, 78, 81, 113, 116, 118~120, 124~125, 163~164, 185, 211, 224~225, 242, 246, 278, 305
『고기(古記)』 46, 71, 79~80, 159, 196, 259, 273, 284, 304, 308
고려(高麗) 46, 60~61, 85, 118, 180, 183, 189, 192, 220, 240, 272, 296
『고려사(高麗史)』 「지리지」 61, 231
고려하(高慮河) 102~103, 110, 119, 124, 138
고인돌 143, 146, 150, 162, 194~195, 205~206, 208, 210, 212, 214~215, 243~244
고죽국 110, 118, 120
곰족(熊族, 貊族) 80, 136, 209, 281, 286, 289, 291~293, 302~303
교래하 103, 119, 124, 138, 147, 230
『구당서(舊唐書)』 「동이 열전(東夷列傳)」 118
『구당서』 「배구전(裵矩傳)」 118
구마하(拒馬河) 123
『구삼국사(舊三國史)』 46, 273
국사편찬위원회 7, 65, 137, 155~156, 174, 179~180, 183~186, 190~198, 202, 204~205, 207~209, 211~212, 214~218, 227~247, 253, 276~279, 295~296, 309

근대조선 61, 115, 154, 157, 177, 251, 287~288, 303
기씨조선(箕氏朝鮮) 63, 95
기자(箕子) 5, 11, 28, 37, 52, 57~58, 60~61, 63~64, 67, 71~73, 80, 82~84, 92~98, 100, 105, 107~108, 111, 113, 115, 118, 121, 123, 125, 154~155, 157, 159, 161~162, 170, 176~177, 195, 220, 223, 228~229, 231~232, 235~236, 240, 243, 252, 286, 297
기자국(箕子國) 11, 29~30, 37~40, 50, 60, 63, 72~75, 83~84, 93, 95~96, 99~100, 102, 104~105, 107, 111, 115, 120~121, 124~125, 154~155, 157, 160, 162, 164, 168, 177, 195, 197~198, 219, 221, 226, 229, 287~288, 307~309
기자동래설(箕子東來說) 62~63, 92~93, 113, 125, 155, 161, 228
기자묘 93
기자조선(箕子朝鮮) 56, 58, 60~61, 63~64, 75, 82, 92, 94~97, 176~177, 194~195, 220, 228, 236, 240, 243, 252, 287
길림성 210, 212~214, 216

ㄴ

낙랑문화 88
낙랑군(樂浪郡) 28, 37, 39~40, 59, 83, 87~90, 107~108, 112~113, 116, 118~120, 122~124, 126, 222, 224, 229, 245~246, 294
낙랑조선 113
낙랑태수장(樂浪太守章) 89~90
난하(灤河) 29, 38~40, 43, 52, 102~103,

106~113, 116, 119~120, 124~125, 138, 147, 225, 229~230
노태돈 39, 223, 247, 259, 273~274, 289~290
노합하 103, 110, 119, 124, 138, 147, 230
눌러찍기문 토기(압인문 토기) 203

ㄷ

다호리 유적 217
단군기원 14, 181~182, 296
단군신화 46, 106, 172, 180, 184, 188, 192, 259, 260, 273~275, 284, 289~290, 303
단군왕검(檀君王儉) 45~46, 57, 71, 79~80, 83, 155, 160, 163, 176~185, 187, 189~192, 195~196, 206, 250~251, 260, 276~277, 279, 282~286, 288~291, 293, 296~297, 302~303, 305
단군왕검사화(檀君王儉史話) 12, 45~46, 53, 136, 143, 148, 182, 187, 189, 193, 196~197, 235, 255, 258~260, 262~263, 271~277, 279~281, 283~284, 288~289, 291, 295~296, 299~305, 309~310
단군조선(檀君朝鮮, 전조선) 56~57, 60, 64, 67~68, 75, 94~95, 106, 154~155, 159, 173, 177~178, 184, 194~195, 220, 226, 229, 231, 243, 245, 287, 292, 296
『단군학 연구』 50, 136, 160, 184, 235, 268, 279, 284
대능하(大凌河) 29, 38~39, 52, 102~103, 110, 116, 119, 124, 138, 145, 147, 230, 246
대동강(大同江) 28~30, 36~40, 52, 69, 88, 102~104, 106, 110, 116, 118~120, 122, 124~125, 147, 156, 175, 177~178, 185, 188, 190~191, 197, 230, 240, 246
대방군 88
덧띠새김무늬 토기 216
덧무늬 토기 203
데라우치 마사다케(寺內政毅) 26~27
도리이 류조(鳥居龍藏) 140
도요토미 히데요시(豊臣秀吉) 23
돌널무덤 205, 212, 214~215
돌무지무덤 210, 212, 214
『동국여지승람』 183, 189
『동국통감』 155, 195~196
동북공정(東北工程) 11, 22, 24, 41~43, 61, 132, 134, 206, 221~222, 248, 251
동예 29, 40, 224
동이(東夷)족 185, 211, 228, 236
두예(杜預) 92~93

ㅁ

마자수(馬訾水) 245~246
마한 224
만리장성 42~44, 135, 141
만주 10, 24, 42~43, 52, 106, 113, 126, 134~137, 142, 145, 150, 187~188, 192, 194, 200, 204~205, 207~217, 224~225, 227, 243~244, 265~266, 295~296
만주족 140
명도전 69, 105, 217
몽고족 140
몽현 92, 110
무열수(武列水) 112
무왕(武王) 57~58, 80, 107~108, 118, 161, 236
미송리식 토기 143, 185, 194, 210~212, 214, 216, 243
민무늬 토기 203, 205, 210, 212, 214, 216

ㅂ

바퀴날도끼 210, 212~213
박성수 163, 265, 305

반달 돌칼 210, 212~213
반량전 217
발해 61, 103, 110, 116, 118, 120~125, 138, 142, 144~145, 147, 159, 230, 246
방사선탄소연대측정 212~214, 253, 305
백악산 71, 79~80, 286
백제(百濟) 23, 29, 51, 78, 118~120, 125, 164, 278, 305
범족(虎族, 濊族) 136, 209, 281, 286, 289, 291~292, 302~303
변한 224
부여(夫餘) 29, 40, 57, 59~60, 82~83, 104, 116, 118, 163~164, 185, 208, 211, 224, 246
부왕(否王) 156, 197, 231, 235~236, 238~240, 246~247
붉은 간 토기 214
비파형 동검 141, 143, 145~146, 150, 182, 185~186, 191, 194~195, 204~205, 207, 210~214, 216~217, 240, 243~244, 277, 284, 295

ㅅ

『사기(史記)』 72, 86, 116, 122, 228, 288
『사기』「사공자서(史公自序)」 86
『사기』「송미자세가(宋微子世家)」 72, 93, 97
『사기』「조선열전(朝鮮列傳)」 25, 37, 40, 64, 72~73, 97~98, 100~101, 108, 112~114, 116~117, 121, 288
『사기색은(史記索隱)』 93, 112~113, 123, 125
『사기집해(史記集解)』 112
사마천 42, 72, 97~98
사이토 마코토(齊藤實) 26~27
사하(沙河) 29, 102~103, 119, 123~124, 230
산동반도(산둥반도) 121~122, 144, 209, 226~227, 230

『삼국사기』 28, 78, 259
『삼국유사』 60~61, 71, 78~81, 83, 96~98, 136~138, 143~144, 155, 159, 161, 163, 176, 178~179, 183, 189~192, 195~196, 206, 209~210, 220, 228, 259, 274, 276, 279, 283~284, 288, 296~297, 303, 308
『삼국유사』「고조선」 97
『삼국유사』「위만조선」 97
『삼국유사』「기이(紀異)」 71, 79~80, 272, 283, 286
『삼국지(三國志)』 81, 163
『삼국지』「동이전(東夷傳)」 68
『삼국지』「위서(魏書)」 81, 114, 117, 125, 163
『삼국통람도설(三國通覽圖說)』 23
『삼한고기(三韓古記)』 46, 273
상고시대 88
상구현(商邱縣) 110~111, 240
서납목륜하(西拉木倫河) 29, 103, 119, 124, 138, 147, 230
서세동점 87
서요하 29, 103, 119, 124, 138, 145, 147, 159, 230
서한 29, 37, 58, 100~102, 107~108, 110, 114~116
석관묘 208
『설문해자(說文解字)』 25, 37, 123
섭하(涉何) 117
『세종실록』 283, 288
『세종실록』「지리지」 61, 183, 189, 231
소능하 103, 110, 119, 124, 138, 147, 230
소동파(蘇東坡, 蘇軾) 60, 220
소하연문화(小河沿文化) 133, 135, 138, 147~148, 280~282, 302
송호정 39, 106, 172~174, 223, 247
『수경주(水經注)』 25, 37, 102, 111~112,

찾아보기 321

122~123, 126
『수서(隋書)』「지리지(地理志)」 109
수성현 39, 107~108
습여수(濕餘水) 112
『시경(詩經)』 93
시라토리 구라키치(白鳥庫吉) 245
식민사관 8, 30, 191, 231, 306
식민사학 12~13, 19, 21, 24~27, 29, 35~36, 41, 62, 85, 130~131, 151, 191, 198, 225, 308, 310
『신당서(新唐書)』「배구전(裴矩傳)」 118
신라 5, 23, 29, 46, 51, 59, 60, 78, 83, 118~120, 125, 164, 180, 225, 273, 278, 305
『신라고기(新羅古記)』 46, 273
『신수 국사대관』 88
쓰다 소우키치(津田左右吉) 102, 126

ㅇ

아베 노부유키(阿部信行) 27
아사달 56, 64, 71, 79~81, 94~95, 104, 159, 163, 184, 190, 282, 284, 286~287
압록강(鴨綠江) 29, 36, 38~39, 102~104, 106, 110, 116, 119, 123~124, 126, 138, 147, 230, 245~246
양복(楊僕) 121~122
열수(洌水) 112, 122
염난수(鹽難水) 245~246
영정하(永定河) 103, 110, 119, 123~124, 138, 229~230
예맥 58, 83, 104, 141
예맥조선(濊貊朝鮮) 67~70, 75, 96, 99, 115, 210, 227
예맥족 141, 209~210, 226~227
오수전 217
옥저(沃沮) 29, 40, 59~60, 81, 83, 163~164,

185, 211, 224
왕검성 120~121, 124~125, 156, 229, 232~233, 235, 237~239, 241~243, 245, 247
왕부(王符) 93
왕험성(王險城) → 왕검성
요동 37, 65, 100~101, 104, 106, 108, 121, 123~125, 131, 133, 135, 138, 142, 145~147, 162, 194, 214, 230~231, 244, 295
요령(遼寧) 141, 143, 156, 178, 182, 185, 189~193, 195~197, 204~205, 207, 210, 216, 230~231, 240, 243, 246, 276
요령성 110, 141, 144~145, 150, 212~214, 216
요서(遼西) 109~110, 125, 131, 133, 135, 139~140, 142, 144~146, 156, 162, 194, 197, 205~206, 213~214, 217, 229, 240~241, 244, 246~247, 295
요수(遼水) 118~119, 229
요하(遼河) 29, 36, 38~39, 52, 102~104, 110, 116, 119, 124, 133, 138~139, 141~142, 144, 147~148, 159, 230
요하문명(遼河文明) 10, 42~44, 133~135, 138, 143, 147~148, 177, 206, 280~282, 302
용선수(龍鮮水) 109, 111~112
우거왕(右渠王) 116~117, 232, 245
우사(雨師) 196, 234, 285, 291
우실하 43, 134~135, 139~142, 206~207
운사(雲師) 196, 234, 285, 291
웅녀 83, 137, 282, 285, 289~292
정인보(鄭寅普) 102, 163, 305
『위략(魏略)』 68, 114, 117, 120
위만(衛滿) 5, 11, 28, 37, 39~40, 51~52, 58, 60~61, 63~66, 68~69, 72~73, 82~83, 94, 100~102, 105~106, 114~116, 120~121, 123, 156, 158, 162, 176~177, 186, 195, 220, 222~223, 225~229, 231~234, 236~241,

243~245, 247~248, 251~252, 281
위만국(衛滿國) 11, 29~30, 38~40, 50, 52, 60, 63, 73~75, 83~84, 92~93, 95, 98~100, 102, 107, 111~113, 115, 117~118, 120~121, 123~125, 154~155, 157~160, 162, 164, 168, 177, 195, 198, 219, 221, 225~226, 229, 233, 238, 240, 243, 245, 281, 287~288, 307~309
위만왕조 156~158, 237~240, 242, 247~248, 252
위만조선(衛滿朝鮮) 56, 58~61, 63, 66~67, 69~70, 72~73, 75, 82, 86, 96~97, 105~106, 121~123, 156, 176~177, 194~195, 223, 226, 230~231, 233, 241, 243, 252, 287
『위서(魏書)』 71, 79~80, 109, 159, 284, 304, 308
『위서』「지형지」 107
『위지(魏志)』「동이전(東夷傳)」 68
윤내현 7, 38, 40, 61, 66, 72~73, 84, 86, 96~98, 102~103, 107~109, 111~113, 141, 149, 151, 161, 173, 180, 207, 216, 223, 226, 229~230, 233, 236, 240, 247, 263, 265, 268, 281, 283, 288, 291, 296
읍루(挹婁) 29, 40, 185, 211
응소(應劭) 107, 123~124
『응제시주(應製詩註)』 183, 189, 289
이마니시 류(今西龍) 64, 92~93, 122
이병도 31, 39, 63~65, 78, 88, 93~96, 102, 105, 115, 122, 126, 159, 184, 210, 223, 226~227, 230, 240, 245, 247, 387
이승휴(李承休) 56~58, 60, 82~83, 97, 164, 220
일연 46, 79~80, 97, 220, 259~260, 262, 273~275, 284, 287~288, 303~304

『일본서기』 23, 28, 78
임둔군(臨屯郡) 59~60, 83, 104~105, 107, 116, 124, 223, 229, 245~246
임나일본부(任那日本府) 11, 30, 40~41, 62, 87

ㅈ
『잠부론(潛夫論)』 93~94
적봉 홍산후(赤峰紅山後) 140
적석총 208
『제왕운기(帝王韻紀)』 46, 56~62, 78, 81~83, 96~98, 164, 183, 189, 220, 228, 273, 288
『조선반도사』 27
조선반도사편찬위원회 304
『조선사』 26~28, 31, 46, 102, 273, 310
조선사편수회 11, 27, 29, 31, 37, 40, 92, 103, 126, 130, 151, 180, 192, 221, 223, 251, 305
조선총독부 11, 26~27, 46, 90, 126, 273
조선현(朝鮮縣) 107~109, 111
준왕(準王) 57~58, 67, 69, 73, 92, 94, 96~97, 105, 115, 120~121, 156, 197, 227~228, 231~232, 235~241, 244, 246~248
중국 고대문명 탐원공정(中國古代文明探源工程) 24, 43, 134
지키로우 신후(直郎信夫) 265
진번군(眞蕃郡) 59, 64, 83, 100~101, 104~105, 107, 114, 116, 124, 223, 229, 245~246
『진서』「지리지」 107, 109
진한(辰韓) 81, 163, 224

ㅊ
창려현(昌黎縣) 108~109, 120, 124~125
천진 122~124
청동 거울 204~205
청천강(淸川江) 29, 36, 38~40, 69, 102~106,

찾아보기 323

110, 119~120, 123~126, 147, 214, 230

ㅌ

태백산 82, 189, 196, 234, 285, 290
태자하 103, 110, 119, 124, 230

ㅍ

패수(浿水) 25, 28~29, 36~41, 43, 64, 100~108, 114~115, 117~118, 120~123, 126~127, 242
평양 11, 25, 28~29, 40, 52, 88~90, 93, 107, 118~121, 131, 178, 185, 191, 202~203, 208, 223, 225, 228, 233, 252
평양성 71, 79~80, 118, 285
풍백(風伯) 196, 234, 285, 291

ㅎ

하가점 상층문화(夏家店上層文化) 133, 135, 138, 146, 156, 162, 281~282, 302
하가점 하층문화(夏家店下層文化) 133, 135, 138, 144~148, 150, 159, 162, 186, 207, 281~282, 302
하남성(河南省) 110~111, 240
하마다 고사쿠(濱田耕作) 140
하북성 108~111, 122~123, 125, 141, 245
하·상·주 단대공정(夏商周斷代工程) 24, 42~43, 134
한 무제 58, 99, 107~108, 112~113, 115, 117, 126, 162, 238, 242~243
한사군(漢四郡) 11, 25, 28~30, 36, 38~40, 50, 52, 56, 59~62, 67, 70, 73~75, 80, 82~83, 87~89, 95, 97, 99, 107~109, 111~112, 115~117, 124~125, 154~155, 157, 160, 162~164, 168, 195, 219~223, 225~226, 229, 231, 238, 245~247, 252, 307~308

『한서(漢書)』 122
『한서』「지리지(地理志)」 25, 37, 107, 110, 113, 123, 228, 294
한씨조선(韓氏朝鮮) 62, 64, 67, 70, 75, 93, 95~96, 99, 104~105, 115, 120~121, 124
한우란(軒芋灤) 102
한족(韓族, 桓雄族) 80, 136, 209, 234, 281, 286, 291~292, 302~303
『해동고기(海東古記)』 46, 273
현도군(玄菟郡) 59~60, 107~108, 113, 116, 124, 223, 229, 245~246
호왕(虎王) 71, 286
호타하(滹沱河) 123
혼강 116, 245~246
홈자귀 213
홍산문화(紅山文化) 133, 135~143, 146~148, 159, 177, 205, 247, 280~282, 302
홍익민족주의(弘益民族主義) 50, 169, 170, 290, 306
홍익인간(弘益人間) 50~51, 81, 171, 180, 183, 187, 189, 192, 235, 281, 290
환국(桓國) 51, 79, 281, 284, 286, 291, 302
환웅(桓雄) 51, 79~80, 83, 178, 189~190, 196, 234, 272, 276, 281~282, 284~286, 289~292, 296~297
환웅족 → 한족(韓族)
환인 57, 81, 83, 189, 190, 196, 291
황하(黃河) 38~39, 103, 110, 116, 119, 133, 140~142, 144, 230, 246
황해 29, 37~39, 103, 110, 116, 119, 124, 142~143, 175, 177, 230, 246
후조선 57~58, 60, 75, 82~83, 154~155, 220, 228, 231
후한(後漢) 74~75, 89, 93, 123, 160, 308